《书院深深》编委会

书院深深 · 崇文书院

西子湖畔读书声

杭州市人民政府地方志办公室 编著

ZHEJIANG UNIVERSITY PRESS
浙江大学出版社
·杭州·

图书在版编目（CIP）数据

崇文书院：西子湖畔读书声 / 杭州市人民政府地方
志办公室编著 .—杭州：浙江大学出版社，2023.11
（书院深深）
ISBN 978-7-308-24340-7

Ⅰ . ①崇… Ⅱ . ①杭… Ⅲ . ①书院—传统文化—杭州
Ⅳ . ①G649.299.551

中国国家版本馆CIP数据核字（2023）第203175号

目　录

◎ 崇文书院遗址

引言

我看西湖多妩媚，料西湖看我应如是

南宋大词人辛弃疾有"我见青山多妩媚，料青山见我应如是"的名句，如把它套用于杭州西湖，那就是"我看西湖多妩媚，料西湖看我应如是"。所谓景中情、情中景不正是如此？古往今来赞美杭州西湖的诗文数不胜数，但要说最为脍炙人口者大概还是苏东坡的"欲把西湖比西子，淡妆浓抹总相宜"。辛弃疾和苏东坡的诗句之所以成为经典，就是因为它们都巧妙地把青山绿水和看景之人结合起来，绿水青山如人一样既可梳妆打扮，更有风情万种，最终达到一种"相看两不厌，你中有我、我中有你"的美好境界。

常言道"天下西湖三十六，就中最好是杭州"。杭州西湖之美固然在其自然风景，但不容忽略的还有环绕西湖那为数众多的人文景观，如名人故居、纪念馆和博物馆等等。此外更有一些人文景观容易被游人忽略，那就是一些文化遗址或名人墓葬等，有的只是断壁残垣，有的可能只在某个角落立有一块碑刻，上面的文字在无声讲述那数百年前乃至更早时间此处发生过的一切，令人凭吊后不禁怅然若失。

例如在西湖北岸的西泠桥边，很多游客都会看到那座有名的苏小小墓——尽管苏小小只是一个传说中的人物，却毫不影响无数游客来此凭吊，表达对这位才女的敬意。自古红颜多薄命，但苏小小应该是幸运的，无论其生前经历如何坎坷，去世后仍可以在西湖之畔安息，笑看云起云飞，静观湖光山色。如果沿着苏小小墓前的湖畔小路继续往曲院风荷方向走，不远处就是张艺谋导演的"印象西

◎ 西湖苏小墓

湖"演出的入口，再继续前行到差不多与岳庙相对的位置，在跨虹桥的西北面不远处就是崇文书院的旧址——可惜如今只有一块碑刻，上书"崇文书院旧址"。如今这块碑刻的旁边就是咖啡馆，不少游人往来于此，却对这碑刻视而不见，其实有些可惜——他们所忽略的是一所在历史上很有名气的书院，一所有着浓郁传奇色彩的书院。

一座历史上有名的书院，如今怎么只剩下一块碑刻？从崇文书院成立到今天已经数百年，但在历史长河中只是瞬间，著名的北京大学不也只有100多年的历史？那么崇文书院的这数百年有过怎样的兴衰流变，崇文书院的历代山长、教师和门下诸生等又是如何在这里读书学习、传道授业？那充满诗情画意的"崇文舫课"又是何人提出？它在中国文化史上又有过怎样辉煌而短暂的闪光？且让我们走进崇文书院的前世今生，去寻找这些疑问的答案。

◎ 崇文书院旧址碑刻

◎ 曲院风荷竹素园

第一章

西湖的书卷气

「江山也要文人捧」

「手倦抛书午梦长」

杭州「四大书院」与中国「四大书院」

崇文书院与曲院风荷

"江山也要文人捧"

现代著名小说家郁达夫是杭州富阳人，他 1933 年从上海回到杭州定居，所建造的风雨茅庐就在杭州市上城区的小营街道。他非常喜爱杭州更喜欢西湖，写有不少赞美西湖的诗文，其中最脍炙人口的当为下面这首：

> 楼外楼头雨如酥，淡妆西子比西湖。
> 江山也要文人捧，堤柳而今尚姓苏。

郁达夫不愧为苏东坡的知音，他深知如果不是苏东坡当年写下对西湖的绝妙赞美之辞，如果没有历代文人所写下的大量赞美西湖的诗文，杭州西湖不会有今天这样大的名气。不过，也许有些读者不知道，郁达夫这首诗其实脱胎于他的一位老乡——清朝大诗人袁枚之作，原题为《谒岳王墓》：

> 江山也要伟人扶，神化丹青即画图。
> 赖有岳于双少保，人间始觉重西湖。

看来天才诗人的内心总是能够相通的，也都对名人与美丽自然风光的关系有一致的评价。说起来当年郁达夫本来在上海滩已经是著名作家，但最终还是想回杭州定居，除却贪恋西湖美景外，还有国人常有的叶落归根情结："我的来住杭州，本不是想上西湖来寻梦，更不是想弯强弩来射潮；不过妻杭人也，雅擅杭音，父祖富春产也，歌哭于斯，叶落归根。人穷返里，故乡鱼米较廉，借债亦易——今年可不敢说——屋租尤其便宜，铩羽归来，正好在此地偷安苟活，坐以待亡。搬来住后，岁月匆匆，一眨眼间，也已经住了一年有半

◎ 杭州岳庙

了。"不仅郁达夫，还有那位以《雨巷》闻名的诗人戴望舒，他自幼生长在西湖之滨的大塔儿巷，《雨巷》所写应该就是他故居一带的风景。该诗虽然没有直接描写西湖风景，却成功塑造了一位忧郁的西湖少女形象，是最具杭州特色、杭州情调的现代名诗。幽怨的少女、雨中的油纸伞、悠长的雨巷，都是杭州最有代表性的意象。以至于今天还有很多游客到杭州寻找那充满忧伤情调的"雨巷"，虽然已不可得，但文学的魅力和诗人的力量就在于此——它们可以化腐朽为神奇，更无须说西湖本就有无法抵御的美丽。

　　事实上杭州西湖论面积只有数平方千米，比它大的湖泊还有很多；论自然风光可以和它媲美者也为数不少。但杭州西湖还是能够脱颖而出，在国内众多湖泊中独树一帜、声名远扬，靠的不仅仅是自然风光，更有环湖而聚的众多人文景观。游人行走在西湖之滨，沿途那些大大小小的人文景观无时无刻不在提醒他们，他们正在经过的地方，在古代是某位文化大师的居所，或者有某位名人的墓葬，再或者就是神话传说中故事发生的地方，例如断桥、白堤、孤山、雷峰塔……

这些自然人文景观得以保存并声名远扬，很大程度上归功于历代文人的宣传，白居易算是历史上讴歌赞美西湖的第一位有名气的文人，而苏东坡更是以一己之力让西湖真正为天下人所知。之后几乎每一个来到西湖的文人都抑制不住他们对西湖的喜爱，都会情不自禁地发出几声对西湖的赞美——至于是否事后写下诗文倒不重要。即如那位大名鼎鼎的林和靖，虽然他也写有赞美西湖的诗歌多首，但至今为人传颂的还是"梅妻鹤子"的故事。只要是去孤山，人们就会想到这位林姓隐士，至于他的诗文是否能为人记起其实无所谓。在某种意义上可以说，正是苏轼成就了苏堤，白居易成就了白堤，林和靖成就了孤山，俞曲园成就了俞楼，李叔同成就了虎跑……而历代文人合在一起，就成就了西湖的千古美名。

正是这些环绕西湖的众多人文景观，让西湖在妩媚之中又平添几分书卷之气和厚重之感——孤山上不仅有林和靖，还有近代大诗人苏曼殊和女中豪杰秋瑾，更有书画界首屈一指的西泠印社，西湖北侧有大画家黄宾虹的塑像，而在南岸则有现代著名作家大才女林徽因的塑像，苏堤南岸隔着南山路相对而立的是苏东坡纪念馆和章太炎纪念馆，花港观鱼内有新儒家代表人物马一浮的故居，而北山街上更是布满了名人故居、博物馆和各类遗迹，几乎是数步一个，俯拾即是，令游客有目不暇接之感。在国内众多旅游景点中，西湖可能不是风景最为优美者，因为何为最美毕竟是言人人殊，不好定论，但要说到人文景观的丰富和底蕴之深厚，可能没有几处可以和西湖媲美。也许可以这样说，那些具有悠久历史的断壁残垣只要处于西湖附近，就有了特殊的人文价值，而西湖也因为它们增添了无限的生命力和沧海桑田之感。

"手倦抛书午梦长"

纸屏石枕竹方床，手倦抛书午梦长。
睡起莞然成独笑，数声渔笛在沧浪。

这是宋代诗人蔡确很有名的一首小诗，其中那句"手倦抛书午梦长"更不知为多少文人引用，以描述他们向往的那种潇洒浪漫、自由自在的生活——可以自由地读书，更可以任性地休息，读书就是为了欣赏、为了休憩，没有什么压力，更没有人要求应该怎样从书中读出考试秘籍、读出微言大义、读出治国良策和启蒙大纲。总之，读书就是一种消遣、一种游戏，或者就是一种生活态度，怎么读和读什么都不重要，重要的是随意和自由，这才是一种艺术的生活、诗意的栖居。

那么，有没有这样一所学校，可以让学生在没有考试、没有升学的压力下自由学习、随意读书，可以让教师不拘泥于在教室授课的形式，把课堂搬到大自然之中，以天地为背景，以山水为对象，让学生与大自然对话，在栉风沐雨中自然而然获得启迪，使得他们的人生富有诗意，使得他们的境界得以升华？

我以为，这应该是无数文人的梦想。当年孔子曾想过这么做，也曾启示学生朝这个方向想过，遗憾的是只有曾皙一个弟子懂得，无怪乎孔子要发出"吾与点也"的慨叹了。从那以后，历代文人也只能把自己的梦想潜藏于内心深处，为了赢得"黄金屋""颜如玉"而拼命读书撰文。而所有那些大大小小的学堂和书院，也只能是督促学生在"应试"路上越走越远，后果就是书越读越多，而自由思想越来越少，人也就显得越来越迂腐，所谓"书呆子""老夫子"

就此产生。

不过，假如是在美丽的西子湖畔读书，是否就感觉好了很多？不仅如此，如果还可以泛舟湖上赋诗作文，是否很有些浪漫？当年我接待一位北京来的好友，说好在西湖北岸相聚，但中午吃饭的地方是在对面的南山路上，一般来说我都是先陪友人沿北山路游览一番，最后叫一辆出租车直奔午餐之处。不过这一次我想是不是可以租一艘小船直接划到对岸去，这比乘车不是更有几分浪漫和悠闲？果然友人对我的想法直说"妙、妙、妙"，回到北京后还几次告诉我一直忘不了我们泛舟湖上的情景。那时的我还不知道历史上有过让学生泛舟于西湖上读书作文的场景，这就是崇文书院著名的"崇文舫课"，假如告诉了那位好友，他该会对西湖有更亲切的感受，甚至会产生到崇文书院旧址凭吊的念头吧！

其实，很多游人没有注意或者可能缺少这方面的历史常识，那就是环绕西湖的不仅有众多的名人故居和各类博物馆，更有赫赫有名的杭州"四大书院"——西湖的东南和南面是万松书院和紫阳书院，北面和西北是诂经精舍和崇文书院，所谓紫阳与万松为伴，崇文与诂经相邻。在某种程度上可以说西湖被书院包围了，这使得西湖平添一种书卷气。当然这里说的是历史上，今天的西湖之滨，除了南岸的中国美术学院已经没有其他学校，因为环西湖都是黄金地段，建一所学校代价太高。也唯其如此，那些历史上存在过的书院遗迹还有重修的万松书院就格外值得珍视，也理应受到中外游客的关注。

杭州"四大书院"与中国"四大书院"

　　说到书院，在中国文化史上可谓源远流长。据邓洪波的《中国书院史》，书院最早当出现于唐朝，但具体何时出现尚有异议。清朝的大才子袁枚曾在《随园随笔》中指出书院出现于唐朝："书院之名，起唐玄宗时丽正书院、集贤书院，皆建于朝省，为修书之地，非士子肄业之所也。"但邓洪波认为这丽正、集贤虽有书院之名却无书院之实，即教学功能，不仅性质不同，也没有直接的承继关系。他的观点是："第一，最先使用书院之名的不是唐玄宗时代的官府书院，而是开元以前的民间书院。第二，学校性质的书院虽然是后世书院的主体，但教育与教学不能涵盖书院的所有功能，更不能无限度地强调这种功能，而将书院仅仅定义为某种程度和某种性质的学校。"[1]因为如果这样狭义地理解书院，就会有一些不具有学校功能的书院（如以搜集保存典籍为主的书院）被排斥于研究范围之外，不利于从整体上把握中国书院的历史和阐释书院演变的脉络。

　　根据现有史料和考证，如今一般认为书院始于唐朝初年，彼时出现了一些民间办的书院，代表者就是湖南攸县的光石山书院、陕西蓝田的瀛洲书院、河北满城的张说书院以及山东临朐的李公书院等，在某种意义上它们才是中国历史上最早的书院，或者更严谨一些，它们是唐朝最早的"四大书院"。

　　有意思的是，这唐朝最早的四所书院中有三所是士人的读书治学之所，但又有两所书院与战争军事有关，这似乎令人难以理解。

1　邓洪波：《中国书院史（增订版）》，武汉大学出版社，2012年，第1页。

其实据邓洪波的解释，原因在于彼时正是战乱年代，读书人投笔从戎，以另一种形式报效国家是其社会责任感的时代表现，这种情况在当时比较普遍，不足为怪。另外，在唐朝"凡习学文武者为士"，士人原来就包括了文、武两部分人，更何况瀛洲、李公二书院的主人皆是文武双全之才。因此，彼时书院与军事相关联，既是特定时代的社会现象，也是士人"习学文武"之要求。[1] 从历史上看，"士"这一阶层出现于春秋时期，那时的"士"就已经既有文士也有武士，更有文武双全者，那吟诵出"风萧萧兮易水寒"的荆轲不就是最好的典范吗？只是后来这"士"之称呼才专指文士，而武士有了另一个称呼，即"武将"或带有贬义的"武夫"等。

不过要说最有名气、最有影响力的"四大书院"，则显然要等到书院得到极大发展的宋朝。

据邓洪波的《中国书院史》，所谓天下"四大书院"说始于宋朝诗人范成大，出自他游览石鼓山的诗作。其所提及的"四大书院"——徂徕、金山、岳麓和石鼓皆以山名，明显有着钟情于山水的诗化特点，《石鼓山记》也以优美的散文载入史志之中。随后是宋代理学家的定义，有着明确而理性的目的，书院讲学成为一种事业的追求，"四大书院"也就被赋予了更多的学术意义，成为一种符号与象征，也就成为各家书院努力争取获得的头衔，特别是那些较有名气者。宋朝理学家中较早提出"四大书院"者为吕祖谦，他所认为的四大书院是嵩阳、岳麓、睢阳（应天府）和白鹿洞。其时，白鹿洞书院方在朱熹主持下重新修复，意在弘扬紫阳之学，故朱熹请吕祖谦撰写《白鹿洞书院记》，既然是好友相邀，则吕祖谦必然将白鹿洞置于"四大书院"之列。之后，鉴于朱熹的"学术大咖"地位，这一说法就逐渐被接受，并形成一种占据主流的说法。不过也有史学家对此提出异议，并提出了他们心目中的"四大书院"，

---

1 邓洪波：《中国书院史（增订版）》，武汉大学出版社，2012年，第6页。

等到南宋时已经有三种组合：

第一，徂徕、金山（茅山）、岳麓、石鼓；

第二，嵩阳、岳麓、睢阳（应天府）、白鹿洞；

第三，白鹿洞、石鼓、应天府、岳麓。

所有组合如除去重复者，实际列名"四大书院"者有岳麓、石鼓、白鹿洞、茅山、徂徕、睢阳、嵩阳等七所书院，其中只有岳麓书院被各家共同承认，堪称天下四大书院之首。

1998 年 4 月 29 日，国家邮政局在河南商丘市睢阳区举办了"四大书院"邮票首发仪式，邮票所选书院为"应天书院、岳麓书院、白鹿洞书院、嵩阳书院"，这应该算是政府方面对"四大书院"的认定。据说石鼓书院的落选是因为其早已毁于日军战火，来石鼓书院实地考察的人只见遗迹不见书院，随后改选河南登封的嵩阳书院。至此，有关"四大书院"之争至少在官方层面已经有了定论。

当"四书院"之说纷纭之时，南宋学术界还有一种"三书院"说与之对应并行，但这一说法长期被"四书院"掩盖以致很少有人知道。与"四书院"众说纷纭不同，"三书院"所指高度一致，就是指岳麓、石鼓、白鹿洞，此说本于朱熹，但不知为何没有流传开来。因和本书没有多少关系，就不再论述。

其实无论是四大书院还是三大书院，彼时不过是一个称号，意味着它们比较有名而已。虽然入选的这四家确实在中国书院史上首屈一指，但未入选者中也有不少具有很高的学术地位。且引邓洪波《中国书院史》中的一段，帮助大家理解"四大书院"称号的意义：

在宋初80余年间，分布于南京、西京、潭州、衡州、江州、江宁、兖州的"天下四大书院"，抑或"三书院""五书院"，依凭着朝廷与地方官府这样一个强大的权力资源，扮演着替代官学的角色，它们和位居京师开封府的国子学一起，实际构成从地方到中央的官学体系，承担着国家最主要的教育任务。这种状况，一直到仁宗景祐年间先后改书院为州府学时才开始改变，到庆历兴学时基本结束。此其一。其二，"四大书院"替代官学数十年之久，挟其影响全国的显赫声势，强化了书院的教育功能。从此，学校性质成为书院的主流，招收士子肄业其中成了书院最主要的特征，办学与否成了区分书院是否正宗的标准，影响所致，人们遂以教育教学为书院最主要的功能。其三，替代官学的宋初四大书院，可以视为中国书院教育制度基本成立的一个标志。[1]

遗憾的是杭州历史上这"四大书院"（万松、崇文、紫阳和诂经精舍）没有跻身其中，原因无他，就在于成立时间较晚，最早的万松书院也只是成立于明朝，彼时"四大书院"之说早已普及，也就自然失去与其他书院竞争的机会。在杭州历史上比"四大书院"更有名的可能是西湖书院，但西湖书院只是以刻书、藏书为主，教学不过是副业，所以不在我们的论述范围中。此外，杭州"四大书院"称号究竟是何时及何人所定，已不可考，一般认为始于清朝，之后就是约定俗成。

不过杭州这"四大书院"虽然没有位列天下四大书院之中，但在中国书院史和教育史上依然占有重要地位，具有独特的价值。其中最有影响者为敷文（万松）书院，因为这不仅是一所省会书院，且"敷文"之名也是康熙所题。清雍正十一年（1733），清廷诏令各总督、巡抚于其驻节之地建立省会书院，这是清朝正式建立省级书院的标志，而敷文就被定为浙江的省会书院，又叫会城书院、省

1　邓洪波：《中国书院史（增订版）》，武汉大学出版社，2012年，第108—109页。

城书院。由于省会书院自雍正以来一直受到中央政府和各省政要的关顾，占有天时地利等便利条件，自然发展很快，成为各省文化教育中心也就是水到渠成之事。其次就是诂经精舍，清朝中后期，为了适应变化了的学术形势与教育需求，除原来的省会书院之外，很多省会城市又增设了一些在全省或两省范围之内招生的省级书院，诂经精舍就是其中之一。而且诂经精舍授课内容偏于学术研究，而不是为了让学生参加科举考试。尤其是在大学者俞樾掌管书院的数十年期间，更是让诂经精舍成为彼时江浙一带传统学术研究的大本营，很多有名的学术大师也都以能到诂经精舍讲学而自豪。故彼时杭州其他书院学生中的佼佼者，如果没有参加科举或者科场失意，大都最后转入诂经精舍继续深造，因此诂经精舍和今天大学的研究生院有些类似。至于紫阳书院虽然名气不如前面两所，但也有其独特之处，那就是它和崇文书院一样都是主要招收外地来杭的商人弟子，特别是盐商子弟。此外，书院以"紫阳"为名，也决定了它在全国很多"紫阳书院"当中的地位，大凡书院以"紫阳"为名，都意味着受朱熹学说影响甚大，这些众多的"紫阳书院"汇合在一起，就在阐释宣传朱熹学说方面有着其他书院无法抗衡的优势。

崇文书院与曲院风荷

　　当然，本书所写的崇文书院更有其值得大书特书的特点，除了它也是一所招收徽商子弟的书院，最突出的特色就是其授课方式，一个是充满诗意的"崇文舫课"，就是泛舟西湖之上读书学习，一个是类似今天函授方式的"遥课"，就是让散处外地的生员赋诗作文，最后集中送书院评定的授课形式。仅此两点，就足以令崇文书院进入史册。

　　历史上的崇文书院，其位置就在今天的曲院风荷公园内，故有必要介绍一下位居"西湖十景"之列的曲院风荷。

　　游客到西湖，大概是受白娘子和许仙在断桥相会的传说的影响吧，往往最先游览的就是白堤上的断桥，故一年四季断桥一带游人如织，逢节假日断桥上更是挤得水泄不通，以致要有专人维持秩序。其实，如果要在西湖北岸寻一僻静之处休闲放松，这曲院风荷不失为极佳选择——这里不仅风景如画，而且游人较少，更有散布于湖畔的几处茶馆，游客可以在此边品茶边欣赏西湖美景。"曲院"指的是南宋朝廷在此开设的酿酒作坊，"风荷"是说这一带湖面种养大片荷花。夏日清风徐来，荷香与酒香交织在一起，游人身心俱爽，不饮亦醉，可以真实体会到"接天莲叶无穷碧，映日荷花别样红"的妙处，懂得为何称为"曲院风荷"。曲院风荷占地14公顷，有曲院、风荷、滨湖密林、休闲烧烤等景区，东接岳湖，西接植物园，南邻郭庄，北接竹素园和岳庙，在环西湖众多景点中可谓北线游览的明珠。而曲院风荷和崇文书院的关系则不仅在于书院就位于曲院风荷之内，而且在于"曲院风荷"这四字同样是那位康熙皇帝所题，不过这个"曲"字本来是酿酒的"曲"，繁体字为"麯"，但康熙

◎ "曲院风荷"碑

这样一写，不少游客遂以为这一带必有什么弯曲之处，其实没有，只是康熙写了一个别字而已。如今景区内依然保存着康熙皇帝题书的"曲院风荷"碑刻，是仅存的两块康熙所写"西湖十景"原碑之一，和"崇文书院"旧址一起在默默讲述那逝去的时光。

崇文书院后来多次遭受焚毁，又多次重建，最近一次是毁于太平天国战火，同治年间又重建。光绪年间，海宁大儒王国维曾在此读书："住崇文书院，日三餐，素菜五十文，另令周六备荤，人三十文。"据说王国维成名后还曾回崇文书院讲过学，不知已为学术大师的他，再次回到自己青年时代读书之处，会有怎样的感慨？所谓衣锦还乡是无数背井离乡之人的梦想，而身为文人，受邀回到母校讲学又该是怎样的荣光？光阴荏苒，岁月如梭，1902 年，崇文书院演变成新式学堂——钱塘县高等小学堂。四年后，它和紫阳书院（当时也已改为仁和县学堂）合并，称为仁钱县学堂。

钱塘高等小学堂，向在西湖跨虹桥西，由崇文书院改设。现暂在城内上五段周公井，赁屋开办。光绪二十八年，前抚院任筋将崇文书院改办，并拨原有岁修膏奖各项作为经费。是年七月开校，三十二年六月本校并入仁和县学堂。是年十二月，仍议分立，于三十三年正月开学。[1]

　　1907 年，两所学堂重新分开，各自走上不同的发展之路。崇文书院演变而成的钱塘县小学堂，后来逐步成了胜利小学。胜利小学又催生了杭州市崇文实验学校。如今，杭州市不少中小学校都冠以"崇文"之名，它们正乘着现代教育的航船，劈波斩浪，从"崇文舫课"悠扬的读书声中走来，从"崇文书院"博大精深的教育情怀中走来，从"正学阐教""崇文"的院训走向为中华民族的伟大复兴而奋斗的宏伟蓝图。

1　李榕等：《杭州府志》卷十七，民国十一年本。

第二章
最富诗情画意的书院

由诗情画意的舫课说起

爰是依船作屋，借湖为场。小艇恰受三人，扁舟各当一队。墨兵交错，静娈龙虎之文。水战纵横，纷结鹈鹕之阵。意涌而游鱼欲出，思飘而放鹤俱飞。笔峦颖竖，则双峰疑低。砚海涛翻，则两湖欲黑。于是青山衔日，绿水凌风。画舫止于中央，小船出乎别浦。诗正易奇，各思建鼓。马迟枚速，咸待鸣金。挥兔万言，在昔何劳数谢。倚马五版，于今不得推袤。溯游溯洄，山光与水光相接。一觞一咏，人影将鸟影皆还。[1]

这是崇文书院弟子吴雯清、胡文学、叶生、方时、程光裡、潘光世六人联名用骈文写的《西湖舫课征文启》中的一段，描绘的是崇文书院学生泛舟于西湖之上读书上课的场景，读后不禁令人神往。所谓"舫课"，亦称"舫会"，就是在船上授课，这不但是崇文书院一大特色，在清朝也被称为西湖二十四景之一。[2] 在中国古代众多书院中，泛舟西子湖上的授课方式可谓别出心裁，诗意盎然，也只有明清时期杭州的崇文书院才有这样独领风骚的操作。

而这一独特上课方式的提出者，就是被称为崇文书院之父的叶永盛。

1　《西湖舫课征文启》，见赵所生、薛正兴主编：《中国历代书院志》第 9 册，江苏教育出版社，1995 年，第 27—28 页。

2　有关史实记载较多，如："每岁于春秋之中，择良日，毕罗湖之大小舟，大者五六，小者视大者倍以十，每三人共一小舟。是日黎明，麇造紫阳祠释奠焉。奠毕受题，各就舟荡漾而去，随意所至。午后，巨舫齐泊湖心亭，诸友文完者，先赴亭前聚饮。金三鸣而文不完者，罚资五星，草完者减半。"见《重定崇文会规》。

水兩達江愛湖都流咫千里以暨海天都峯上多磯
甚高推吾黃藏諸儒絹纈紫閈夫子書楷浙浴本四
孔氏之堂安后毀經真配置王之廟風斯下矣亂就
誤苑但寫秋硯滿漳河空填芳草相如操管寰登
初歲秦蛾枝羽江文道之未年夏矗知蓋況復頹傾
未成蔑永使鍵詞人甫諳趙驗迷稱名士蕭子雲之
丹黃其晚文采溫於兩重甲乙徒紛宗風壞於南學
工陸平原呼焉僑父難復玄欲睡雞白能論焉嫌而
吳鴻指趨莫定支言無當劉隋州目焉老兵綺語雖
竊自春坊製錦東觀音乘齊跌茲
順治九年西湖舫課徵文啟

玄根明聖湖邊相傳具瑞以茲人士雲集不止百里
占星英彥風興何但重關望氣絲歌似昔酒博方新
鵝湖抄旨猶傳長樂之言鹿洞名波尚璉臨川之辦
宣止西河雅彥口投尚書南畝貢人夢傳論語已哉
爰是依船作屋借湖蒿塢小艇恰受三人扁舟各當
一隊墨兵交錯簪纓龍虎之文水戰縱橫結撒趨
之陣意湧而游魚欲出怒鷹俱藏筆樂頭鼟
則豐華疑低泗翻剔兩湖畝黑於是青山卿日
緣水凌威畫助止於中央小舸出手判浦詩正易奇

◎ 《西湖舫課徵文啟》

叶永盛，字子沐，号玉城，安徽泾县人，为明万历十七年（1589）进士，其生卒年月已不可考，万历十八年（1590）先仕南浙巡盐御史，专管南浙地方盐商事务，后历任江西巡按御史、直隶巡按御史及山东道监察御史等，于各地主要审督盐商等商业活动。万历二十六年（1598）他奉敕巡视南浙盐务、处理地方商业活动及事务，累升太仆寺少卿。叶永盛毕生力陈盐民疾苦，多次上疏神宗严正对付盐务奸臣污吏，尤以上疏弹劾当时身为南汇盐场主管的宦官高时夏之举最为人称道。据说叶永盛去世后，盐民为纪念这位勤政爱民的好官，竟封他为南汇县城隍，虽为迷信之举，却反映出他在百姓心目中的地位。

这样一位清官、好官，当然有很多值得写的事迹，不过且先根据史籍描述一下他主持的崇文舫课的动人场景。

那是在西湖苏堤的跨虹桥畔，曲院风荷的烟水矶旁。一个春日的清晨，西子湖上桃红柳绿，鸟声婉转。远处的群山被白云围绕，

◎ 叶永盛画像

峰峦叠翠，令人心旷神怡。从湖畔的一座别墅中走出一群少年，他们边走边交谈着："今天这题目可不容易写"，"可不是吗，要快点写又要写好，有点难呢"，"写文章我还行，这作诗我没有天分，怎么办啊"。交谈中他们很快跃上一艘艘小船，让船工们找一块僻静之地，然后开始构思，这些少年或在船舱中奋笔疾书，或在船头伫立发呆。

此时，从别墅中走出一位头戴瓜皮小帽、身穿长袍的先生，背后的别墅正门高悬一块匾额，上书"崇文书院"。这位先生就是叶永盛，他是万历皇帝的两浙巡盐御史，常驻杭州。他的另一个身份就是这群学生的老师，平日只要有空他就会来此上课。

本来平日上课无非是从四书五经中找一些内容，让孩子们练习写作八股文，为今后参加科举考试做好准备。但今天看到天气晴好，湖上春意盎然，叶永盛觉得面对这样美好的景色再写那些干巴巴的八股文就太扫兴了，遂决定让孩子们作诗。叶永盛望着远处那一艘艘小船，知道这些船中的少年都是盐商弟子，他们的父母很多是叶永盛的安徽同乡。为了让这些孩子能有机会读书，叶永盛才借来别墅为盐商子弟办起了学堂，地址就设在烟水坞。叶永盛此举让在杭的安徽盐商十分感激，他们知道经商赚钱再多也不如让孩子上学博取功名有前途，遂纷纷送孩子来此就读。有些学生甚至来自杭州周边城镇，因为路途遥远，交通只能依靠小船。由于来上课的学生人数太多，找不到大的教室，叶永盛灵机一动，觉得将小船作为游动的书斋不失为一个巧妙的读书学习方式。

大概一个时辰后，叶永盛叫仆人吹响了号角。那些隐蔽在柳荫之下、万花丛中的小船纷纷汇集到烟水矶旁。仆人搬来桌椅，叶永盛开始批阅学生交上来的作业。他的批改方式就是当着学生的面指出其优劣之处，然后在卷子上评定等级。被批改的学生都毕恭毕敬，对叶永盛的评点不时点头称是。等叶永盛批改完毕，众多小船纷纷离开，美丽的西子湖上一时百舸争流，不一会就消失在天边，意味着此次舫课的结束。

叶永盛自然不会想到他这种奇异的授课形式后来成为清朝杭州西湖二十四景中的一景——"崇文舫课"，且这种状况从明朝一直延续到了清朝。我们上面的描述虽然多少有些虚构成分，但舫课之存在和叶永盛之主持确是真实的历史事件，[1] 历代文人对此也写有诗文给予赞美，例如下面这首小诗：

湖上杂诗
望湖楼对水仙祠，
舫课无人解咏诗。
花港游鱼看不尽，
渔船不许放鸬鹚。[2]

1　见《崇文紫阳会录》卷首，《书院通考》，清雍正刻本。参见马晓春：《杭州书院史》，中国社会科学出版社，2015年，第71页。又阮元的《钦定重修两浙盐法志》卷二中也有相关记载。
2　华长卿：《梅庄诗钞》卷十四，清同治九年刻本。

数百年后的 2021 年，叶永盛所创办的"崇文舫课"以另一种形式得到回应，这是后人对他表示的敬意。2021 年 3 月 26 日下午，在杭州市崇文世纪城实验学校，一座名为"初心相连"的大型雕塑揭幕仪式隆重举行，中国工艺美术大师、国家级非物质文化遗产铜雕技艺代表性传承人朱炳仁先生到现场为雕塑揭幕。这件镂空交错的铜雕工艺品以曲院风荷的荷花为元素刻画了莲叶碧波的西湖风光，形象再现了 400 多年前崇文书院弟子泛舟湖上读书的场景，寓意教育初心的传承。杭州崇文实验学校、崇文世纪城实验学校，都源自 400 多年前的"崇文书院"，当年的崇文书院，其创办是为了解决外来商人子女的读书问题，实现"有教无类"这一教育使命。而今，"崇文舫课"以雕塑形式再现于世上，叶永盛先生地下有知当会感到欣慰吧！

穷人的孩子早当家

　　叶永盛能够以清官形象留名历史绝非偶然，除了家庭影响，其所受到的教育也起到至关重要的作用，此外还与他遇到自己生命中的"贵人"有关。提及叶永盛的出生和"贵人相助"，民间流传着这样一个传说：

　　明朝嘉靖年间，安徽泾县乌溪有个贫穷农民叫叶后发，他与妻子全靠卖柴度日，他们育有一个男孩，这个男孩就是叶永盛，孩子很快长到七八岁，但因没钱读书，只能天天跟着父母玩耍。

　　一天，叶后发挑了一担柴卖给财主曹大富，儿子叶永盛也跟在后面。一进院门，曹家的看家狗见叶永盛穿着打补丁的棉袄，俗话说"狗眼看人低"，那狗向叶永盛就扑过来。好在叶永盛天生机敏，见势不妙，三两下就爬到一根柱子上，那狗只能站在柱子下面干瞪眼。

　　财主曹大富见这孩子小小年纪却能遇事不慌，沉着应对，非一般人所能及，想必日后会大有出息，他就问叶后发："你儿子今年多大了？"叶后发说："七岁了，没啥本事，天天在家玩。"又问："读书没有？"叶后发说："我们家连饭都吃不饱，哪有钱供他读书！"说起来这曹大富虽然是个财主，倒也知道爱惜人才和读书的好处，他说："没钱读书？那么我供他读书，但他要用心，将来长大了能读书当官，不辜负我的希望。"

　　显而易见，曹大富就是叶永盛的"贵人"，在他的资助下，叶永盛得以进本村的私塾读书。这曹大富看人确实很准，因为叶永盛聪明过人，读书又肯用功，不过半年工夫就把《百家姓》《三字经》

《千字文》三本书背得滚瓜烂熟。万历年间,叶永盛去京城参加科举考试,一举考中进士,实现了曹大富要他入朝为官的愿望。他为官清廉,刚正不阿,多次荣获皇帝的褒奖。吃水不忘掘井人,叶永盛也没有忘记资助他上学的曹大富,并以自己为例劝他积德行善,终其一生对他都非常敬重。

当时以宦官魏忠贤为首的阉党把持朝政,他们徇私舞弊、卖官受贿。叶永盛虽为朝廷重臣,却不愿与魏忠贤之辈同流合污,他感觉大明政权日趋衰败,于是以耳聋为借口向神宗皇帝提出辞职。皇上虽然不舍得,无奈叶永盛决心已定,皇上只得恩准。临别之际,神宗将随身所戴的玉佩劈为两半,一半自留一半交给叶永盛,说:"今后若有危难之事,携此玉佩来找我。"随后叶永盛携家眷回到泾县乌溪家中。

不久,魏忠贤在清查东林党案件时,发觉叶永盛与东林党有牵连,于是假传圣旨召叶永盛进京,企图加害于他。叶永盛到京城后没有见到神宗皇帝,知道是魏忠贤假传圣旨,遂拿出那半块玉佩,愤怒地向文武百官揭露魏忠贤的阴谋。魏忠贤看到叶永盛手中有半块神宗的玉佩,不敢下手,只得不了了之。一年后,神宗皇帝驾崩,魏忠贤独揽朝政,更加肆无忌惮。他知道叶永盛人还在,不置其于死地不甘心,又假传圣旨召叶永盛进京,企图伪造罪证,把叶永盛投狱处死。谁知叶永盛得知神宗驾崩的消息后,因忧国忧民,心力交瘁,已经去世,魏忠贤这才悻悻作罢。

而且叶永盛很有远见,担心魏忠贤会在自己死后继续胡作非为。为了防止魏忠贤派人挖掘自己的坟墓,他生前就让家人建了好几座墓,以至于他去世后究竟葬在哪一座坟墓,外人根本无法确定,甚至不知道他是否真的被葬于其中一座还是另有长眠之地。这么多年来很多考古爱好者及专家对其研究,也无法准确推断叶永盛的墓究竟是哪一座。至于那半块玉佩是随叶永盛埋葬了还是另在别处,至今仍是个谜。

要赚钱更要读书

常言道"天下学生都怕考"，大凡从学生阶段过来的估计没有几个不怕考试，即便是那些学霸，考试时多少也会紧张。一方面，考试是学生无法避免的一道关；另一方面，考试又是一块敲门砖，考上了就意味着进步甚至是飞黄腾达，所以有两句诗曰"书中自有黄金屋""书中自有颜如玉"，说的就是考试成功给书生的回报。在古代，文人最重要的考试是科举，在今天，当然就是高考。

说到高考，每年考试前后几乎都有一个话题炒得很热，那就是"异地高考"，即户籍在外地的人是否可以在居住地参加高考的问题。近年来，随着城市流动人口和进城务工人员大量增加，解决其子女在流入地参加高考的问题日益迫切——原先，他们只能返回户籍所在地参加高考。2012 年 9 月 1 日，国务院办公厅发出文件，要求各地在 2012 年 12 月 31 日前出台异地高考具体办法。2014 年 7 月 30 日，国务院新闻办公室举行新闻发布会介绍《关于进一步推进户籍制度改革的意见》，该意见指出，改进城区人口 500 万以上的城市现行落户政策，建立完善积分落户制度。居住证持有人随迁子女逐步可在当地高考。但异地高考的突出矛盾集中在流入人口密集的大城市，特别是北京、上海等特大城市。尽管目前彻底解决这个问题尚有难度，但人们已经意识到这个问题必须解决，原因很简单：实现有教无类，实现教育的公平。

在古代，亦有很多"异地高考"的政策，其中有这么一项"商籍"和杭州一家书院的设立有着密切关系，后者即为崇文书院。而崇文书院的设立，最大功臣就是明万历二十八年（1600）时任两浙巡按御史的叶永盛。

不过，如果寻根溯源，则要从明嘉靖年间开始。

彼时的杭州虽然没有了作为南宋都城时的帝王气象，但依然是江南数一数二的繁华商业城市，"上有天堂下有苏杭"，自然吸引了很多外地商人常驻于此，而徽商就是人数众多的一个外地商帮。徽商自古善于经营，由于杭州一带物产丰富，加之有西湖美景的吸引，所以这些徽商大都是用赚来的钱在杭州买地买房，最后就定居杭州。不过，有一件事情让他们多少有些烦心，那就是孩子的教育问题。由于他们没有杭州户籍，按当时的规定其子弟不但不能在杭州上学，更不能在杭州参加科举考试。对于这些已经在杭州定居的徽商来说，让子弟再回到老家上学和考试很不方便。而如果不能参加科举，自己的孩子岂不是断了读书做官这条人生捷径？这些徽商很清楚，在一个官本位至上的社会，商人无论赚多少钱都不会真正被人尊敬，所谓"士农工商"把"商人"排在最后就是证明，所以只有读书做官才是这些徽商子弟的最佳出路。随着在杭州定居的徽商人数越来越多，子弟无法在当地参加科举考试这个问题也就日益突出。

就在这个时候，也是安徽人的叶永盛来到杭州任两浙巡按御史，徽商得知有老乡到杭州任父母官，自然很是高兴，纷纷奔走相告。而进士出身的叶永盛也对家乡子女的读书教育问题非常关心。这大概就是所谓的冥冥之中自有天意吧。

那时叶永盛到杭州不久，一天，他特意召集在杭州的一些徽商去西湖边喝茶。众人闲聊之间，叶永盛先是问大家的生意如何，众人回答说还不错。叶永盛又问，那么孩子们读书可好？众人的回答却有些为难，似有难言之隐。叶永盛细问才知道，不是这些徽商的孩子不肯读书，而是因为没有杭州户籍而无法在当地入学，更不能参加当地的科举考试。徽商说，孩子的读书和考试问题不解决，对他们影响很大，赚钱再多感觉也没有意思。所以他们恳请叶永盛想个办法。对于这个问题，叶永盛在其他地方做官时也曾有所了解，但因为和自己关系不大也就没有真正关注，如今是自己家乡的子弟问题，叶永盛决心要为此做点什么。

其实在叶永盛之前，他的前任就已经注意到这个问题，但他们的解决办法过于简单，就是在本地人参加科举考试的名额中拨出一部分供给徽商子弟，最后每年被录取者不过两三个人。就这样也还是引起本地人的不满，认为是这些徽商子弟占用了他们的名额。叶永盛认为，如果不能彻底解决徽商子弟的入学和考试问题，不仅会导致徽商和当地人的矛盾，也会影响这些徽商的经商活动。他想来想去，突然眼前一亮：既然徽商们经商促进了经济发展，是不是以此为理由，让国家每年单独给这些徽商子弟一些考试名额，算是对这些徽商的鼓励？这样当地人也就无话可说了。当然，叶永盛知道自己没有这个权力，显然必须给皇帝写个奏折。叶永盛思来想去，觉得这个想法可行，就连夜写好奏折，不等天亮就以八百里加急送往京城——他知道万历皇帝已经很久没有上朝，不用加急的方式他肯定不会注意。

果然，奏折送到京城后不久就传来好消息，那就是朝廷允许这些徽商子弟单独在当地参加科举考试，并不占用当地人的名额，为此还采用了一个专门的名称就是"商籍"。对此民间还有一个说法就是叶永盛亲自赶自京城，面见皇帝陈述自己的奏折，然后才得到皇帝的批准。不过这个传说似乎不大靠谱，因为那位万历皇帝已经多年不上朝处理政务，即便是军国大事也都是交给大臣处理，考试入学这样的"小事"估计更不会引起他的兴趣。

长在盐山上的树

　　无论设立"商籍"是否为万历皇帝亲自批准，总归是一件让徽商高兴不已的大好事，他们知道这全是叶永盛的功劳，纷纷登门向叶永盛表示感谢，并表态说如果开办学堂需要钱和物，他们会全力支持。叶永盛知道虽然徽商子弟异地参加科举考试的问题解决了，但因为名额和场地限制，这些孩子中不少人还是无法进入杭州本地的官学读书。为此叶永盛想到应该办一所专门收徽商子弟的学堂，但苦于没有合适的场地。此事传开后，有人推荐了西湖曲院风荷附近的一座别墅，这里原是明吏部尚书张瀚的别墅，经过商议，其后人愿意将其作为学堂，崇文书院因此得以顺利开办。至于崇文书院的设立时间，如今可以确定为万历二十八年（1600），就是叶永盛到杭州任职的第一年。

　　后来叶永盛任职期满离开杭州时，崇文书院也并未因此废弃，一些盐商出钱买下了这座别墅，还是作为书院使用，当时的名称为"紫阳崇文书院"，"紫阳"是朱熹的别号，朱熹曾在江西白鹿洞书院讲学，并亲自制定了《白鹿洞书院揭示》，又称《白鹿洞书院学规》，其影响绵延后世几百年，故很多书院都以"紫阳"为名。此外，盐商们还集资为叶永盛建立生祠，以示感激。所谓"生祠"就是专门为活着的人修建的祠堂，叶永盛还在世就得以享受世人的敬意，足见他确实是为官一任，造福一方。

　　至于为何取名为"崇文"，在古文中这两个字的原意是崇尚文治，如《魏书·高祖纪下》："国家虽崇文以怀九服，修武以宁八荒，然于习武之方，犹为未尽。"又如唐朝李峤的《奉和圣制送张说上集贤学士赐宴》诗有"偃武尧风接，崇文汉道恢"这样的句子，意

◎ 朱熹画像

思都是如此，且可和"修武"相对。"崇文"还有一个含义，即指古代掌管文化的官职之名。不过，将"崇文"用于书院之名，显然就是表示崇尚文治教化和重视教育之意，所以不但古代各地有很多书院都以"崇文"为名，至今也还是有不少中小学取名为"崇文"。

此外，叶永盛把书院命名为"崇文"还有一个重要理由，以往研究似未提及，就是他不满于当时教育界和学术界一味崇尚王阳明学说、过分重视"陆王"而忽视"程朱"的状况。叶永盛本为朱熹老乡，自然要以光大朱熹学说为己任。

对此，也是安徽人且曾任江南道监察御史的吴雯清有过详细的阐释：

> 叶公抗疏，使新安诸博士弟子自为商籍，以隶于浙。遂世祝文公于书院，其尊朱子以兴文学，何如是之恳切哉？
>
> 盖当庆历年间，天下之学者显叛朱注以趋新说，或偏于陆王，或溺于佛老，以致世道人心坏乱极矣。叶公以商籍人士生于文公桑梓之邦，熟读文公注释之书，如孙子绳武乎高曾，自是本分内是也。

舍此不遵而遵异端曲说，岂理也哉！故特额曰"崇文"，以示商籍诸人士之标准也。

虽然，文公之"文"岂徒辞章之"文"而已哉？孔子曰：文王既没，文不在兹乎！孔子集千圣之大成，朱子集诸儒之大成，苟天未丧斯文，兀得兴于崇文书院者，当思文公之所以为"文"也。[1]

其中"孙子绳武乎高曾"出自成语"绳其祖武"，出处为《诗经·大雅·下武》："昭兹来许，绳其祖武。"意思是沿着祖先的足迹前进，比喻继承祖业。吴雯清此文以彼时士林对"程朱陆王"及佛老学派之争解释叶永盛命名"崇文"之用意，指"崇文"之"文"即朱子之"文"，虽然无法确认这就是叶永盛的本意，但从逻辑上说大致不差。

叶永盛在徽商的支持下创办了崇文书院，但当时杭州已有大名鼎鼎的万松书院（敷文书院）等数家书院，崇文和它们相比没有什么名气。直到清朝康熙年间，它才迎来自己的高光时刻——康熙四十四年（1705），康熙帝南巡，杭州西湖自然是必到之地，在西湖游玩时他顺便为崇文书院御题一块"正学阐教"的匾额，并题榜"崇文"。既然皇帝都题词了，书院自然更名为"崇文书院"。[2]从此，崇文书院有了和其他书院抗衡的资本，在杭州、在浙江的名气也越来越大。从明朝到清末，虽然书院几次被焚毁，但都得以重建，规模也日益扩大，生徒最多时达三四百人，可以说徽商子弟在两浙登仕者大多出自崇文书院。在这个意义上，说叶永盛是"崇文书院之父"完全正确。

---

1 吴雯清：《紫阳崇文舫课序》，见赵所生、薛正兴主编：《中国历代书院志》第9册，江苏教育出版社，1995年，第47—48页。
2 据《杭州府志》卷十六，民国十一年刊本，清康熙二十二年（1683），歙县诸生汪秦镏倡修（崇文书院）。四十四年（1705），圣祖南巡御题"正学阐教"额，榜曰"崇文"。

对于叶永盛的这一功绩，康熙九年（1670）浙江学政金镜曾撰文给予很高评价：

> 杭于宋时为都下，朱子宜有书院其间，询诸故老，往时有紫阳书院，在玛瑙坡之后冈。万历间直指叶公移筑于葛岭之南，孤山之右，湖波千顷，泻碧泛艳，两峰云树奇秀映发，真足为讲学会文之地。颜曰"崇文书院"。西湖自钱越偏安，而后梵宫琳宇，庐址相接。叶公毅然构一书院，巍峙其中，志何殊。特谓之崇文，斯实录也。夫叶公以台臣巡盐于浙，而浙商多籍新安，故叶公抗疏使新安诸博士弟子自为商籍，以隶于浙。遂世世祀文公配以叶公，聚崇文书院为讲读胜地。[1]

此外，如果说叶永盛是解决徽商子弟上学考试问题的大功臣，是向皇帝建言的主攻手，那么还有两位徽商也功不可没，可以称之为"助攻"，他们就是吴宪与汪文演。[2]据嘉靖《两浙盐法志》卷二十五："吴宪自新安来钱塘，初试额未有商籍。业盐之家艰于原籍应试。宪因与同邑汪文演力请台使（巡盐御史）设立商籍，上疏报可。至今岁科如民籍例，科第不绝，皆宪之倡也。"据说因吴宪建议设商籍是一功德无量之事，因此其子女皆托其余荫，均得长寿善终。另一位商人汪文演，字以道，号宾石，也是新安商人。他的功劳不仅在于和吴宪一起请设"商籍"，还在于他敢于和贪官抗争，维护徽商的合法权益。

当然，在维护徽商权益方面做出最大贡献者，还是时任两浙巡盐御史的叶永盛。

———————

1　金镜：《重修紫阳崇文书院碑记》，《紫阳崇文会录》首卷。
2　有关叶永盛与开设"商籍"的问题，可参看藤井宏的论文《新安商人的研究》，载《江淮论坛》编辑部编：《徽商研究论文集》，安徽人民出版社，1985年。

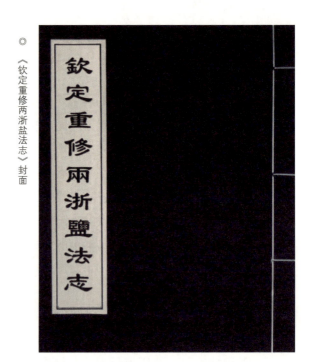

◎ 《钦定重修两浙盐法志》封面

　　万历年间，社会矛盾日益激化，朝廷财政入不敷出，所谓"皇帝家也没有余粮"。为了满足自己的挥霍欲望，又能减轻财政压力，神宗皇帝从万历二十四年（1596）起就派宦官到各地直接征税，然后把这些钱财直接充交内帑。当时来杭州的是一位名为高时夏的宦官，他直接宣称要加收两浙 15 万两白银的盐税，显然是赤裸裸的横征暴敛。汪文演经商多年，深知盐商的经营很是艰难，再缴纳如此巨额盐税，根本无法承受。他和几位盐商商议后，遂上书时任两浙巡按御史的叶永盛请求制止。叶永盛了解情况后遂连续五次上疏朝廷，终于制止了这样荒唐的行为。[1]

　　不过在民间传说中这件事的具体过程很是曲折。

1　有关叶永盛的五次上疏，可见其《浙盐记事·玉成奏疏》。

那是万历二十七年（1599）十月的一天，叶永盛刚看完汪文演的上书，正在思考如何解决这个问题时，突然有人报告说京城发来一封特快书信，而且走的是民间渠道，看来是想抢在官府文书的前面让叶永盛提前有个思想准备。

叶永盛得知此事后，知道肯定有要事发生且和自己有关。这份文件是一份邸报，其中一项内容让叶永盛大惊失色。原来皇帝听信宦官高时夏的谎言，说浙江、福建的余盐堆积如山，如果把它们都卖出去的话，可以有 30 万两白银。高时夏为了表示自己证据确凿，还画了一张盐山图。不过这图显然是不懂行的人所画，因为盐山上竟然长着大树。叶永盛看后既愤怒不已又觉得好笑。

叶永盛知道此事极为荒唐，肯定是那些宦官想讨好皇帝，自己也想捞上一把，就想出这搜刮两浙盐商的馊主意。他在江浙任职多年，深知盐商的经营并不容易，绝不能再损害他们的利益。他决定马上上书皇帝，请求制止此事。为此他在十一月初九上了第一道奏疏。其中的文字火药味十足，直斥高时夏等人是危害边关的群奸。叶永盛说：福建盐场我不知道情况，两浙盐场的事情我可知道。两浙的盐税银送京城 14 万两，九边 9.7 万两。但这些可不全是盐税，还包括沿海沙地以及灶户的人丁税，真正的盐税不过 9 万多两而已。而两浙还欠着人家边商 4 万两白银。至于所谓的盐山，不过是一些人为讨皇帝欢心而蓄意编造的谎言，那盐山上怎么能长树？

大概不到一个月，叶永盛再次上疏。这次他认为高时夏等宦官之所以盯上两浙盐场，目的就在于走私盐。因此，叶永盛查阅了《大明律》，将法律条文给万历皇帝看，像什么杖一百、徙三百里等等，意思就是让皇帝惩罚自己身边的宦官。他再次强调：两浙即使"化土为金"也断不会有价值 30 万两白银的余盐。

尽管他连上两道奏疏，朝廷那边却没有任何反馈。叶永盛只好在万历二十年（1592）二月底三月初又上了第三道奏疏。这一次他对万历十九年（1591）到万历二十八年（1600）春为止的九年零一季的盐引总额进行了统计，一共是322.5979万引，共欠国家和商家99.1557万引。这里的"引"可以理解为计量单位。据《清史稿·食货·盐法》："引有大引，沿于明，多者二千数百斤。小引者就明所行引，剖一为二，或至十。有正引、改引、余引、纲引、食引、陆引、水引。浙江于纲引外，又有肩引、住引。"如此每一引重量参差不齐，一般是200斤。叶永盛写道：如果真的余盐堆积如山，为了政绩、为了还债，我能不卖吗？如今因为两浙盐场贫瘠、海水冲决、逃户问题严重等，实在是难以满足国家的要求。现在为了凑足这个钱数，我已经竭尽所能，只有1.6万两，让我交2.6万两，我实在是办不到。政府想让国库充盈的想法我理解，但是不要忘记，如果国库增加1万两，那么供给九边的就少了1万两，长此以往，九边该怎么办？

这里的"九边"指的是当时的九个边防重镇。当时为了这些边防重镇能够及时得到物资供应，规定商人要按照政府要求给边防送去一定数量的军需物资，才能获得运输和经营食盐的牌照。叶永盛提醒神宗皇帝，如果盐税过重，导致无人向九边输送军需，从而引发边境动乱，那时即使宫廷堆满了金银珠宝，皇帝您恐怕也不能安坐享受吧？

在向皇帝陈述利害的同时，叶永盛还仗义执言，揭露宦官高时夏为收税不惜捏造所谓盐"堆积如山"的谎言，斥责其"青天白日之下为鬼魅之谈也"。事实是别说什么堆积如山，即便有一点生产出来的盐，也都是"盐未出锅，而商人已守而索之矣"。

估计是叶永盛的几次上疏产生了效果，万历皇帝要求查两浙是否真的没有余盐，结果当然是真没有。但朝廷显然并不死心，还是要求按照原计划摊派给两浙15万两。为此叶永盛再次上书，他说：按照《大明会典》的规定，我们两浙每年盐税为14万两，如今加派盐税15万两，那就等于把给国库的14万两都给了皇帝的小金库（内帑）。那么九边怎么办？如今九边形势危急，皇帝您不可不察。臣还听说，政府对两淮、河东等盐场可不一样。两淮盐场每年盐税60万两，您要求给您的小金库12万两，增派与原额相比为五分之一；河东每年盐税为19.8万两，您要了不到3万两，增派与原额相比为六分之一。可两浙却是原额的1倍多，比两淮、河东重了6倍多。重要的是听到这个消息后，那些盐商无利可图，纷纷逃亡，如今的两浙真是一片衰败景象呀！如果皇上真的要增派那就公平些吧，按照两淮、河东的比例，给我们最多增派2.8万两吧！

就在他上第四道奏疏后不到一个月，还没有等到上面回复，当年五月二十四日叶永盛又上了第五道疏，继续抗争。与此同时，浙江巡抚也上疏说浙江的盐税增加2万两就已够多了，而且为了保证民生，这2万两也应该按季度分批次交给宦官们主管的小金库。也就在这个时候，两浙盐场的1.6万两白银已陆续送入内帑之中，可万历皇帝没有任何回音。叶永盛认为要么是万历皇帝嫌银子少生气了，要么就是那些宦官私吞了。

最终万历皇帝大概是想明白了此事不可过分，随即下旨：高时夏以前的奏折是胡说八道，两浙确实没有余盐。不过我的圣旨不能白下，我皇帝总是要面子的吧？你们还是要想办法给我凑够2.6万两，分夏秋两季交给内帑。最终叶永盛只是上交了2万余两，最大限度地维护了盐商的权益。

无论此事多么曲折，叶永盛能够连续五次上疏为维护盐商的合法权益抗争，表现出极大的勇气，的确值得赞赏。让我们欣赏一下叶永盛《盐政五疏》中那慷慨激昂的文字：

臣闻九边者京师之藩篱，储饷者九边之命脉。故必九边固而后京师安，尤必储饷足而后九边固。……

彼商人捐膏血以输之九边，不远万里而来，乃竟不得分毫盐利而归，有挟资掉臂而去耳，谁肯复输刍粟于边哉？

此事如此结束，叶永盛算是"残胜"——他基本维护了两浙盐商的利益，盐商们因此避免了一场灾难。不过，他多少还是被迫向皇帝屈服，所以只能称为"残胜"。

心胸坦荡与疾恶如仇

叶永盛一生担任过很多重要官职，但从不滥用手中权力，而是坚持原则，疾恶如仇，特别是对那些残害百姓的贪官恶霸，叶永盛从不手软，要么利用自己的权力惩恶除害，要么上疏朝廷要求严惩。尽管为此他得罪了很多人，但他从不后悔。

不过，在对待普通读书人时，叶永盛深知他们十年寒窗，读书不易，十分珍惜他们读书考试的权利，只要不触犯法律，叶永盛总是尽力保护他们，为此自然博得一般士子的好感。

即以科举考试来说，它对穷苦读书人就是一道门槛，跨过去就可咸鱼翻身，博得功名利禄，不仅自己可以跻身官宦阶层，甚至亲友都可沾光。所以每逢科举考试，读书人总是如临大敌，紧张万分，也有人想一些歪门邪道，例如夹带小抄之类。为此，监考官就要对所有考生搜身，如果被搜出携带小抄，除了遭受头戴枷锁在礼部前示众一个月的惩罚外，还要被转交司法部门定罪，这惩罚不可谓不严厉。尽管如此，还是有人顶风作案。

那是万历三十五年（1607）的会试，叶永盛和另一位大臣为"内监试"，负责掌管考试阅卷等事宜，而具体负责监考的叫作"外监试"。当时参加考试的人中有一位浙江士子名邵喻义，他在第三场策论考试之前把"邸报"中的一些时事资料摘录下来，带入考场以备检索参考用。这样做严格说起来算是夹带小抄，但此事可大可小。监考人员搜出了小抄后，邵喻义有些恼羞成怒，就对着监考人员大打出手，结果被扭送到叶永盛处。此时，另一位姓李的"外监试"

主张要严惩不贷，因为平日他做官就以严酷著称。但叶永盛在任两浙巡按御史时曾经在邵喻义乡试时看过他的试卷，认为他是一位人才，遂定为第一名。叶永盛爱才心切，觉得此事不可过分，就对那位李姓官员说，这位考生我知道的，当年乡试第一，确有真才实学，此次会试必能高中。况且他所携带的无非是奏疏中的一些内容，不能算是小抄，我看还是让他继续考试吧。谁知道叶永盛一时忘记这位李姓官员就是举人出身，如今说邵喻义当年乡试第一，等于是讽刺李姓官员水平不行。果然这李姓官员大怒，说无论如何邵喻义就是作弊，命人剥去他的衣服，杖打二十后又给他戴上枷锁，在考场外面示众。此事如上报，邵喻义必将受到严惩，幸好叶永盛为其上疏辩护，他才没有遭受更严厉的惩罚。

据说这邵喻义本为老实本分之人，此次之所以携带资料进入考场，是因为他在考试前做了一个梦，梦中有人叮嘱他说此次会试必定高中第一名，但第三场策论要小心，不然就是第二名了。如此他才事前搜集资料带进考场，不料弄巧成拙。

此事传开后，有人遂将此事与当年诸葛一鸣考场作弊案相比，认为其中必有鬼神作怪。那诸葛一鸣也是浙江士子，为山阴人。一年盛夏之时，他在一佛殿避暑读书。某日，他正在吃东西，突然看到从大殿内出来一个身穿金色盔甲的人，诸葛一鸣大吃一惊，以为是一位武官，谁知此人说他是天帝派来公布今年科举中式的人。诸葛一鸣问自己是否榜上有名，此人说今年没有，当在来年。诸葛一鸣就一再恳请对方能让自己今年就考中，这个人说本来今年和你的考卷差不多的有一位，还是你的近亲，你好意思和他争吗？再说你晚点考上对你将来更好。但诸葛一鸣就是不依不饶，非要当年就考中。这人没有办法就只好应允，但一再叮嘱说，待到揭榜之日，一定要为他烧 10 万纸钱，千万不要忘记。且说当年阅卷时，阅卷者案头果然放有诸葛一鸣和另一位考生的卷子，因为质量差不多，阅卷者一时不能决定谁更好，不知不觉中竟然睡着了。结果就在梦中这位阅卷者似乎听到有人说"一鸣中，一鸣中"。等他醒来发现诸葛一鸣的名字刚好就是梦中听到的，遂录取了诸葛一鸣。等到放榜那天，诸葛一鸣因兴奋过度竟然忘记了烧纸钱之事，等到傍晚才想到，就想着次日凌晨补上。不料当晚他就梦到那位身穿金色盔甲的人满脸是血，指着诸葛一鸣骂道，你为什么食言？为什么不给我烧纸？我一定要报复你！

果然，第二年的会试，诸葛一鸣因为携带小抄被发现，遭到头戴枷锁示众的惩罚，而顶替他考中者，就是去年被他顶替的那位近亲。所谓一还一报，诚然不错。

传说当然不可信，但从上述传说中可以看出，那个年代的科举考试对普通士子来说就是决定一生命运的大事，为此有人不惜以身犯险也可以理解。而叶永盛本人出身贫寒，对出身底层的读书人有发自本能的同情，在当时能够尽力帮忙也是难能可贵。

叶永盛与会飞的"浮提国人"

"生有正直之名，没享俎豆之报"，这是冯梦祯等人为叶永盛所撰写之"生祠碑记"中的句子，叶永盛生前就享受到世人如此高的评价，足见其人格伟大。

但叶永盛之所以值得后人怀念与赞美，并不仅仅是因为他创办了崇文书院，也不单是因为他为官一任、造福一方，还在于他眼界宽广，胸襟开阔，行事判断较为开明，尤其是在那个甚为封闭的朝代，这一点特别重要，为此不妨以下面一则记载来说明。

明朝收藏家沈懋孝的《长水先生文钞·石林草》中有这样一段记载："余闻之典客郎杨征甫，盖海外有浮提国云，其人皆飞仙，好行游天下，至其地能言土人之言，服其服，食其食，极意与同其人之乐，饮酒无数，抑或寄情阳台别馆。欲还其国，一呼吸，顷可万里，忽然飘举，而已不得而倪也。闻此者三十年所矣，蓄之胸怀，无可质者。"又《子不语》中也有一段："浮提国人能凭虚而行，心之所到，顷刻万里。前朝江西巡按某曾渡海见其人，相貌端丽，所到处便能学其言语，入人闺闼，门户不能禁隔，惟从无淫乱窃取之事。"这个前朝江西巡抚，显然是指叶永盛，他巡盐两浙，又按江西，时间地点都符合。

具体时间当为万历二十五年（1597），彼时叶永盛正任江西巡抚，和所谓的"浮提国人"有过交往："叶侍御永盛按江右，有司呈市上一群狂客，自言能为黄白事，极饮娱乐，市物甚侈，多取珠玉绮缯偿之，过其直，满用金钱不甚惜。及抵暮，此一行人忽不见，诘其逆旅，衣囊则无一有也。而有司者甚怪之，请得大搜索，叶使君不许。第呼召至前，果能为江右土语，然不讳其为浮提人，亦不谓不能黄白事也。手持一石，似水晶，可七寸许，举之案上，上下前后，物物入镜中，写极毛芥。又持一金镂小函，中有经卷，乌楮绿字，如般若语，览毕则字飞。"

所谓"浮提国"是古籍中提到的一个神秘的海外古国，甚至连老子的《道德经》都是在其国人的协助下才能写成。据晋人王嘉《拾遗记》："浮提之国，献神通善书二人，乍老乍少，隐形则出影，闻声则藏形。出肘间金壶四寸，上有五龙之检，封以青泥。壶中有黑汁，如淳漆，洒地及石，皆成篆隶科斗之字。记造化人伦之始，佐老子撰《道德经》，垂十万言。……老子曰：更除其繁紊，存五千言。及至经成工毕，二人亦不知所往。"此段所述即老子著《道德经》之传说。时有浮提国二人，协助老子撰写《道德经》，呕心沥血，取脑为烛，书成之后，二人便消失不见。据说其所携来的金壶内贮神墨，可洒地成文，后世即以"金壶墨汁"为典代指极珍的书墨之器。

而叶永盛所遇到的"浮提国"人，今有人考证可能就是利玛窦等西方来华传教士，但也没有确证，不过可以肯定是来自西域之人。对于这些似乎有神通的"浮提国"人，叶永盛没有采取他人建议的搜捕之法，而是派人请他们来衙门。经过交谈，确认他们虽有一些所谓"法术"但并未做什么违法乱纪之事后，叶永盛也就让他们自便，由此可见叶永盛的气度。彼时西方传教士来华传教者渐多，叶永盛对他们没有采取排斥态度，还是甚为开明的。

作为一名官员，叶永盛为明代统治者做出了力所能及的贡献，可谓鞠躬尽瘁死而后已。不过，这毕竟是古代绝大多数文人几乎出自本能的选择，没有格外特别之处。而叶永盛于官宦生涯之余所创办的崇文书院，倒是让他于无意中留名历史，并书写了属于他的那一页，"崇文书院之父"称号实至名归，也值得后人永远敬仰。

第三章

「风景这边独好」

从《白鹿洞书院学规》说起

教与学的礼仪

教什么与学什么

闲不住的老师，写不完的课艺

有条不紊、风度俪然

老师的自课文

从《白鹿洞书院学规》说起

　　学规，是古代学校规章的总称，好比今日之学校章程。最初仅为对学子在学时有关思想行为之要求和规定，如《管子》的《弟子职》，到宋朝则发展成为学校和书院的规章制度，如《白鹿洞书院揭示》。明清时期的官学学规则偏重对学生思想行为的规范和限定，如《圣谕广训》等，至近代一直变化不大。学规在文体上，一般为语录体或文赋体。

　　南宋淳熙六年（1179），朱熹重建庐山白鹿洞书院，这是中国书院史上的一个重要事件。从淳熙六年至八年（1179—1181），朱熹为复兴白鹿洞书院做了这样几件事：重建院宇、筹措院田、招收弟子、订制学规和开设课程等，其中又以他撰写的《白鹿洞书院学规》对后世影响最大。明朝大儒王阳明曾对这个学规给予高度评价："夫为学之方，白鹿之规尽矣。"意思就是所有的教育方针、规律和方法都已经被这个学规纳入其中。如此就使得后来很多书院索性不再费力气撰写，直接把朱熹写的这个作为自己书院的学规，杭州崇文书院也是如此。

　　总括《白鹿洞书院学规》的主要内容，其主旨就是说教育就是要教人懂得道德伦理，懂得为人之道。学习目的是要人们按儒家经典，读书穷理，修身、齐家、治国、平天下，成为对社会有用的人才。由于《白鹿洞书院学规》对巩固封建秩序能起很大作用，它很快就成为南宋书院统一的学规，也是元明清各朝书院学规的范本，并影响到各级各类官学，成为宋朝以来历代王朝办学的准则。

就名气而言，仅次于《白鹿洞书院学规》的就是《岳麓书院学规》，作者是清朝的王文清（1688—1779），他是湖南宁乡人，字廷鉴，号九溪。雍正二年（1724）进士，授九溪卫学正，迁岳州府教授。丁母忧开缺。雍正十三年（1735），湖南巡抚钟保等荐举应博学宏词科。历充三礼馆纂修官。乾隆二年（1737），授内阁中书科中书舍人，奉直大夫，考录御史。后以父老乞归。乾隆四十四年（1779）病逝，终年92岁。据史料记载，他曾在乾隆十三年（1748）和二十九年（1764）两次担任岳麓书院山长，并在第一次任职时制定了《岳麓书院学规》，还写有《岳麓书院学箴》九首。王文清著有《考古源流》《典制大文考》《历代诗汇》《读经六法》《读史六法》等，并参加修纂乾隆《湖南通志》《长沙府志》《玉山书院志》等。下面就是王文清撰写的《岳麓书院学规》：

时常省问父母；朔望恭谒圣贤；
气习各矫偏处；举止整齐严肃；
服食宜从俭素；外事毫不可干；
行坐必依齿序；痛戒讦短毁长；
损友必须拒绝；不可闲谈废时；
日讲经书三起；日看《纲目》数页；
通晓时务物理；参读古文诗赋；
读书必须过笔；会课按刻蚤完；
夜读仍戒晏起；疑误定要力争。

《岳麓书院学规》的影响仅次于《白鹿洞书院学规》，内容也较为具体。上述十八条大致分为三类，即道德修养，学习目的、内容和态度，以及学习方法。

杭州崇文书院也和大多数书院一样没有制定自己的学规，应该也是沿用朱熹的《白鹿洞书院揭示》。此外，清代的蒋士铨在任崇文书院山长期间，倒是写过一个《杭州崇文书院训士七则》，其内容大致等同于学规，对此本书有专章论述，此处不赘。

◎ 钱穆像

　　再看一个现代书院，即香港新亚书院的学规，它的制定者是被称为新儒家代表人物之一的钱穆，他也是这所学院的创办人。新亚书院诞生于 1949 年，当时名为亚洲文商学院，后于 1950 年 3 月易名为新亚书院。1963 年新亚书院、崇基学院和联合书院正式合并组成香港中文大学，所以新亚书院如今只是香港中文大学中的一个学院，它的教育宗旨在于"上溯宋明书院讲学精神，旁采西欧大学导师制度，以人文主义之教育宗旨，沟通世界中西文化，为人类和平社会幸福谋前途"。也就是说，它不再属于传统意义的书院，已经是一所以学习中西文化为宗旨且办学理念也兼采传统与现代的新式书院。

　　因此它的学规自然是现代书院的学规，但无论是它的内容还是表述，在精神上都与古代书院一脉相承：

新亚学规

　　凡属新亚书院的学生，必先深切了解新亚书院之精神。下面列举纲宗，以备本院诸生随时诵览，就事研究。

　　一、求学与做人，贵能齐头并进，更贵能融通合一。

　　二、做人的最高基础在求学，求学之最高旨趣在做人。

三、爱家庭、爱师友、爱国家、爱民族、爱人类，为求学做人之中心基点。对人类文化有了解，对社会事业有贡献，为求学做人之向往目标。

四、祛除小我功利计算，打破专为谋职业、谋资历而进学校之浅薄观念。

五、职业仅为个人，事业则为大众。立志成功事业，不怕没有职业；专心谋求职业，不一定能成事业。

六、先有伟大的学业，才能有伟大的事业。

七、完成伟大学业与伟大事业之最高心情，在敬爱自然，敬爱社会，敬爱人类的历史与文化，敬爱对此一切的知识，敬爱传授我一切知识之师友，敬爱我此立志担当继续此诸学业与事业者之自身人格。

八、要求参加人类历史相传各种伟大学业、伟大事业之行列，必先具备坚定的志趣与广博的知识。

九、于博通的知识上，再就自己才性所近作专门之进修；你须先求为一通人，再求成为一专家。

十、人类文化之整体，为一切学业事业之广大对象；自己的天才与个性，为一切学业事业之根据。

十一、从人类文化的广大对象中，明了你的义务与责任；从自己个性的禀赋中，发现你的兴趣与才能。

十二、理想的通才，必有他自己的专长；只想学得一专长的，必不能具备有通识的希望。

十三、课程学分是死的，分裂的；师长人格是活的，完整的。你应该转移自己目光，不要仅注意一门门的课程，应该先注意一个个的师长。

十四、中国宋代的书院教育是人物中心的，现代的大学教育是课程中心的。我们的书院精神是以各门课程来完成人物中心的，是以人物中心来传授各门课程的。

十五、每一个理想的人物，其自身即代表一门完整的学问。每一门理想的学问，其内容即形成一理想的人格。

十六、一个活的完整的人，应该具有多方面的知识，但多方面的知识，不能成为一个活的完整的人。你须在寻求知识中来完成你自己的人格，你莫忘失了自己的人格来专为知识而求知识。

十七、你须透过师长，来接触人类文化史上许多伟大的学者，你须透过每一学程来接触人类文化史上许多伟大的学业与事业。

十八、你须在寻求伟大的学业与事业中来完成你自己的人格。

十九、健全的生活应该包括劳作的兴趣与艺术的修养。

二十、你须使日常生活与课业打成一片，内心修养与学业打成一片。

二十一、在学校里的日常生活，将会创造你将来伟大的事业。在学校时的内心修养，将会完成你将来伟大的人格。

二十二、起居作息的磨炼是事业，喜怒哀乐的反省是学业。

二十三、以磨炼来坚定你的意志，以反省来修养你的性情，你的意志与性情将会决定你将来学业与事业之一切。

二十四、学校的规则是你们意志的表现，学校的风气是你们性情之流露，学校的全部生活与一切精神是你们学业与事业之开始。敬爱你的学校，敬爱你的师长，敬爱你的学业，敬爱你的人格。凭你的学业与人格来贡献于你敬爱的国家与民族，来贡献于你敬爱的人类与文化。

这样的学规，从行文风格到具体内容都已通俗易懂，但依然体现出对学生道德品行的严格要求和注重人格塑造的培养目标。

教与学的礼仪

尊师重教，自古而然。具体表现为不管是学校还是传统的书院，不管是私塾还是官办学堂，都要有一套完整的教学礼仪，特别是在上课这一最重要的教学过程中，必须让学生对教师、对学习抱有一颗敬畏之心，持一种严肃认真之态度。

鉴于尚未发现崇文书院的有关教学礼仪规定，不妨介绍一下和崇文书院有密切关系的敬修堂的授课礼仪，此敬修堂为查继佐所创办，位于西湖畔清波门一带，也有史料说就是崇文书院所属的敬修堂，当误，俟考。查继佐（1601—1676）为明末清初浙江海宁人，字伊璜，号舆斋、东山钓史。明亡后更名省，字不省，曾长期授徒乡里。清兵南下时他曾赴浙东参加抗清斗争，失败后隐居海宁硖石，从事著述，晚年讲学于杭州铁冶岭，名其居曰敬修堂，学者称敬修先生或朴园先生。著有《罪惟录》《鲁春秋》《东山国语》《国寿录》等。

查继佐在主持敬修堂期间为学堂制定的教学礼仪比较详细，原文是文言，兹翻译为白话，大意如下：

在正式上课之前一天就要在紧靠教室的另一室内设置圣先师的牌位，案陈香烛，以供师生祭拜。这圣先师一般就是孔子，后世也有把朱熹等列入牌位者。早晨饭后，学生一般分为两行，自南向北，以靠近老师为尊。此外，在老师讲席前安排一个座位，供学生提问题用。上课开始前要先点名确认学生人数，然后由两位"导讲"引教师出来，先到圣先师牌位前祭拜上香，此时有司仪大声宣告："一揖"，"跪"，"上香"，"再上香"，"三上香"。教师祭拜后是学生祭拜，然后学生还要向教师行礼，学生最后再互拜。直到这些程序都完成，教师才由"导讲"者引到讲席处就座，待教师坐下后学生才能坐下。

师生均就座后，主持礼仪者即走出教室，站在神位之下。另有"侍书"两人坐在教师左右，高声朗读教师准备讲授的内容。朗诵之后教师才开始正式讲课。其间，教师除了喝茶和吃点零食外并不停顿，其余人员则都要站立一旁，随时准备侍候。

上课至中午，教师由讲席处退下吃饭，学生则仍在原座位处就餐，完毕后由专人擦拭干净，然后教师再次出来，仍然是祭拜上香后才能继续上课。讲课结束后，如果有之前向老师提出问题且已经明白者，教师即将其名字记录在案。如果学生仍然有疑惑，则教师须再次为其讲解答疑。待所有程序结束，由"导讲"引教师率领学生到圣先师牌位前作揖以谢，然后学生再向教师作揖表示感谢。最后，待教师走后学生才能退出。

再看一则有关书院教学礼仪和上课内容及过程的史料：

坐次：师席居中，左右以次设书桌，以右为上。诸生序齿，两两相对。直日设坐：师席南，两端，钟设于师席右，名牌设于师席左。直日所掌诸物：直日名牌（上书直日轮次名姓，用毕，纸糊复书）、钟、签筒、砚、水瓶、手牌（上书安详恭敬）、箕帚、书桌、香炉、界方、火炉、诸生所说书名牌（人名以上书姓名，诸生至，各认名依次挂）。直日所掌诸事：清晨洒扫，温诵旧书，专监视诸生，不如法者举之。诸生晨参，讲书，会食，习字，呈押，试书，暮归，并鸣钟喝揖。诸生所讲读书，合用朱文公《小学》书为先，次及《孝经》《论语》。早晨合先讲《小学》书，午后随长幼敏钝分授他书。《孝经》，合用文公刊误本，《语》《孟》，用文公集注，《诗》《书》，用文公集传订定传本讲说。诸生所习字，合用唐颜尚书字样，写大小两样。

诸生逐日仪式：晨参，清晨诸生毕至，师就坐，直日鸣钟一声，诸生以次出门外序立。第二声，诸生以次自正门东方入北面上重行立。第三声，唱揖，诸生齐揖，班首自西折旋到师前，进三步，拱手问先生安否（师云如常），复退三步，揖，折旋入本位。直日喝圆揖，诸生圆揖，喝就位，诸生各就位（中有兄弟、叔侄同学，候就位后，卑幼者就尊揖）。讲书，直日与侍立各一人，以《小学》书及签筒置于书桌，舁于堂中，诸生北面重行立，鸣钟一声，喝诸生齐揖拱立。初开讲日，师行讲《小学》书第一章，次日诸生齐揖毕，侍立取签置师前桌上，呼其上姓名，闻呼者出班，自东方折旋入本位，或抽三四签，惟师意。毕，师复讲授第二章，讲毕，鸣钟喝揖，诸生齐揖毕，喝复位。诸生各就位诵书，诸生就坐，诵所授书，或未通晓，起立拱手问师再说，或斋长先通，师令巡问诸生通否，务要熟讲精思，毋得率略。会食，早食到，直日鸣钟，喝揖，诸生齐揖，就食，毋得语言咳唾。伺食俱毕，喝揖，齐揖，以次退就庭中，以序行步，务为舒徐，毋得跳踯戏笑。少顷，直日鸣钟，各就位，午食亦如之。

习字，直日取砚各置诸生桌上，满贮水，诸生各取笔墨，习大字一纸，小字一纸，务要模仿精工，字画端谨，通晓前贤笔法，毋得率略及有泡污。写毕（直日收砚，非写字时不得置砚），敛诸生书纸于师前，以次呈押，毕，复散于诸生位。试书，直日鸣钟，诸生各执书重行立于师前，次以就试，当试者以两手执书册度与师，或自执，或令斋长右立执之。试者揖毕，拱立念书，毕，复揖，向前取书册而退，俱毕，以次授诸生书。授书，以所读书分班次，如十人读《论语》，则十人为一班，直日鸣钟，序立如前仪，就师席前听授讲，毕，齐揖，以次退就坐，熟诵精思，或有疑问，如上仪。出入，出则执手牌，入则置直日位。暮归，如清晨仪，但班首于师前道先生安，置圆揖毕，以次出外，序其卑幼，各揖尊者，直日执诸生名牌，从上喝名，两两而退。其有成童愿宿斋者，从便讲读。[1]

1　陈谷嘉、邓洪波主编：《中国书院史资料》上册，浙江教育出版社，1998年，第417—418页。

这一段看下来，第一感觉是彼时书院的值日生（文中的"直日"）权力较大，他不仅扮演了书院日常教学过程中司仪的角色，而且很大程度上可以左右或干涉书院诸生的学习过程，以及决定是否让诸生接近和向教师请教。第二就是书院极其重视所谓的"师道尊严"，为此特别规定了很多诸生向教师致意的礼节。第三就是这书院的教学礼仪看起来有些过于认真、过于精确，其重视程式化甚至到了太烦琐的地步，有些规定也过于生硬和机械化了。不过也正是这些烦琐的程序，才体现出对知识、教育和教师的尊重，才能日复一日地让学生逐渐领会到教育的本质和意义，懂得怎样尊师重教。

相比之下，今天的学校一般都是上课时由班干部带领全班学生起立，算是向教师致意，下课则只要教师说"下课"，学生即冲出教室，哪里还会等待让教师先出去？如今在教学礼仪上是否过于草率一点呢？

教什么与学什么

　　既然书院是以培养参加科举应试者为使命，则无论教师所授还是学生所学都以传统的四书五经为主，即便也让学生写一些诗词，也多为试帖体。诚如陈东原在其《清代书院风气之变迁》中提及雍正时书院教学状况所言："雍正十一年以后，虽提倡书院，但其教学，仍以科举为主。不过在有名无实的郡县官学之外，尚有此较含学术意味的教学机关，故颇见重于社会。但一般书院的重要工作，仍在课试。"[1]

　　就具体学习内容而言，一般都参考程端礼（1271—1345，字敬叔，号畏斋，元朝著名理学家、教育家）的《读书分年日程》，因国子监将其颁示各郡邑校官，故为各地书院沿用。程端礼把整个教育过程分为三个阶段，8 岁前为启蒙教育，学习程若庸增广的《性理字训》，佐以《朱子童蒙须知》；8 岁至 15 岁为小学教育，学习《小学》《四书》及诸经；16 岁至 23 岁为成人教育，主要教材为《四书集注》。其教育思想以宣扬程朱理学教条为宗旨，以闭门读经为手段。

　　至于具体的课程门类，显然没有今天学校那么多，一般只有读书、背书、写作和听教师讲书这么几门，再加上书法练习也就寥寥数门而已。至于今天学校都有的诸如音乐、体育和美术之类，书院更是不可能有的。据陈东原介绍，为了准备参加科举考试，彼时书院诸生除了读书背书、文章练习及书法练习外，大量的时间要用来

1　陈东原：《清代书院风气之变迁》，《学风》，1933 年第 5 期。

参加各类测试，一般称之为"课试"。每月大致有两次课试，一次在农历的初二，亦称"朔课"，一次在十六，亦称"望课"，也有分别在初五和二十五的。此外往往一次为官课，出题者为当地的巡抚等地方官员，考卷也是由他们审阅，然后分别定等级，成绩好者自有奖励。另一次则由书院山长或掌教出题阅卷，学生所获奖励也是由书院来出。

彼时学生所获奖励大致为白银一两或二两，视各学院经济条件而定。课试的具体形式则有两种，即扃试和散卷。所谓扃试就是学生各自在一封闭空间内应试，与正式科举考试相同。如曾国藩《送江小帆同年视学湖北序》："于覆名扃试之外，别求旁搜广采之术。"《清史稿·选举志二》也有"督、抚、学政，按其功课，严密扃试。优者分别等第，咨送京师大学堂覆试"的具体要求。不过扃试组织起来过于麻烦，所以散卷逐渐成为主要课试形式。一般而言，扃试要求当日完成试卷，如杭州敷文书院扃试，"辰刻散卷，申刻交卷，不准给烛"。散卷则可以拖到次日甚至数日，如此学生答卷就比较从容，教师阅卷也较为轻松。如果和今天的考试形式对比，则扃试大致等于闭卷考试，而散卷等于开卷考试。当代学者鲁小俊认为："书院扃试，考生答卷主要依赖平时的知识储备。即使可以翻检、存在抄袭，所得也很有限。散卷考课的优势，在于考生可以较为从容地查阅资料。因题而去翻书，翻书以助答题，阅读和应课相辅相成。而这样的情形，在学术型考课当中更为普遍。"

相对于扃试，由于散卷考试时间宽松自由，学生得以有充足的时间阅读和查找资料，所以写出水平较高的试卷比较容易。但有时由于时间紧迫或者题目过难，学生之间分工作答或者寻找代笔也很普遍。鲁小俊就介绍过著名的汪康年、汪诒年、汪洛年兄弟的一次合作案例，那是他们早年参加杭州诂经精舍的考课，"遇诂经精舍考课日，别二人合作一卷，先生任经解，诒年任词赋。时或遇题目不多，期限稍宽，则二人各作一卷，均由洛年为之誊写，亦彻夜不辍"。几人分工答卷当然可以节省时间，便于按时完卷。

有分工合作答卷，自然就有代作，此外，托名（冒名、冒卷）应课的现象也很常见。据鲁小俊的考证，清人项藻馨参加杭州紫阳书院甄别试，"列第三，卷名姚丙熙（文刊入《紫阳八集》）"。但他查阅《紫阳书院课艺八集》，未见项藻馨或姚丙熙之名。然《紫阳书院课艺九集》（光绪二十年刊）中有姚丙熙文一篇，此人或即项藻馨。又据刘明考辨，《诂经精舍八集》中八篇署名"章炳业"者，其实就是章太炎所写。

以下是清代官府对书院课试方式、出题内容、评阅方法及奖惩方法的有关规定：

每月课试之法，合照旧例，计其分数，逐月载籍，终岁考其优劣，以定殿最。其十二试俱黜者降供，积及十分者，春秋二季，教官申请本路文资正官诣学，有廉访司官处同到。集诸生帘引，籍其高下，以备岁贡。前件议得：儒人课试，拟每月从教官出题，或赋论、经义、史评之类，在籍诸生各供本经全篇，每五卷约取一名，照旧例魁名三分，亚名二分，又次名一分半，通榜者各一分，教官考校，逐月载籍，岁终计其分数，以考优劣。如十二试积及十分者，次年正月内，从教官申请本路文资正官、廉访司官诣学，集及分儒生帘引文义通畅者，取首名保申上司，以备岁贡。其余籍记姓名。所有十二试俱黜者，降供一季，发付本学训诲，逐日在斋习读，伺降供满日，再行引试，中格许令回参。其连三月不试者，从教官议罚。[1]

显而易见，此类对书院课试的规定较之今天学校的有关规定，几乎同样严格和严谨，对师生的奖惩制度也规定得十分详尽，并直接和物质奖惩挂钩。看来，对应试教育的重视果然是自古有之，而科举制度的兴起是主要原因。

---

[1] 陈谷嘉、邓洪波主编：《中国书院史资料》上册，浙江教育出版社，1998年，第416页。

第三章 「风景这边独好」

当然，学生苦于考试，教师则苦于阅卷，因为此类试卷总是要认真批阅，同时还要写出较为中肯的批语，也因此阅卷就成为山长和教师的沉重工作。与学生的找人代作相对应，山长或教师找人代为阅卷也很普遍。由此甚至发展出"遥领"一说，即一些著名学者可以在几所书院都挂名，却不一定去书院教学，至于批阅试卷则可以花点钱找人代劳，如此收入自然可以增加很多。好在无论学生还是教师，都可以从课试中获得一些经济上的补偿，在学生是奖励，在教师则是阅卷的酬劳。

此外，书院发展至晚清，考课的弊端也相当严重，乾隆年间崇文书院山长蒋士铨对此就曾批评道："近日书院先生多因贫而馆，聊且相安。生徒什佰，或见或不见，不能识认，除课卷评点之外，一无训勉。"而生徒"传递录旧，百计相诳，视会课如当差，重膏火如射利"。显而易见，当师生都把课试作为生财之道时，这课试也就失去了真正的价值，此类状况至晚清更为普遍，也终于在晚清伴随着书院的衰落而退出历史舞台。

既然课试的内容就是儒家经典，学生在书院的大多数时间就是读书作文，书自然是四书五经，文也当然是应试文，即便写诗也是八股气十足的试帖诗。至于教师或山长的偶尔讲学，也大致不脱儒家经典范围。不过，也有一些名气较大的书院敢于打破常规，杭州敷文书院、诂经精舍、紫阳书院和崇文书院这"四大书院"，就常于应试内容之外增加一些培养学生潜心治学和提高文学修养的教学内容。例如诂经精舍就强调对儒家经典的研究尤其是注重训诂之学，而山长俞樾本就是经学大师。又如崇文书院的胡敬、薛时雨和戴熙等人之教学方式均是不拘一格，十分注重对诸生诗词曲赋写作能力的培养，并最终强调文学艺术修养的提高和士大夫完美人格的塑造。等到晚清，则很多书院受西方近代教育思想影响，不但写作题目已经和时事紧密相关，而且已经开始教授天文、算学和物理等格致之学，这与整个时代的变化是一致的。

具体到崇文书院，其为诸生所设课程内容虽然与其他书院大同小异，但其授课方式独具特色，除了前面多次提及的"舫课"外，还有"遥课""面会（课）"，而且这已成为书院制度，非偶尔为之行为。据史料，大约在清顺治壬辰年（1652）间，崇文书院就颁布了一个教学规章制度，名为《重订崇文会规·会文之约》，其主要内容如下：

　　崇文之例，每岁有遥课有面会，三岁取所得佳文梓之，近则衔杯漱醪而已。夫社中佳朋日多，榼谈隽句常欲惊坐，顾自新进宴集，外涧叙疏踪旷，若隔地殊不可解事。谚云：数面成亲，社中声气相联，可得朝夕聚首者不下百人，文事胡可闵然不讲？但城中无此广厦以为文会，所以不得不更为舫会。

　　每岁于春秋之中，择良日，毕罗湖之大小舟，大者五六，小者视大者倍以十，每三友共一小舟。是日黎明，廪造紫阳祠释奠焉。奠毕受题，各就小舟，荡漾而去，随意所之。午后巨舫齐泊湖心亭，诸友文完者先赴亭前聚饮。鸣金为号，金三鸣而文不完者罚资五星，草完者减半。遥文每友各携得意窗艺三首，并面课同交，司会存选，缺者照面课倍罚。遥文书学、书字、书名，面课只书坐号，社书仍以三岁为一集，评选之役，照初集例即推本科新发好事者任之，本年司会佐焉。每会司会十二人，各输银二两董其事，到社作文之友人捐二钱佐飨。按期举行，决不可惰。

　　昔远公庐阜，社外犹自攒眉元白，隔江诗简，犹自唱和。幸同里巷笑语饮食相逐，可不勉之！

　　这里的"遥课"是指让散处各地的生员作文，集中送书院评定的一种授课形式。参加遥课的学生要选择自己的三篇文章或诗词，"并面课同交，司会存选，缺者照面课倍罚"，到书院作文的学生，每人尚发二钱以补助餐费，而"遥文书学、书字、书名，面课只书坐号"。书院将参加舫课和遥课的学生所上交的文章，交给由12人所组成的司会来评定优劣，评选杰出优秀之文，以三岁为一集，"取所得佳文梓之"。

而这里所规定的"舫课"细节，也和叶永盛当年设立崇文书院时大有不同。首先，明确规定舫课之前要先祭奠朱子，并在朱子祠内领受题目，并明确乘小船者三人为一组。当年崇文书院诸生乘小船各自完成作文后回到岸上，由叶永盛当面批改并定出等级，而此处却是大家都到湖心亭集合，面交文章，先完成者即可聚饮。其次，这样的舫课与其说是学习考试，不如说更像是书院诸生的一次"以文会友"的聚会。因虽有命题作文等任务要按时完成，但对没有完成者的惩罚只是处以罚金，而罚金不过是用于准备相聚时的酒水。因此这里学习或考核的任务并不重要，重在好友相聚。最后，除了按时完成的命题作文外，此文还透露出书院诸生要交的其他作业，其种类之多还是相当惊人的。

"窗艺"，即窗稿，指书院诸生平日的习作，如蒲松龄《聊斋志异·司文郎》有"余杭生一日以窗艺示宋，宋见诸友圈赞已浓，目一过，推置案头，不作一语"。此处说要交三首，当为诗词。至于"面会（课）"，本意为当面考核，这里说要上交司会，当为一种书面作业。

整体而言，崇文书院的学习氛围较为轻松，学习方式也相对比较灵活，但因最终目的也是参加科举考试，故无论怎样变通，读经释典和制艺诗文的写作也是主要的学习内容，这一点毋庸置疑。

至于舫课之前及平日书院定期举行的祭奠朱子仪式，崇文书院也有详细规定，名曰"祭约"：

每于孔子生辰庚日，则罗五经于庭，拜而祭之。夫君子习其学则思其人，皮弁祭菜，所以厚本，矧吾党尸而祝文之贤耶！

书院祀紫阳先师并享叶玉城，直指客中司年诸公。春秋例有岁祭，届期则启。司尊主行之近至，强公始寝其事。顺治壬辰秋，司尊崔捐俸复行，仍定例每岁九月十五日，紫阳夫子诞辰，本司捐俸致祭。其春秋二祀，士商酌议自行。是年适值吴叔度先生令孙日英兄司年，秋祭亦复。社中向有社田二十余亩，是年即交司年输收，以助二祭之需。次年汪然翁吴鱼老因书院倾圮，以修葺之，举公启三所司年，诸公绍所，司年汪彦升兄力任其事，充费竣工。是年新旧司年半皆社中好事者，故二祭全复云。

崇文会末叶生、方时、吴达孝、潘光世同识。[1]

此为《杭州三书院纪略》作者从"祭约"中选其大略摘录之，所记之时间当为顺治壬辰年（1652）之后。

文中的"皮弁祭菜"指古代学校入学时祭祀先圣先师的典礼。《礼记·学记》："大学始教，皮弁、祭菜，示敬道也。"皮弁是用鹿皮制成的古冠，缀以色彩不一的彩玉，以表示戴者名位尊卑，而士无玉饰，指祭祀的冠服。祭菜，指用芹、藻、菹、蘩等蔬菜作祭品，致祭先圣先师，以示尊师敬道。另"尸祝"指古代祭祀时主持仪式的人。而"寝其事"意谓不再追究、过问此事。其他字句较为通俗，不再解释。

最后，附上古人为书院设计的一日间学习内容，大致相当于今天的课程表，只是并非通用和硬性规定：

古人读书或分年或分四时分月分日，今所学既众，则当分时，将一日分作几分，以一分读经或读史，一分作字，一分学制举业，一分学词章，一分录一日读书所得，又当留一分闲静时以养其心。此分未毕，不及他分所学，始可主于一而不至杂然交战于中也。[2]

1　《顺治间重订崇文会规会文之约》，见赵所生、薛正兴主编：《中国历代书院志》第9册，江苏教育出版社，1995年，第33页。
2　徐雁平：《清代东南书院与学术及文学》上，安徽教育出版社，2007年，第359页。

闲不住的老师，写不完的课艺

"课艺"（也称课作、课卷）者，本意为种植，此处指课试之制艺也。制艺，即八股文，所以课艺的意思就是为准备参加科举考试而完成的练习、测试和作业，主要就是撰写符合八股要求的文章和试帖诗。作为书院模拟科举考试的原始文献，书院生徒的课艺能够生动具体地反映书院教学的情况，与书院志、章程和学规等文献结合起来，有助于后人加深对书院功能和价值的认识。就书院课艺而言，除却书院弟子的课艺，还有书院山长或教师自己写的课艺诗文，带有自我测试和自我考察之意，有些也被用来给学生做示范，一般称为自课文。古代书院常把诸生课艺之较佳者及书院山长的自课文编选为集子刻印出版，某种程度上也算是生徒在作文方面的辅助或参考教材，同时也为后人研究书院提供了珍贵的资料。

此外，书院发展到清代，很多课艺集子的出版时间已经比较固定并能做到连续出版，在这个意义上其实质上有了现代学报和集刊的特征。据鲁小俊的研究，"刊期短则一季，多则一年或数年。经费充足与否，会影响刊期。发表周期多为一年至五年，也有十余年的"。用稿率以 10% ～ 20% 居多，偶见"关系稿"。稿件入选的标准是"清真雅正"，题目多为官师所拟。一般全文刊登，也偶有"论点摘编"。多经润色，并附录评点。有的以袖珍本刊行，有的宣称"翻刻必究"，标出定价，附载广告。由于稿费已在膏火费中预支，优秀作品可被转载。鲁小俊认为，从本质属性和诸多要素来看，书院课艺总集实开今日"大学学报""学术集刊"之先河。[1]

1　鲁小俊：《课艺总集：清代书院的"学报"和"集刊"》，《湖南大学学报（社会科学版）》，2015 年第 2 期。

◎ 《湖舫文会》封面及目录

就杭州崇文书院而言，由于历代战乱，被保存下来的课艺集子不多，有《敬修堂词赋课钞》《崇文书院敬修堂小课甲编》《崇文书院课艺》《湖舫文会》等，其中前两种为词赋。制艺之文为"正课""大课"，词赋则为"小课"，其用意是让学子于准备科举之余，不忘文人本色，以诗赋"导其性情，博其旨趣，使和其声以鸣国家之盛也"，通俗点说就是写点词赋课艺陶冶性情，但根本目的还是歌功颂德，"鸣国家之盛也"。特别是崇文书院位于西湖之滨，满目山清水秀，更易激发文人情思，词赋之作也就易得，诚如下面一篇序所言：

崇文书院在湖之滨，多士肄业其中者，吸湖光，饮山渌，于举业外率工诗古文词。而我书农先生主讲最久，道德风雅，岿然为时矜式。正课之暇，辄用诗赋试士，盖所以导其性情，博其旨趣，使和其声以鸣国家之盛也。历年既久，溉萃成册，择其优者若干首，以付剞劂，丙戌（1826）刊成，而属为之序。其时以宦辙奔驰，未遑执笔。庚寅（1830）冬，复奉命来抚兹土，于是足迹三至湖矣。观浙之人文日以隆，而翔紫青，步玉堂，为文学侍从选者且日益众，非名师宿儒奖掖启迪之善，乌克臻此？因重读是编，玩其葩华荓布，横翔捷驰，益知书农先生出其论思著作之才，以奖诱启迪诸后学者至详且裕。从此人文蔚起，文学侍从之盛，正未有艾，岂独为湖山增色已哉？

道光岁次辛卯（1831）九月，富呢扬阿识[1]

这位为崇文书院敬修堂课艺集子写序的是旗人，所以名字有些特别。富呢扬阿（1789—1845），字海帆，镶黄旗人。嘉庆十八

◎ 富呢扬阿书法图

1　鲁小俊：《清代书院课艺总集叙录》上册，武汉大学出版社，2015年，第78页。

年（1813）举人。历官礼部笔帖式、员外郎，汀漳龙道，浙江盐运使，浙江、湖北按察使，湖南、浙江、福建、江西布政使，盛京刑部侍郎，浙江巡抚，盛京工部侍郎等职。从任职经历看，他曾三次到浙江，所以在序中说"足迹三至淛矣"，"淛"，即浙也。此人虽为旗人，但文学素养很高，而且很有眼光，故能理解书院为何在准备课艺之余还要弟子赋诗作文："从此人文蔚起，文学侍从之盛，正未有艾，岂独为湖山增色已哉？"序言里提及的"书农"即胡敬，彼时为书院山长，此人后面会有专文介绍。

现存《敬修堂词赋课钞》有16卷108课，228题455篇。以赋、诗为主，间有散文。其中多有与杭州及西湖风物相关者，如《西湖打鱼歌》《飞来峰铭》《孤山谒林处士墓》《西湖节物四咏》《西湖修禊赋》《西湖舫课赋》《灵隐旧藏九莲菩萨画像赋》《西湖采莼赋》《孤山探梅用东坡腊日游孤山访惠勤惠思二僧韵》《试龙井新茶》《西湖怀古》《新建崇文讲舍仰山楼记》《岳祠前石狮子相传是魏奄生祠故物》《厉太鸿南宋院画录序》《岳庙观夏忠愍石刻乐府》等。[1]

一般而言，较之正式的科举考试，书院课艺的写作时间还是比较宽松自由的，如杭州敷文书院，"每课一四书文、一试帖，或一论，或一疏。辰刻散卷，申刻交卷，不准给烛"。从辰时到申时有八个小时，时间足够了。对此有些诗作也体现出这一点，如申甫（1706—1778）诗云："登堂坐阶静尘虑，清风习习生轻缣。"又彭蕴章（1792—1862）诗云："挥毫四座静不喧，庭院日长昼闭门。"

还有一些课艺甚至可以在书院之外完成，称之为"散卷"。学生从书院领到试题，回家后完成，次日再去交卷，这就是散卷。当然也有早上领到试题晚上交卷的，时间比较自由，并且无人监督。

---

1 鲁小俊：《清代书院课艺总集叙录》上册，武汉大学出版社，2015年，第79页。

事实上此类作文完全靠学生自己的能力，没有必要监督。书院考课这样宽松的要求，自然有利于生徒从容地写文章，但也存在问题，那就是此类写作本来是为参加科举提供的模拟训练，却缺少真正考场上的紧张氛围，模拟效果就要打些折扣。关中书院山长路德（1784—1851）就说："历来书院月课，尽一日一夜工夫，至次日清晨始行缴卷。有日间不作一字，灯下构思，终夜不睡者，甚有迟至二三日者。似此任情延宕，日甚一日，纵令能作佳文，场中亦难猝办。"更严重的问题是，时限宽松还会影响到作文的"气机"："游思太过，必无锐气，凑合而成，必少真机。气机滞则境界不开，文字安能入妙？士有日坐书窗，而诗文有退无进；或窗稿大有可观，而场中多不得意者。非不用功也，用功而出以太缓，即与不用功者无别。非不能文也，必迟之又久而后能为佳文，则风檐寸晷中其文之不佳可知。"古人的这些心得，或许可以从一个角度解释为何有些士子在书院考课中屡有超常发挥，却总是在正式的科举中遭受失败。[1]

此外，很多书院都建在风景名胜区，一方面，会让学生心猿意马，对窗外风景念念不忘而忽略了读书大事，另一方面，风光秀丽倒是可以陶冶性情，对学生的写作大有益处。例如杭州崇文书院就在西湖之滨，"多士肄业其中者，吸湖光，饮山渌，于举业外率工诗古文词"。湖光山色利于赋诗作文，所谓触景生情，自是应有之义。不过值得注意的是，它还有助于撰写八股文。清光绪年间任浙江巡抚的叶赫崧骏（生卒年不详）就在为《崇文书院课艺九集》所写序中云："崇文依山面湖，举凡风云变幻，林木幽奇，四时皆有其佳致。诸生游息其中，得乾坤之清气，发为宇宙之至文，不貌袭先正，而先正之口讲指画，如入其室而承其謦欬。"这里的"至文"就是八股文。有清一代，杭州"四大书院"中专注于科举八股文的书院有三所，敷文书院位于南山之巅，崇文则在西湖之湄，只有紫

1　鲁小俊：《书院考课与八股文——以清代书院课艺总集为中心》，《文学遗产》，2017 年第 6 期。

阳书院在城中。无独有偶，另一位任浙江巡抚的梅启照（1825—1893，字小岩或筱岩，室名强恕斋，江西南昌人）在为《敷文书院课艺二集》所写序言中也注意到三所书院因风光不同而导致的文风差异：

> 敷文居于山，崇文俯于湖，紫阳虽处阛阓，而特近山，有城市山林之致。故肄业于敷文者，其文多深秀峻拔，坚实浑成，刊浮华而标真谛。如山石之嶙峋，一空依傍；山容之厚重，不作肤词；山气之静穆，不为轻剽者。崇文临烟波之浩渺，览花柳之绚闹，故其文华美典则，如锦之成，如采之绩。紫阳得一邱一壑之胜，山泉云脚，时注于庭，故文辄悠然意远，得抑扬宛转之神。

其实古人很早就意识到自然风景与创作者思想情感抒发的关系，特别是在作者遭遇人生重大挫折或事变之时，如刘勰《文心雕龙·物色》中就有"若乃山林皋壤，实文思之奥府，略语则阙，详说则繁。然屈平所以能洞监《风》《骚》之情者，抑亦江山之助乎"。又如张彦远《历代名画记》中也有"动笔形似，画外有情，足使先辈名流动容变色。但地处平原，阙江山之助"的说法。再如王安石、苏轼等一代文豪对"诗得江山之助"这一点不仅深有体会，而且现身说法，以诗词文赋作为证明。王安石在南京钟山居住的时候，每天饭后必定骑着毛驴到附近山中闲逛，或者走访山中住户，故其有云"独寻寒水渡，欲趁夕阳还""细数落花因坐久，缓寻芳草得归迟"也。苏轼被贬黄州的时候，常常脱去官服，身穿布衣脚踏草鞋在城内闲逛。并且隔几天就和友人泛舟江上，饮酒作乐。有时游玩到很晚，干脆就在外过夜，故能"得江山之助"，触景生情写出《前赤壁赋》《后赤壁赋》这样的经典之作。对此古人感叹曰："其胸次洒落，兴会飞舞，妙诣入神。我辈才识远逊古人，若跼蹐一隅，何处觅得佳句来？"

当然，能意识到这一问题是一个方面，能否解决又是一个方面，而科举应试的写作，确实和"山川之助"关系不大，只要善于死记硬背，善于套用八股格式并多多歌功颂德，也就够用了。科举制度的设立本来是为发现和选拔优秀人才，但因考试越来越程式化和规范化，也就堵死了那些思想灵活、文笔生动的考生的成功之路，其所选拔者虽然可能写出极为规范的文章，却未必能够实现文人应有的使命——历代科举中式者固然有佼佼者，但平庸者其实更多。而那些未中式者之建功立业的成就整体而言是远远超越中式者的，这一点已为历史所证明。

有条不紊、风度俪然

且让我们看看崇文书院学生的课艺作业。

能够入选被编辑印刷的课艺集子的文章，一般而言都是学生作业中的优秀之作。清朝科举考试的主要文体是八股文，其判定标准是"清真雅正"。所以以八股文为主要内容的课艺总集，其选文亦以"清真雅正"为标准。当然也有例外，或者说也有一些"关系稿"。据鲁小俊的研究，胡敬主讲杭州崇文书院时曾选编《敬修堂词赋课钞》，收录董醇等80余人的课艺，其中胡琨、胡琮姓名之后皆有"附"字。此二人为胡敬之子，他们的课艺被选入显然是其父关照。需要说明的是，说胡琨、胡琮二人课艺为"关系稿"，并不代表他们所作不佳。不过胡敬还是以"附录"方式将其子之课艺选入，说明他还是多少有些在意他人的反应。

在课艺集子中，一个比较明显的现象就是同一题目收入不同作者所写之文，也就成为所谓的"同题作文"，如此他人在阅读这些入选作文时，即可比较不同作者的优缺点，如再结合课艺编辑者的点评，当能加深对这些课艺的理解，有助于提高自己的写作水平，至少是提高撰写八股文的水平。此外，课艺集子中也有一些以诗赋为主，因为科举考试中也有类似内容。不过较之那些八股文，诗赋之课艺之作明显更生动灵活，也较能体现作者的思想情感倾向，故以下先介绍这类课艺。

《湖舫文会》是曾任崇文书院山长的薛时雨所编，收录的都是他在任时编辑出版之学生的课艺，其中既有应试文也有试帖诗。试帖诗是中国古代的一种诗体，常用于科举考试，也叫"赋得体"，

“赋得”意思是诗题摘取自古人成句，如南朝梁元帝有《赋得兰泽多芳草》一诗。科举时代的试帖诗，因诗题多取成句，故题前均有“赋得”二字。亦应用于应制之作及诗人集会分题，后遂将“赋得”视为一种诗体。

此外，即景赋诗者也往往以“赋得”为题。以诗作为科考项目始于唐朝，一般用四韵、六韵，很少用八韵，是唐朝至宋朝前期考取进士的科目之一。宋神宗时期试帖诗被取消，直到清朝乾隆年间才恢复，但在形式上有限制，大都为五言六韵或八韵的排律。每韵上、下两句为一联，首联“破题”，次联“承题”，三联“起股”，四、五联“中股”，六、七联“后股”，结联“束股”。每联一股，合成八股，正如文章的起、承、转、合，因此这试帖诗在清朝也就“八股化”了。

先看一首符合要求的试帖诗：

惊雉逐鹰飞

（王廷绍，嘉庆己未翰林）

百中虚文囿，苍鹰掠地归。（破题）
如何惊雉影，翻逐鸷禽飞。（承题）
色木罹罗避，心偏窜野违。（起股）
多因魂未定，不识计全非。
路问金眸疾，风卷铁距威。（中股）
几番愁侧翅，一瞬失残翚。
抱木猿犹转，藏林鸟亦稀。（后股）
山梁无猎羽，好自惜毛衣。（束股）

形式中规中矩，内容也毫无新意。

再看崇文书院学生的两首同题试帖诗：

赋得碧纱如烟隔窗语（得纱字）

"碧纱如烟隔窗语"一句出自李白的乐府旧题诗《乌夜啼·黄云城边乌欲栖》，原诗如下：

> 黄云城边乌欲栖，归飞哑哑枝上啼。
> 机中织锦秦川女，碧纱如烟隔窗语。
> 停梭怅然忆远人，独宿孤房泪如雨。

该诗大概意思是，黄云城边的乌鸦将要归巢了，归来时在树枝上哑哑地啼叫。正在织布的秦川女子，隔着碧绿如烟的纱窗看窗外归鸟双双。她好像是在与人说着什么，其实是在自言自语。想着远方的亲人，她的织布梭就不由得停了下来。独守空房的滋味真是难以忍受，她禁不住流下滚滚泪珠。

而试帖诗之"得纱字"就是以纱字为韵脚的意思。

再看谭廷献所作：

> 一带伤心碧，云窗处处遮。
> 凉烟如幂画，私语隔轻纱。
> 山远眉笼雾，楼明靥衬霞。
> 帐空人媚妩，玉暖梦交加。
> 絮絮情谁寄，迟迟听易差。
> 春莺低绮户，愁鹭话卢家。
> 似水停针夜，将离绕砌花。
> 栖鸟枝上起，影事问天涯。

还有史鼎的同题之作：

隔窗人不见，切切语天涯。

冷月侵红袖，轻烟护碧纱。

酸辛千里别，屈戍半帘遮。

篆袅炉香罩，诗笼壁字斜。

音杳凭鸿雁，心事诉啼鸦。

梦醒余孤枕，声低绻落花。

停机思远道，敲杵答谁家。

锦织回文寄，迢迢望眼赊。

上述两首诗由于是限定韵脚，学生无法自由发挥，基本上思想情感还是局限于李白原诗之"怨妇、思妇"范围，在立意上没有什么突破。事实上写作此类命题之作，学生也只是用来熟悉韵脚和学习运用典故。如果非要说哪一首更好，也许第二首胜过第一首，特别是结尾四句，感觉写得很有味道。但就两位诗人的整体成就来看，无疑谭廷献更为突出，不过他的诗作确实是后期更好，在崇文书院期间虽然算是佼佼者，但并未表现得特别富有才华。该课艺的编辑者即彼时的山长薛时雨可能对谭廷献格外喜爱，不仅在此课艺集子中收录其诗作，还收录数篇谭廷献的文章。

不过，薛时雨编辑此课艺集子，倒不只是为了让众位生徒准备应科举试。在该书序言中他直言该书就是搜集弟子和友人在西湖之畔生活和读书之余所作的一些优秀诗文，一方面不辜负湖山美景，另一方面也有"观摩之助"也。彼时他与几位朋友成立了一个"湖舫诗社"，把在授课之余荡漾在湖山之间的闲情偶得发为诗篇，引起门下生徒的艳羡，纷纷也想加入。薛时雨虽也有官职，但骨子里还是文人气质十足。他半开玩笑地告诉弟子，这湖舫诗社本是闲官废官所为，诸君读书撰文是为他日飞黄腾达，何必模仿为师也要嘲风弄月呢？既然你们一定要如此，那么我就再开一个文社吧！也因此他所编辑的这部《湖舫文会》既有试帖诗，也有应试文，但无论命题还是内容，都还较有生活气息，不至于八股酸臭气味十足。为此再看两篇同题作文，这两篇文章题意都出自《孟子·万章章句下》，原文如下：

> 不挟长，不挟贵，不挟兄弟而友。友也者，友其德也，不可以有挟也。孟献子，百乘之家也，有友五人焉：乐正裘、牧仲，其三人，则予忘之矣。献子之与此五人者友也，无献子之家者也。此五人者，亦有献子之家，则不与之友矣。

这一段如果翻译为白话，大致如下：

> 不倚仗年龄大，不倚仗地位高，不倚仗兄弟的势力去交朋友。交朋友，看重的是品德，不能够有什么倚仗。孟献子是一位拥有百辆车马的大夫，他有五位朋友：乐正裘、牧仲，其余三位，我忘记了。献子与这五人交朋友，心目中并不存在自己是大夫的观念，这五人如果心目中存有献子是大夫的观念，也就不与献子交朋友了。

这其实就是今天的指定阅读材料，然后按要求作文。因为材料是指定的，所以如何巧妙地借题发挥，就是衡量学生写作论述能力的关键。而作为应试八股文，不但内容要切题，而且有规定的结构样式，一般分为两大部分。第一部分为引论性质，又分四小段：破题、承题、起讲、入手。第二部分是文章的主体，也分四小段：起股、中股、后股、束股。第二部分的四小段与第一部分不同，每一段之中都要有两股排比、对偶的文字，合共八股，故叫"八股文"。且看下例：

> 友也者，友其德也，不可以有挟也。孟献子，百乘之家也，有友五人焉。

谭廷献

友德者无所挟，鲁卿之有友其选矣。（破题）

夫惟友其德，故无所挟而有友也。（承题）

彼百乘之家亦可挟矣，何献子尚以有友五人传哉。且交友居达

道之终，则知取友之方，惟能泯其所有者，乃能葆其所有所宜葆者。（起讲）

性分之真，契于微而勿参俗见，所宜泯者势分之。判平其念，而可筮同心一为，悬论交之的，祛论交之弊。而世族之下交者，若先赴其的焉。则名卿之轶事可数已，挟贵挟长挟兄弟友之弊也。有友如此，曷足重乎？（入手）

夫世禄之家，鲜克由礼而坐拥崇高之奉，终无道义之朋者何也？则请正告之曰：友也者，友其德也。

秉弃友好而名山风雨臭味，焉有差池蕴于内之，谓德也。独善已登大雅之林，倾盖乃见相知之雅，而犹执浮荣以自炫，谓丰厚可以傲孤寒，则观摩无据矣，不可也。

同道为朋而密坐笑言一室，可论千古盎于外之，谓德也。久敬岂待神明之势，忘形不啻心性之通，而犹据鄙陋以自封，谓禄养可以夸结纳，则道义无□矣，不可也。（起股）

彼有所挟者亦常闻友德之风乎？且夫友德亦何当之有，朋从之意气，化以学问而始平。

推而暨之，而明伦察物，不仅博衣裳酒醴之欢，德之符当充，友之道不敝矣。今以不挟者祛其弊而风徽未坠，所以贵金石而永贵者，固在聿修厥德也。

豪族之骄矜，临以战寒而益甚。

降而思之，而握手论心，实能泯戴笠乘车之迹，家之肥有限，友之益无穷矣。今以有友者悬之的而口耳相传，所以超叔季而称美者，固在出门同人也。（中股）

夫三桓执政而孟氏多贤，白乘成家而仲孙乐善，献子岂果闻友德之风乎？故老尽矣，其轶事时见于他说。有友五人焉，非不挟贵之选舆。

在献子，以世卿承宠而从公，芹藻不闻僕也同升。度献子之规模，亦仅匹同时之侨札。迄于今风徽人往，而公卿下士，犹艳称欲龟蒙凫绎之邦。则有此五人而相得益彰，嘉德遂传为佳话。

在五人，以韦布自安而入室，芝兰不受展禽三黜。度五人之器量，似稍异奉职之由求。当其时略分言情，而夙夜盟心，独超然于

家老陪臣之列。则友于献子而绝无仅有，同德乃订为同怀。（后股）

五人之名可得而闻，五人之志可得而白。（束股）

则献子虽不足尽友德之量，而欲求不挟贵之友，可首屈一指矣。（大结）

对此崇文书院老师的批语有两条，一条是"扫除一切门面语，独就题之关键中寻文澄心渺，虑俯唱遥吟"，意思就是文章不多说虚的，而是抓住关键之处深入论述，并有所发挥。另一条是"名士风流，如是如是"，没有具体分析文章的写法，只是赞扬有名士风度。总而言之，两条评语都属于好评。这也好理解，因为被选入课艺文集者都是诸生中的优秀之作。

再看另一位书院学生李宗庚的同题作文：

友德者无所挟，可先证大夫之有友焉。

夫惟其有德，故不可有挟也。若贵如孟献子，其有友不先可证乎？概自友道之不讲也。清流鲜重望而世族多矜心，虚衷接物之风，久难求之当世士大夫矣。

夫道与势无并立之途，而势与道有可联之谊。以道为重，势遂与道分。以势为轻，道乃与势合。为审量夫孰重孰轻之故，窃幸乐道而忘势者，犹可证诸东国名卿也。

挟长挟贵挟兄弟，日挟此以友天下之善士，其不能有一友焉可知。且夫友也者以友德为归，而尤以挟贵为戒。

世族侈交游，每抗手而附儒林之传，乃心性方资诱掖，而气象偶露矜张。即此恃才傲物之心，已足令良朋割席矣，而德业曷以得观摩。

名流重讲学，虽韦布可屈卿相之尊。乃与言方订班荆，而下士未能折节。觎彼盛气相凌之态，何怪乎书广绝交也。而德行易以资启迪。

是诚不可有挟矣。夫友德不挟贵之说，为古今交友之准，而即为有友之徵也。

气焰盛则臭味不投，虽强附同声，终觉形骸之相隔。风雨非无赠答，宴游佚乐，何知药石之甘。欣赏也有奇文，涉猎浮华，安得切磋之益。虚声相市而实谊无存，此挟贵者之不能有友也。

风义真则敬恭无失，虽升沉异势，犹然性命之相依。故人奋迹青云，他日相逢，车笠讲忘形之契。畸士谁甘白眼，一寒至此，绨袍笃恋旧之情，室入芝兰而心盟金石，此不挟贵者之所以有友也。

即如百乘之家亦云贵矣，而鲁之孟献子，乃以有友五人特闻。聚敛不富之风，诵官箴者群相推重矣。必谓清操自守实由五人磨琢之功，或亦未必然也。

第溯厥家声出甲，符上卿之富而觇其友谊，布衣联昆弟之欢脱，非德望堪师，何以杖杜饮食之殷怀，独与五人永朝永夕也。

孟孙其有后于鲁矣，得五人而树望家庭，所由不改父臣也。夫为卿不骄之誉，美令名者群仰风裁矣。必谓世卿雅望半由五人标榜而成，此亦不尽然也。

第考其家世食禄，叨采地之荣而验厥朋从，得贤庆汇征之吉脱，非德音堪式，何以缁衣馆餐之雅谊，独于五人心写心藏也。

献子其加人一等矣。得五人而垂型家国，所由尤室责善也。夫是可举以为友德证，并可举以为不挟贵证也。

书院教师对此文的批语是：虚实兼到，笔有余妍，惬心贵当之作。所谓"余妍"，本指残花，后代指娇美之态，这里用来形容文辞之美。所谓"惬心贵当"，意思是合情合理、中规中矩。比较而言，此文所获评价显然不如谭廷献那篇。

说到批语，就要和课艺写作之应试目的联系起来，诚如研究者所言："书院生徒大多以举业为重，故时文非做不可；书院山长多举人、进士，他们从考试中胜出，已有数十数百篇时文的撰写经验。在时文这一层面上，作为投入者的生徒和作为胜出者的山长有共同的语言，他们之间的交流，除平日面授之外，还有考课课作上的评点。这些评点对于书院肄业者，有增强信心、指点迷津之用，而课作一经入选课作集，则可为后来学习者提供范本，不少书院课作集的编刻，即出于此种意图。"[1] 不过，也许是出于引导诸生兴趣之目的，也许是出于各位山长或教师的性格及撰文风格，很多书院山长及教师的批语都很有特色，用语也不拘一格，既有褒赞之语，也有批评之声，但褒赞不是一味推崇，批评也绝非不留情面——事实上，今天我们看到的这些课艺之作都是从众多文章中选出来的，算是制艺之作中的佼佼者，也因此这些批语大都是正面肯定和赞美，且语言很有特色并十分风趣。以下列出几条：

树义正大，包扫一切，有俯仰雍容之度，无弩张剑拔之形。养到功深，取科名如拾芥耳。

这个批语吹嘘得有点过头，且最后一句点明主旨——无论怎么写，目的就是要科举高中。

不使一平笔，亦不用一侧笔，雄神骏气，字向纸上皆轩昂。

什么是平笔，什么是侧笔呢？大致而言平铺直叙算是平笔，侧面论述就是侧笔。最后两句则是比较空洞的赞美之语，说文字很有力量和气势。

诸葛君羽扇纶巾，羊叔子轻裘缓带，儒将风流，固不必以大刀长矛争胜也。

这个评价虽高却很空虚，大致可以认为点评者感觉文章的风格比较轻灵飘逸，不好也不必具体点评，所以来一句轻飘飘的好评算了。

理境澄澈不着纤毫渣滓，清和圆转意到笔随，足征炉火纯青。

1　徐雁平：《清代东南书院与学术及文学》上，安徽教育出版社，2007 年，第 438 页。

这个点评更是没有底线地一味赞美，连"炉火纯青"这样的评价都大方给出，既然如此，这点评者岂不是要反过来拜学生为师？因为他自己的文章恐怕也不敢说是"炉火纯青"吧！

着眼"用力"二字，以清空之气运沉挚之思，而出之以矫健空灵之笔，如饥鹰侧翅，如天马行空，爽辣明快，触目刿心，自是文坛飞将。提二从上智下愚两层夹出中才为用力者，刻意针砭，力争上游。

这是对根据《论语》中一段话所写课艺的评语，较之前几段批语，既有虚泛的赞美，也有对具体写法的评述，还是比较合乎实际的。此文要求对孔子的一段话有所发挥，写一篇符合要求的论说文，鉴于《论语》原文理解上有些难度，故连同白话译文一起列在下面：

子曰："我未见好仁者、恶不仁者。好仁者，无以尚之；恶不仁者，其为仁矣，不使不仁者加乎其身。有能一日用其力于仁矣乎？我未见力不足者。盖有之矣，我未之见也。"

译文：孔子说，我从未见过喜爱仁德的人和厌恶不仁德的人。喜爱仁德的人，那就没有比这更好的了；厌恶不仁德的人，他实行仁德，只是为了不使不仁德的事物加在自己身上。有谁能在某一天把他的力量都用在仁德方面吗？我没见过力量不够的。或许有这样的人，只是我没有见过罢了。

至于书院学生为此撰写的课艺之文，因过于枯燥乏味，不再列出。

老师的自课文

　　无论是山长，还是书院其他教师，在指导学生、给学生批改课艺作文的同时，最常做的一件事就是写自课文——顾名思义就是自己写的课艺文，也是可以给学生看的范文。如此这自课文等于是老师在学生面前显露真才实学的一个途径，是真有学问还是徒有其表，学生自然看得清清楚楚。当然，无论学生还是老师也都知道，课艺文写得好不好、标不标准，不能代表老师的真正水平，而只是应试水平。也因此这些教师写的课艺之文，至少在规范性和符合要求方面不能有错，否则必然贻笑大方。

　　我们来看一下曾任崇文书院山长多年的薛时雨写的课艺之文究竟怎样。

　　薛时雨（1818—1885），字慰农，一字澍生，晚号桑根老农。安徽全椒人，所以他有时也自称全椒老人。清咸丰三年（1853）进士，

◎ 薛时雨像

◎　薛时雨授课图

授嘉兴知县，后官至杭州知府，兼督粮道、代行布政、按察两司事，为台湾第一任巡抚刘铭传的亲家。

　　薛时雨曾任杭州知府三年有余，其间任御史的仲兄薛春黎前往江西任乡试主考，却在试院暴病身亡，并且死因不明。巡抚急调薛时雨改任江西乡试提调官，薛时雨看透了官场腐败，愤然托病辞归，彼时他还不到50岁。时任浙江巡抚马新贻深知薛时雨的学识才干，以二品衔候选道解来挽留他，薛时雨坚辞不授，马新贻爱才心切，遂改聘他主讲崇文书院。在主讲崇文书院的三年期间，薛时雨于制艺之外还写下大量诗词歌赋。他于杭州西湖凤林寺后建造住舍，取名"薛庐"。后到江宁主讲尊经书院、惜阴书院。薛时雨是晚清著名词家，作品有《藤香馆诗删》《词删》等。薛时雨主张经世致用，培育了许多人才，著名者有张预、冯煦等。他教学不论贫富贵贱，愿学者都收下，被指"不分尊卑，滥收弟子"，可谓桃李满天下。

　　关于他执教崇文书院的具体情况，我们将在他处详叙，此处只介绍其自课文。

子不语怪

（此文标题出自《论语·述而》，原文为"子不语怪力乱神"。这一句如果把怪、力、乱、神四个字单独解释，就成了怪异、暴力、变乱、鬼神，意思就是孔子要"敬鬼神而远之"。如果把怪、力、乱、神合为一体，就是说孔子不讲那些怪异超能力的事情来扰乱人的心神。）

圣人有所不语，怪其一也。（破题）

盖子所语者中庸，怪则反乎中庸矣，所由为不语之一乎。且自卮言日出，隐怪之风炽，中庸之道消矣。（承题）

圣人以中庸为教，即以不中不庸为戒。虽其所戒者非一端，而诡异以绝乎中，诞妄以悖乎庸者，辩之尤益早辩焉，概自人心自好怪也。（起讲）

于正道违定理，惟怪之欲闻。夫子虑焉，以中庸范之，中庸之外不赞一词也。（入手）

记者遂知子有所不语云。

有雅言以昭法守，即有不语以示防闲。所以志怪著为书，曾不入尼山之删订。

有罕言以凛几微，即有不语以垂炯戒。所以行怪亦有述，曾难窥阙里之门墙。（起股）

然则子所不语，固非一端已也。试先微之，盖中者天下之正道，自智者过之，贤者过之，误用其聪明，遂至混淆夫闻见。而传道乏中行之彦，而学道无中立之途。

庸者天下之定理，自俗学矫之，异端乘之，习闻以为惯，遂至创格以为奇。而庸德之行无由昭，而庸言之谨无足尚。（中股）

噫嘻！是怪也，子所不语，此其一已。

石言于晋，鹢退于宋，蛇斗于郑，鸲鹆巢于鲁。怪之成为物象者，春秋载之凿凿矣。

然灾异可入五行之志，荒诞难登四教之文。

彭生立而啼，伯有死为厉，晋侯负登天，良夫见于昆。怪之微于人事者，列国传之历历矣。（后股）

然集异可供廋客之谈，好奇不受蒉言之诮。（束股）

子之不语怪也，欲人之择乎中庸也。后世之好怪者匪特宣之口，亦且笔之书尔。雅山经之外著作繁焉，其也圣人所不许乎。（大结）

薛时雨这篇自课文，整体看是中规中矩，形式上没有问题，但字里行间仍有一些溢出常规的表露，体现出欲自由抒发个人情感之意，而不是局限于对经典的简单注解。薛时雨平时常告诫诸生提高道德学术修养，务为有用之学，不要过分迷恋科举。他说："文章行世，若舟车然，不必尽沿古式也。而其为轮为辕为楫为柂之用，则终古而不易。又必其材良而质坚，工精而制巧者，始适用焉。以是为经涂之轨、通津之筏，而无所碍。"此外，由于这篇自课文的教导对象是年龄较小的孩童，文化水平相对稍低，所以自课文也写得较为通俗，虽亦有用典但都较为常见，文辞方面整体还是清新可读的。

至于书院山长及教师的自课诗词，与一般诗作差别不大，此处只介绍一下薛时雨所写的与杭州、西湖有关的诗词：

瑶台聚八仙
（同人湖上赏荷，座客有谈秦淮风景者，感赋。）

绕郭红芳。谁比似、西湖六月风光。水天无暑，柔橹荡处悠扬。三竺浮岚笼竹树，六桥软涨狎鸳鸯。尽徜徉。绿荷四面，人在中央。

秦淮那便让此，有山温水腻，粉艳脂香。十里珠帘，而今一片沧桑。

少年游迹寄处，猛回首，烟云劫一场。休惆怅，趁花间酒熟，沉醉鸥乡。

词中"绿荷四面，人在中央""十里珠帘，而今一片沧桑"等，都可谓佳句。

齐天乐

（行舟将发，同人极道西溪芰芦庵之胜，遂棹小舟往游，夜载月而归。）

胜游都道西湖好，清溪别饶幽致。路曲如环，舟轻似弃，十里芦花无际。

波光净洗。衬竹翠枫丹，自然明媚。渺渺伊人，溯洄宛在水中沚。

名流一觞一咏，碧纱笼好句，游迹曾寄。学士词章，佛龛灯火，都付颓垣荆杞。

我来暮矣。趁酒熟莼香，一舟孤系。冷月黄昏，荡吟情欲起。

不过五年后再回杭州，薛时雨看到西湖景色已不复当年，所以不仅是词，就连小序也写得很是伤感：

多　丽

（别西湖五载矣，甲子中元节，建盂兰盆会于湖上，礼佛云林寺，循岳坟、苏堤而归。老莳蔽天，湖流如线，荒凉景况，触目伤心，偶忆蜕岩旧词，三复不能自已，用原拍韵书感。）

万磷青。压波烟雾冥冥。好湖山，鞠为茂草，晚钟咽断南屏。梵王宫、枯杉啼鸩 。精忠院、断甓栖萤。柳悴堤荒，梅薪鹤瘗，六桥风月恁凋零。更惨绝，千堆白骨，滞魄永难醒（近日收买枯骨建万人冢十座于湖上）。

空携得、一樽浊酒，浇上孤亭。忆当年、诗坛酒社，名流麇集西泠。七香车、艳招蛱蝶。百花舫、红引蜻蜓。劫过云飞，人来梦换，万家野哭不堪听。剩几个、湖乡旧侣，霜鬓各星星。沧桑感，一行泪雨，洒过前汀。

"多丽"为词牌名，不太多见，又名"绿头鸭""陇头泉""鸭头绿""跨金鸾"。该词笔调委婉凄凉，足见薛时雨对眼前西湖的荒凉景象的痛心之情。值得注意的是他说西湖上曾建造万人冢十座，倒是触目惊心，似未见史书记载，俟考。

第四章

墙内读书声，墙外游人笑

『湖光与天远，山色上楼多』

墙里开花墙外香

屡禁屡建，屡毁屡修

"湖光与天远，山色上楼多"

花褪残红青杏小。燕子飞时，绿水人家绕。

枝上柳绵吹又少。天涯何处无芳草。

墙里秋千墙外道。墙外行人，墙里佳人笑。

笑渐不闻声渐悄。多情却被无情恼。

这是苏轼的《蝶恋花·春景》，是其婉约风格词作的代表作，结尾两句中的"多情"与"无情"多被解释为作者对人生的感慨，这里的"情"既可当爱情来解释，又可解释为思乡之情、报国之情等，苏轼可谓是"多情"之人。而"墙里"与"墙外"之对比，更令读者生发对个人事业、经历及遭遇不同的迷茫之感。不过，此处引用苏轼此首词，其实是想把在崇文书院读书的诸生与在西湖观赏风景者做一对比。崇文书院就在西湖之滨，外面游客的欢笑声恐怕会不时传入书院学生的耳中。那读书的心思一下子被打断，他们不免会对墙外的风景和看风景者起一艳羡之心，怕是会油然而生这样的念头：外面大好春光，自己为何却关在这里读死书呢？

说起来这就是书院位于风景区的"弊端"，外面美丽的自然风光对闷在书房苦读的青年学子而言，不啻赤裸裸的诱惑，何况眼前就是天下闻名的西子湖，如不能尽情游玩，岂不是既辜负了大好春光，更有负那短暂的青春年华！

当然，和这所谓的"弊端"相比，书院设在风景区的好处似乎更多，不然就不好解释为何杭州"四大书院"除了紫阳书院外都是在西湖之滨，而紫阳其实和西湖的距离也不远。不过，说到位置最佳者当然是崇文书院，因为它就在西湖景区内，就在有名的曲院风荷里面。而且背山面湖，套用海子的一句诗就是"面朝西湖，春暖花开"。

古人已经注意到崇文书院的地理位置，"湖光与天远，山色上楼多"，就是陆光祺为崇文书院所题写的楹联。陆光祺，生卒年不详，字寿维，号挹珂，浙江仁和人，是清朝著名的书画家。他的这副楹联巧妙地点明了崇文书院的地理位置——依山傍湖，这里的山指孤山，湖自然是西湖。杭州"四大书院"中要说景色秀丽者，恐怕崇文书院要为第一。万松书院位于万松岭上，山色固然郁郁葱葱，却因离西湖较远感觉少了一些柔美。紫阳书院则位于杭州市区，烟火气十足的同时多少过于世俗化，书院设在闹市总感觉有些不搭。至于诂经精舍虽然也在西湖边，却没有靠近湖面，也就没有机会呈现那"崇文舫课"的经典场景。总而言之，既然书院设在西湖，总是要和西湖之水有关才好，而不是仅仅把西湖作为书院的背景，也因此"崇文舫课"使崇文书院成为杭州"四大书院"中与西湖最有关联者。西湖已经成为读书之妙处、教学之佳所，寓欣赏湖光山色于学习之中，读书之乐莫过于是也。

据《大清一统志》记载，崇文书院是在"钱塘栖霞岭之阳，明万历中建。明万历间巡盐御史叶永盛视盐之余，集内商子弟于西湖跨虹桥西授以题，命各舫中属文。舫皆散去，少焉，画角一声，群舫毕集。各以文进。面定甲乙，名曰舫课。去官后商士思之，就其地建书院，奉朱子而祠。永盛于后寝，春秋祭祀焉"。西湖苏堤上有六座桥，这跨虹桥就是最北面的一座。所谓"跨虹桥西"，其实距此桥尚有一段距离，具体位置就在今曲院风荷公园内的咖啡馆旁，现有一块崇文书院遗址碑刻，碑刻后面就是"水月廊"。据曾任崇文书院山长多年的胡敬所言："（崇文）书院为明张瀚别业，有烟水矶即宋曲院遗址。""书院后秋水庵为贾似道别业遗址。"[1] 另据胡敬年谱，胡敬 70 岁掌崇文书院时，当年正月"仰山楼落成。

1　胡敬：《仰山楼落成戏题四绝》，《崇雅堂诗钞》第五卷。

◎　西湖跨虹桥

崇文书院之西有隙地数弓，府君购之，起湖楼三楹。楼下为宋曲院，地面对苏堤第六桥。左峙孤山，全湖胜景于斯毕览。楼下为味经轩，府君有记刊石甃（zhòu，砖砌的井壁）于味经轩之壁"。胡敬所说的第六桥就是跨虹桥。综上，大致可以确认崇文书院的位置。

不过，早在叶永盛设立崇文书院之前，西湖之滨就有一所书院名"西湖书院"，其地址在孤山玛瑙坡一带：

西湖自南宋相传有书院，在玛瑙坡之后冈，元至元间，廉访使徐子方即宋西太乙宫故址移建三贤堂，祀唐白居易，宋林逋、苏轼……明布政使宁良改建于成化间，有书院赡田名西湖书院。[1]

大致而言，西湖书院设立于明成化年间，但其主要功用在出版和收藏图书，是当时杭州乃至江南最有名的出版机构。不过到清朝，西湖书院逐渐衰落，其建筑也渐渐坍塌。直到康熙年间才得以重修，却没有题名。康熙四十四年（1705），康熙帝南巡至杭州，误认西

1　延丰：《钦定重修两浙盐法志》卷二，清同治刻本。

湖书院为崇文书院，为其题"正学阐教"四字，并称之为"崇文书院"，
自此崇文书院名声大噪，西湖书院则日渐衰落。乾隆八年（1743），
西湖书院再次重修，内部与崇文书院联通，即预示其和崇文书院合
并的命运。至于二者合并时间，当在此年。

　　至于崇文书院内的主要建筑，由于如今只有遗址，没有残存建
筑，故只能根据史料记载大致还原如下，读者亦可参考下文及前面
所附图片，通过想象呈现书院的图景。

崇文书院图说

　　西湖自南宋时相传有书院，在玛瑙坡之后冈。元至元间，廉访
使徐子方即宋西太乙宫故址移建三贤堂，祀唐白居易，宋林逋、苏
轼。因仿书院规制，列志仁、集义、达道、明德等斋。明布政使宵
良改建于成化间，有书院赡田名西湖书院。正德时，杨孟瑛于三贤
祠增唐李泌为四贤祠。万历间，巡盐御史叶永盛移筑葛岭之南、孤
山之右，颜曰崇文。以浙商多籍新安，故疏新安诸博士弟子自为籍，
以隶于浙，聚书院为讲读地。每于湖舫会文，名曰"舫课"。后人
思之，即四贤祠西偏建堂，中奉朱子，而祀永盛于其后寝。国朝督

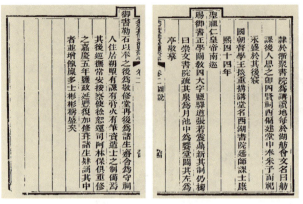

◎ 《崇文书院图说》

学王挍重构讲堂，名西湖书院，延师课士。康熙四十四年，圣祖仁皇帝南巡，赐御书"正学阐教"四大字。盐驿道张若震鼎新其制，仍榜曰"崇文书院"。疏其泉为月池，中为缋堂。辟其左为亭，敬摹御书，勒石以奉之。后为敬修堂，再后为诸生斋舍，为守祠人住居。朔望有课，有膏火，有笔资，造士之制备焉。其后巡抚常安、按察使徐恕、运司阿林保俱重修之，嘉庆五年，盐政延丰复加修葺。诸生肄诵其中者并增，饩廪多士，彬彬称盛矣。[1]

根据古籍记载及书院山长胡敬等人的记录，崇文书院内除陆续建成并一直延续下来的"四贤祠""紫阳公祠""叶公（叶永盛）祠""愿学斋""景贤堂""仰山楼""味经轩"等有特殊作用的建筑物外，还有一般书院都会有的山长、教师和诸生居住之所，以及授课、膳食之建筑，其中"敬修堂"即为书院诸生起居之处。鼎盛时期的崇文书院设施可供数百诸生学习和居住，其规模应属较大者。

1　延丰：《钦定重修两浙盐法志》卷二，清同治刻本。

"四贤祠"原为"三贤祠（堂）"，供奉白居易、苏轼和林和靖三位对西湖做出贡献的文人，明正德年间，杨孟瑛任杭州知州时，不但加修了"杨公堤"，还于三贤祠内增加供奉李泌（李邺侯），遂改为"四贤祠"。

虽然找不到古代四贤祠的图片，但从古诗对它的描绘中，亦可大致想见其风貌，如曾为崇文书院山长的郑虎文所写的诗：

（二月二日到崇文书院，越二日，雨。又明日，雪。登四贤祠楼望雪，用东坡北台韵二首。）

连朝寒雨正廉纤，
邀勒春光朔气严。
乱放林花粘粉蝶，
尽雕山骨出形盐。
沉沉云影浓铺海，
晶晶湖光远接檐。
南北竟求迷望眼，
插天不见两峰尖。

推窗千片落惊鸦，
老不禁寒斗两车。
未办闲行披鹤氅，
早催清梦落梅花。
兜罗世界原同色，
粉本湖山信作家。
礼罢四贤凭槛立，
北台欲和手频叉。[1]

1　郑虎文：《吞松阁集》卷十八，清嘉庆刻本。

第四章　墙内读书声，墙外游人笑

李泌（722—789），字长源。祖籍辽东，生于京兆府，唐中期著名政治家、学者。李泌是唐中期特殊环境中产生出来的特殊人物。他经历唐肃宗、唐代宗、唐德宗三朝，善于运用智术避免祸患，同时尽力扶助唐统治者，可称为中国古代特殊的忠臣志士。邺侯书院原为南岳书院，后为纪念李泌改为邺侯书院，是中国历史上最早的书院之一，也是南岳目前保存最好的书院。至于李泌和杭州的关系更是密切，唐德宗建中二年（781），李泌来到杭州担任刺史，发现城内海水倒灌，居民常饮用咸水。为解决居民饮水问题，他命人挖了六口水井，并以管道引西湖水入井，彻底解决了饮水难题，从而为杭州、为西湖做出重要贡献，今杭州官巷口仍有"相国井"遗址。故他被尊为"四贤"之一并受到供奉应属实至名归。

至于"愿学斋"和"景贤堂"，因资料缺乏，无从知道其建造时间和具体状况，大致当为诸生读书或自修反省之处。不过胡敬有一首《景贤堂坐雨》，当有助于我们了解"景贤堂"：

> 相对惟梁燕，萧然一室中。
> 草香因过雨，花落不关风。
> 屐向东山借，樽先北海空。
> 更无人见访，愁绝白头翁。

室外风雨大作，草木凋落，诗人独自坐于"景贤堂"中，不免有寂寥孤独之感，几丝怅惘油然而生，此也为古诗中常见意境。以此诗猜测，"景贤堂"当平日不允许书院诸生随意进入，可能为凭吊先贤之处。

所谓"味经轩"，据字意可知即品味经典精义之处，其实当为诸生读书疲倦后暂时休憩处，盖从书房走出，至此处驻足远眺湖上秀景，当有赏心悦目之效。关于"味经轩"的位置，据崇文弟子叶龙光言，是在"仰山楼"之下：

湖西崇文讲舍新启轩楹焉，十笏之广，三间是营，因树支廊，西山设槛，日涉成趣，等庾信之小园，坐隐堪娱；拟摩诘之别墅，轩豁呈露，结构玲珑。直将一百万以买山，须读五千卷而入室，功自成于不日……盖非徒为悦目，之资，亦借以为息心之助。用勖同志，颜以味经。[1]

而另一位弟子则重在赞美"味经轩"给读书人带来的读书快感，顺便称颂了山长胡敬：

崇文讲舍自书农夫子掌教以来，训迪维殷，命提如得门盈冬雪，人坐春风，培桃李于中庭，捡蓰苓于夹佇。西清职重，本为讲席之臣；东浙才多，尽入谈经之室。储文章于两庑简尽，瑶簽萃冠带于一堂。班联玉笋，今又得敬斋中丞起而增之。阳春有脚，人呼宋璟重来；广厦经天，天慰杜陵余憾。建兹新室，额以味经。每当金然晓光，珠点文露，波影摇榈，山光压帘。则坐斯轩也，或陈篇或执卷，或饱饫古训，或咀嚼圣言，或味隽于浓，得注笺而弥淡，或味回于苦，因涵咏而生甘。或饥渴情深，味古今之秘奥；或齿牙香沁，载籍之芬芳。[2]

另一位崇文书院弟子黄泰清的《拟作崇文讲舍仰山楼记》，倒是有较为全面的描述：

夫景行千古之思心香，宜接更上一层之愿。眼界须高，是以晏息优游，学人不废诗书琴瑟，名士皆娴一觞一咏之情。既出风而入雅，亦步亦趋之素，亦设帐而垂帘，借山水为涵泳之资。使文章得行生之趣，一椽是记，四处同钦。此崇文之仰山楼所由建也。

1　叶龙光：《味经轩记》，见赵所生、薛正兴主编：《中国历代书院志》第 9 册，江苏教育出版社，1995 年，第 41 页。

2　冯培元：《崇文书院味经轩记》，见赵所生、薛正兴主编：《中国历代书院志》第 9 册，江苏教育出版社，1995 年，第 40—41 页。

其制则不事奢华，仅安朴素，层层无尽，面面皆通。有云窗雾阁之风，一尘不染；得波影岚光之妙，十里空明。胜擅东南，莫减重檐之景；址连吴越，同看往日之经。岂不秀甲两湖，制恢千载。宜烟宜雨，湖山之明媚常悬；或啸或歌，弦管之风光若把。胜游长揽，佳景时搜，然而意在观摩，非工登眺情深，诵习不废攀跻。每当岚翠侵衣，烟蓝如画，檐含花影，枕听渔歌，或驻膝而评茶，或潜心而把卷。或促巾挤以问字，或望烟云以旷歌。

弟子追陪，愿立重门之冬雪；先生乐育，能生满座之春风。俯仰古今，希踪圣贤笔飞墨舞；腕下风来，智水仁山眼前境悟。则古人风浴咏归之趣，掎裳联襼之游，其在斯楼乎？

至于铺张盛迹，点缀烟峦，卧一带之晴虹，搂两堤之软绣。琉璃世界，处处宜人；金碧楼台，层层入望。则登斯楼者可一览而知之，又何必重记其梗概哉！[1]

黄泰清此文重点不在叙述"仰山楼"的位置及具体建筑风貌，而是极力赞叹此楼对文人墨客而言有何妙处，如何借此楼获得古人"风浴咏归之趣"，这就具有崇文书院一直以来的文风，即写出文人读书之乐、读书之妙，写出读书之环境对塑造提升文人境界的重要性，强调不能死读书、读死书，而是要和大自然沟通，善于从自然之美中发现哲理，顿悟人生。

另外山长胡敬在"仰山楼"落成后，曾题有四绝，盖借物言志也。其一曰：

柳塘花坞恣甸兰，管领明湖十四秋。
我是前身苏玉局（苏玉局即苏轼——引者注），水边新起看山楼。

1　黄泰清:《拟作崇文讲舍仰山楼记》，见赵所生、薛正兴主编《中国历代书院志》第9册，江苏教育出版社，1995年，第44—45页。

其二

楼台起遍地东西，身后何人为品题。

输于穷愁杜陵老，草堂长占浣花溪。

两诗重点均不在写"仰山楼"，而是一自比苏轼，夸赞西湖美景并表达"仰山楼"落成后的喜悦心情；一自比杜甫，叙说诗人穷愁之貌。语言通俗，风格清新。

在另一首《仰山楼即事有作》中，胡敬倒是对"仰山楼"的位置等有所描述：

楼面六桥堤，西泠西复西。

涨高添港阔，云重压山低。

雨后缲丝响，风前布谷啼。

村农戒耕作，相唤把锄犁。

胡敬还有一首《仰山楼晴眺》，写景较为精妙，用语也较通俗，语气轻松甚至有玩笑之语，不仅见其诗歌风格的另一面，亦可见诗人彼时的心情甚佳：

青山如游龙，宛衍排空行。

又如风中浪，一起复一平。

龙眠浪亦息，万井开会城。

看山新构楼，水木明且清。

终朝对岚翠，雨好何况晴。

非敢比望湖，名其坡翁争。

城中苦驰逐，聊此闲余生。

烟霞性凤耽，轩盖念久轻。

何人泛沧海，使我心怦怦。

其中"城中苦驰逐，聊此闲余生"和"何人泛沧海，使我心怦怦"之句于轻松之中显露诗人已厌倦世俗，有逃离归隐之心。当然，此类诗句在古诗中多见，有时也不可当真。

胡敬是晴日在"仰山楼"远眺湖山风光，而另一位山长薛时雨则是傍晚在"仰山楼"眺望西湖美景：

仰山楼晚眺

夕阳一抹挂疏林，天半云归宿故岑。

山影落湖岚欲活，钟声渡水响疑沉。

楼台偶寄登临兴，士女能知隐遁心。

转是无聊得清趣，黄昏灯上酒孤斟。[1]

从此诗可再次确认"仰山楼"朝向当是背山面湖，位置较高，大致为传统的南北向建筑。三四句极妙，写山影落入湖中，雾气居然有了生命而在湖水中游动，远处的钟声（或为灵隐寺，或为对岸的净寺发出）正渡湖而来，伴随着声音的消逝，怀疑这钟声是否已经沉入湖水。末四句则是触景生情，孤独之感油然而生，只有把酒问盏，聊以解忧。

另一位曾为山长的戴熙，既为大画家，则自然想到为"仰山楼"绘图：

仰山楼图

余忝长崇文书院，四阅寒暑矣，时登仰山楼，眺览湖山。辄于画理有省，今岁修葺墙屋，监院盛墨庄、胡次瑶两君谋所以饰壁者，因作此图张之，时咸丰七年丁巳十二月也。[2]

遗憾的是至今尚未发现此图，不过从有很多文人为其撰文写诗

---

1 薛时雨：《藤香馆诗钞》，清同治七年刻本。
2 戴熙：《习苦斋画絮》卷四，清光绪十九年刻本。

来看，这"仰山楼"彼时一定很有特色且观景极佳。故"仰山楼"落成后，众多文人及地方官员纷纷来此观赏，崇文书院因此名声大振，甚至在建成多年后依然吸引诸多诗人来此并留下他们的诗篇，如：

登崇文书院仰山楼奉怀薛慰农先生

青山窈窕窥帘栊，识我重到湖楼中。

湖楼当日展芳宴，笑语曾侍桑根翁。

翁卧楼头养闲散，楼下弟子横经从。

斜阳荒荒乱花竹，书声遥苕云林钟。

春秋佳晨翁意喜，丹宫绀宇行扶筇。

林僧知爱长官好，乞诗留作清净供。

一从几杖傍钟阜，湖山黯淡含离容。[1]

……

综上可知，"仰山楼"在崇文书院建筑物中地位很高，名气也大，故吟咏者多，其次则为"味经轩"等。遗憾的是今人已无法窥见其当年面貌，也只有借古人诗词想象而已。

1　施补华：《泽雅堂诗集》卷五，清同治刻本。

墙里开花墙外香

所谓"墙里开花墙外香",是说很多时候一个人或一件事往往要依靠外在的力量或舆论才能得到重视和赞美,单单在内部很难得到关注。不过,对于崇文书院而言,倒是没有这方面的烦恼,因为开设学院就是为了招收外地来杭商人的子弟,并因此有了一个特定的称呼——"商籍",其中人数最多者是来自安徽的商人子弟。由于崇文书院的创立者叶永盛威望很高,又是安徽人,故很快就声名远扬,愿意来崇文执教和学习者络绎不绝。在杭州众多书院中,崇文虽然成立较晚,规模也并非最大,却一直具有较高的声望。这威望除了来自创办者叶永盛打下的基础,还在于学校得天独厚的地理位置、别出心裁的"舫课",以及较为自由灵活的学习内容和方式,对此现存史料有不少佐证:

> 同治甲子乙丑间,杭州三书院以次建,复都人士肄业其中,学舍几满,外郡之士亦多负笈而至者。崇文书院居栖霞之麓,占湖山之胜,学者尤乐趋之。[1]

> 是西湖之滨有崇文书院,盐使高君于课绩之余,慨然以风教为己任,具聘币择师而馆之。于是从游者日众,肄业者日勤,亦既彬彬可观矣。[2]

---

1 《同治年间筹备住院童生食米记》,见赵所生、薛正兴主编:《中国历代书院志》第 9 册,江苏教育出版社,1995 年,第 47 页。
2 延丰:《两浙盐法志》卷三十,浙江古籍出版社,2012 年,第 7 页。

同治丁卯，余主讲崇文书院，接艺之暇，与旧同官开湖舫诗社，月再举，命俦啸侣，徜徉于六桥三竺间，意得甚。门下士能诗者见而美之，求附入社。余曰：嘻，是闲官废官职所为也，诸君习帖括业，掇巍科跻云路，有日矣，嘲月弄云胡为者？……每集必设宴，每宴必延余为客，余亦居之不疑。采湖草剥湖菱折湖中碧荷，行酒酒不过量，权取发抒意兴，迹沦性灵。使文气拂拂从十指出，然后伸纸疾书，笔不加点，故其为文清而不滑，华而不缛。屏绝尘秽，吐纳云霞，殆湖山灵淑所钟欤？[1]

至于崇文特有的"西湖舫课"，更是因其别出心裁的授课方式，而吸引了众多文人墨客的目光，本书前面已引古人有关舫课的文字，此处再看一段稍有不同但同样诗意盎然的描述：

每春秋之中，择良日毕罗湖之大小舟，大者五六，小者视大者倍以十。社之人麇集紫阳祠释奠焉，奠毕受题，揖以出。则各就小舟荡漾而去，或藏丰葑之汀，或泊垂杨之岸。少焉，鼓奋角鸣，而咸集于大舟。则文莫敢不成，司事者受而楗之。而又囊其平居所著述，谓之遥课，亦受而楗之。于是遂觥筹交错而散，盖岁以为常也。得文富矣，优可成书以问世，世之读是书者凡吾乡教仁讲让之风，明道服古之节，皆于是乎在又不徒春华之可采而已。此舫课之所为绉崇文而加厉也。[2]

此序的作者为程光禋，字奕仙，徽州休宁县临溪人，但祖籍钱塘，清顺治辛卯（1651）浙榜举人。工词，亦工书法。交往甚多，王夫之曾有诗赠程光禋，二人曾以诗相唱和。程光禋此序遂被收入《中国历代书院志》，但因系影印，字迹模糊不清，故历来提及崇

1　薛时雨：《湖舫文会课艺序》，见赵所生、薛正兴主编：《中国历代书院志》第9册，江苏教育出版社，1995年。
2　程光禋：《崇文舫课序》，见赵所生、薛正兴主编：《中国历代书院志》第9册，江苏教育出版社，1995年。

第四章　墙内读书声，墙外游人笑

文舫课者，似都未引用此文，故在此列出。

此外，还有一篇《舫课行》，是一位"青眼看羁人"（羁，旅寓也）所写，诗前有小序，似尚未有研究者注意到，故列如下：

舫课行

《西湖志》载，明万历间，巡盐御史叶永盛于跨虹桥西集诸生，授以题。命就舫属文，花洲鹭渚，任其所往。少焉，画角一声，群舫毕集，各以文进，面定甲乙，名曰"舫课"。后即其地建书院，今崇文书院是也。想见一时风雅盛事，为作舫课行。

世闲奇丽那有此，天把西湖作才子。化工幻出大手笔，秀压寰区叹观止。

使君悟得文章法，骢马行行大堤踏，欲将山水助文心，一缕清思灵气合。

湖波杳渺湖山空，柳阴画舫排西东。褒衣大袑俨然至，一一扬袂春风中。

使君谈笑去庄肃，不肯逢人加缚束。本是雕龙绣虎才，跳卧何妨随所欲。

烟汀露渚任嬉游，咳唾因风尽珠玉。吟声响落岸花红，墨气浓熏岚黛绿。

杰句惊人死不休，山鬼偷看不敢读。一声画角晚云凉，齐见归船来续续。

绝似班师唱凯还，定有奇功蒙首录。吁嗟乎论文如此，信有神怜才如此。

始觉真天机，所贵在活泼。防闲俗例徒纷纷，校人之鱼比场屋（见《困学纪闻》）。

功令所在常逡巡，文章本自在天地。使君一力还其淳，不愁天下无佳文。

但愁不遇叶使君，叶使君，诚难遇，跨虹桥畔孤山路。二百年来讲院开，犹识当时风雅处。[1]

诗中的"叶使君"当指叶永盛。显而易见，"舫课"这样的学习方式和湖上诗社这样的定期文人聚会，肯定让众多文人墨客大呼"妙极，妙极"，故崇文书院之生源一直源源不断，除接收徽商子弟外，在条件允许的情况下，也适当接收一些非徽商子弟，当然要经过一定的考试。例如那位以《浮生六记》知名的沈复，就曾和好友赵缉之一起报考过崇文书院，并把此事写入《浮生六记》中的"浪游记快"，但他是苏州人，赵缉之是绍兴人，两人均非"商籍"。

此外，基于各种原因，崇文书院的"舫课"并非一直延续，曾数次中断，每次中断也都是在书院陷入困境或暂时停办时期，对此史籍也有记载，如清人吴观陛就曾为"复行舫课"做出贡献：

> 吴观陛，字履丹，歙人。弱冠为钱塘生，食饩有年，贡入太学，工文词，意气慷慨，有古烈士风。居家克尽孝友，年已艾，犹孺慕不衰，与两弟怡怡，终身无间。言西湖崇文书院向祀朱子，商籍子弟于此肄业，岁久废弛。陛与汪鸣瑞力请于当事重新祀典，复行舫课，人文彬彬称盛。[2]

最后，崇文书院之所以具有较高声望，是因为执掌书院的历任山长和其他教师大都有较高的学术地位或文学地位，其私德也几无可指摘之处，故能受到书院诸生的欢迎并得到社会舆论的好评。如马传煦任山长时，就因其个人威望吸引很多文人来访：

> 余忝长崇文十八年矣。忆自庚午（1870）假旋，蒙当道延主是

1　张云璈：《简松草堂诗文集》诗集卷十，清道光刻三景阁丛书本。
2　延丰：《钦定重修两浙盐法志》卷二十五，清同治刻本。

席。自惟谫陋，养拙湖山，问字之车接踵而至。时或夜分谈艺，雅谊殷殷，两橥霜彤，一灯豆小，清寂中自有真趣也。诸君子翔步云霄，联翩科第，其后起者亦多隽雅之士。[1]

对此本书另有专章论述，不赘。

---

1 马传煦：《崇文书院课艺九集序》，见鲁小俊：《清代书院课艺总集叙录》上册，武汉大学出版社，2015年，第94页。

屡禁屡建，屡毁屡修

崇文书院的发展之路并不平坦，和其他书院一样经常受到各种天灾人祸的打击，尤其是来自统治者的打压，几次遭受灭顶之灾。崇文书院出现于明朝，明朝统治者对待书院的态度也就决定了书院的兴亡。大体而言，在明朝初期，书院虽然并未受到来自官方的打压，但因"书院之建非制也"，即不属于体制内所管理，故政府几乎没有对书院的发展给予关注，任其自生自灭。后来伴随着文人在书院讲学之风的盛行，特别是王阳明学说的流行，书院已经成为一些思想主张和理论与统治集团不一致者的宣传阵地，以及下层文人议论朝政甚至发表反对政府意见的基地，故很快受到政府的镇压。事实上明朝统治集团对书院整体而言持限制和反对态度，故明朝统治期间各地书院多次遭受打击镇压，其有具体统计的次数多达 12 次。不过，学术界一般把其中规模较大的几次单独列出，称之为"明季三毁书院"，其具体时间分别为嘉靖、万历和天启年间。[1]

杭州崇文书院成立于明万历二十八年（1600），是在以张居正为代表的明统治者第二次打击书院之后，诚如研究者所言："万历之毁灭，缘于（官府）对（文人）讲学的憎恶，由权相张居正强力推行，而且持续时间至少是五年以上，书院所受的打击是沉重的。"[2]万历年间的这次禁毁书院，真正开始是在万历七年，据《明史》卷二十："七年春正月戊辰，诏毁天下书院。"《明纪》载：

1　此处论述可参看邓洪波的《中国书院史（增订版）》第五章有关内容，武汉大学出版社，2012 年。

2　邓洪波：《中国书院史（增订版）》，武汉大学出版社，2012 年，第 422 页。

"七年正月戊辰，诏毁天下书院。自应天府以下，凡六十四处，尽改以为公廨。"尽管如此，这次禁毁书院之后，官方还是慢慢放松了对书院的控制，因为他们意识到只要有所克制，就可以让书院为维护统治服务，无论书院是官办还是私立。何况仅靠官学，根本无法满足明朝以来民间日益增长的教育需求。如此说来，崇文书院的开办时间刚好是在这次浩劫之后，还算是幸运的。

当然，崇文书院得以开办的根本原因，在于明代中期社会生活的发展较为平顺，教育走向平民化成为可能和必然："明代中期，随着平民儒者的出现和平民教育的开展，下层民众的身影出现于书院讲堂，森森学府之门得向市井布衣开放，书院的发展史上出现了值得引起注意的满足平民教育需求的积极倾向。"[1]彼时城市经济特别是江浙一带城市盐业的发展催生了一批有经商头脑的商人，其中以徽商为代表。他们在经济上站稳脚跟后必然要求在文化乃至政治方面的话语权，而注重徽商子弟的学习和科举考试就是必然要求。

彼时推动书院设立的主要力量就是各级地方官员和地方豪绅，而后者身后往往也有各级地方官员的支持。据不完全统计，有明一代书院数量大约为1200所，其中由地方官员设立者为635所，由民间力量设立者为184所，二者合起来远远超过半数。就书院的具体创办人物而言，在有统计的大约1700所书院中，创办人具备官方身份者近千人，民间力量代表为507人。整体而言，明朝书院盛行之时是官民两种力量基本相当的时代，虽然官力上升，民力下降，但民力依然占有重要的地位。[2]

杭州崇文书院的设立就是对上述论断的最好例证，显而易见，

---

1 邓洪波:《中国书院史(增订版)》，武汉大学出版社，2012年，第323页。

2 邓洪波:《中国书院史(增订版)》，武汉大学出版社，2012年，第284—285页。

如果没有叶永盛的地方官员身份，如果没有叶永盛对发展地方教育事业的兴趣，如果没有叶永盛和那些外地来杭盐商的同乡之情，如果没有广大徽商在经济上给予叶永盛全力支持，崇文书院就不可能成功创办。

此外，崇文书院得以在刚刚经历书院禁毁事后设立，也与明朝统治者对盐业的控制管理政策有关。彼时两浙地区盐业收入是朝廷重要的经济来源，盐商因此成为一支可以影响社会经济发展的力量。而从事盐业经营者大多为由外地来两浙地区的商人，但当时的法律规定，他们的子弟既不能在当地学校读书，也不能在当地参加科举考试，除非回到原籍。由于这些商人在外多年，其子女回到家乡参加科举考试有很多不便。为此历代地方官员也曾提出过一些变通办法，如适当允许他们在父辈经商地参加科举考试，但因名额很少，不但无法满足这些商人子弟的参考需求，还会因挤占当地的考试名额而引发他们与本地学生的矛盾。其实，产生这一问题的根本原因在于自古以来历代统治者对经商活动的轻视或歧视，所谓"士农工商"，商人是排在最后一位的，而民间舆论也一向瞧不起商人，所谓"无商不奸"等说法就是证明。这一倾向在商品经济或者说市民阶层尚不发达的时代倒不是什么大问题，但在明中期，商品经济的萌芽已经出现，而市民阶层的力量已经相当壮大，其中各类经商者就是其中的重要组成部分。他们在经济上站稳脚跟后势必要求在文化教育乃至政治方面获得一定的话语权，而为后代争取平等的教育和考试权利，就是第一步。对此历代统治者不是没有注意到，但也只有等到相关条件比较成熟，才会认真予以解决。而解决这一问题的有效方式，就是"商籍"的设立。

商籍是指明清商人因经商而留居其地，其子孙户籍得以附于行商之省份。在明朝，商籍基本上只能算是临时户籍，与本地户籍仍有差异，但借此可以获得在居住地受教育和参加科举考试的权利。到了清朝，商籍并非代指一般外来的商人，而是专指两淮两浙盐区的子弟。且看《钦定重修两浙盐法志》中有关商籍的阐释：

自古鱼盐贩负之中杰士间出，而志乘所载，凡名流侨寓，采摭无遗。盖事因人以著，人附地而传，况夫盛治涌濡，尽招俊彦，广作人之化以砥砺风俗者乎？浙省素称才薮，其自安徽等属来浙业盐者贸迁既久，许其子弟附近就试，异地之才与土著无殊，此商籍所由立也。于是乎人文蔚起，岁有登进则科目以纪之。笃行于家，显名于国，则人物以志之。贞节可风，清传彤管，则烈女以旌之，皆足备史官访择矣。[1]

通俗点说，"商籍"就是为外地商人子女在所经商之地获得和本地居民同样的教育和考试权利，但不与本地居民抢占名额，而单独设立的一个类别。彼时在杭州的徽商多经营盐业，通过两浙盐院的"禁约"可见明末清初时，商籍生员必须是盐商子弟。

本院禁约：查得学政于州县正考之外另试盐商子弟，盖念伊父兄挟资远来，为国输将，所以隆优恤之典，广进取之阶。近有等素不业盐，一遇考试，冒认商籍，贿矜暗结，妄冀非分幸取。是朝廷优恤之盛典，反滋冒滥之窦门。嗣后考试商童，务查真正掣销商人子弟，方准报名入册。纲纪商人查确具结后，始许廪生互保进考。如有冒籍贿结，扶同察出，童生枷号痛惩外，保结廪生移会学道严斥，仍宜严究父兄以杜冒认滋弊。[2]

至于商籍名额，就杭州地区而言，在顺治年间大致为 50 人，包括钱塘和仁和两县：

据议复，两浙商籍向分杭（州）嘉（兴）绍（兴）温（州）台（州）松（江）六所，每所合照小县例，取入八名，内杭州所为各商聚集之处，量增二名，共五十名。拨入杭州府学二十名，仁和县

1　延丰：《钦定重修两浙盐法志》卷二十四，清同治刻本。
2　《书院通考·盐规湖志》，《紫阳崇文会录》首卷。

学十五名，钱塘县学十五名。通详督抚，达部准行。[1]

当初，叶永盛和徽商共同创建书院也是为了徽商子弟应试而不是讲学，为此也遭到一些人的质疑。如提督学政金镜就在《重修紫阳崇文书院碑记》中说"或疑朱子书院本为讲学，而今崇文为会课之地，似非先贤典则"。金镜所说较为委婉，其实是指责书院不务正业，本该以讲学为主。彼时书院受王阳明等讲学影响，确实有以讲学为主的风气。具体就崇文书院而言，其曾有一段时间叫作"紫阳崇文书院"，后来因学校距离杭州城区太远，故于城内新建紫阳书院，但彼此仍多有交往。作为主要由徽商资助的书院，本来就应以弘扬朱熹学说为主旨，因为朱熹自称为新安人，故以新安为主体的徽商没有理由不尊奉朱子之学。诚如徐旭龄所言："西湖旧有朱子祠而书院之设实自吾乡人始，盖朱子虽生于闽而原本新安"，且尊崇朱子"盖不徒愿诸君子仅以其文相高而愿以其道相规也"，"假令吾乡之中有一人焉倡之，则凡有志斯道者皆蹶然景附，安知不有英绝领袖者出于其间哉"。[2]但一开始崇文书院的功利实用目的就极为明确，就是帮助徽商子弟在科举应试方面不落后于本地人，至于弘扬朱子之学，只有以后再说。又如所谓"会课"，就是商籍生员会聚在一起学习科举制文，自然也要求必须是徽商子弟才能参加。康熙初年，书院生员叶生等制定《重订崇文会规》，其中规定参加会课者必须是徽州籍，"新进诸友，非明详世系书地书年，得至亲师友介绍，不得侧名社谱"[3]。

此外，为了让商籍考生在阅卷时也能得到公正对待，甚至特意规定了他们的考卷要和其他考卷混在一起，以避免阅卷官员可能会有的先入之见：

1　延丰：《钦定重修两浙盐法志》卷二十四，清同治刻本。

2　徐旭龄：《紫阳崇文会录序》。

3　汪庆元：《明清徽商与杭州崇文书院考述》，见朱万曙主编：《徽学》第三卷，安徽大学出版社，2004 年。

第四章　墙内读书声，墙外游人笑

商籍各生，既系附入杭府、仁、钱三学，即于民籍生员无异，亦应仍照旧例，乡试之年，俱令散入民卷，凭文取中，不必另行编立盐字号，奉旨依议钦此。[1]

除了来自官府的打压致使书院几遭禁毁外，古代书院和其他建筑一样，历经战乱和风雨侵蚀，加以年久失修，更容易损坏乃至坍塌，以致很少有书院得以保持最初的建筑和布局，崇文书院自然也不例外。从明中叶到清末，崇文书院几经禁毁又几经重修，其中较为重要的几次如下。

崇祯九年（1636），书院经历一次维修过程，巡盐御史杨湛然负责具体的操作，但在资金的筹集中却多有商人身影。"因比武学例申请运庠附合郡黉宫内率商协助二百余金，更先有所捐为劝声教之传于斯籍甚矣。"[2]

康熙三年（1664），崇文书院倾圮废祀。九年（1670），商籍生员潘光世、叶生、方时、吴达孝等协同修葺。提督学政金镜在《重修紫阳崇文书院碑记》中记载此事："今余同官都运三韩石公泽渥于商德加于士，慨然修叶公之旧。诸生潘光世、方时、叶生等偕诸盐商力为新之。"[3]

康熙三十六年（1697），崇文书院方完成重修，时间如此之长与缺少资金有关，据次年撰写的《康熙三十七年重修崇文书院记》，此次重修"始工于癸亥，而克竣于丁丑"，十余年间所重修者有更衣室、前殿和中堂等，工程虽不大，但持续时间太长，故此文撰写者感慨万千，唯愿："后之君子得精识果决才贤千百于余，必能十世因之百世因之，传先贤之俎豆常新，前哲之典型斯在，绳绳继继

1　延丰：《钦定重修两浙盐法志》卷二十四，清同治刻本。

2　延丰：《钦定重修两浙盐法志》卷二十九，清同治刻本。

3　金镜：《重修紫阳崇文书院碑记》，《紫阳崇文会录》首卷。

无已也，幸何如哉！"[1]

乾隆三十九年（1774），在时任两浙盐运史徐恕的主持下，崇文书院进行了一次修缮，因距上次修缮已近 30 年，书院建筑大多遭"风雨剥蚀，梁栋摧折，丹青浸涤"。此次修缮费用当为从盐税中拨出，具体数额不知，但修缮后"讲堂及祠堂皆焕然改观"，以致吸引众多学子纷纷来此就读，可见其修缮效果很好。

乾隆五十九年（1794），崇文书院再次重修。此次重修与杭州作为盐业中心的地位有所提升有关，此前一年，乾隆"定浙省盐政院制，升盐法道为都转运使，列入三司"。并命阿公林保从山东来浙任盐运使，此人来浙后锐意改革，致两浙盐业多有改善。因崇文书院当年即因叶永盛任两浙盐运使而生，之后又获康熙题额"正学阐教"，故崇文书院得以一并修缮。为此山长张时风特意撰文，由好友梁同书书之碑刻称颂此事，即为《乾隆五十九年重修崇文书院碑记》。[2] 原文如下：

乾隆五十八年，定浙省盐政院制，升盐法道为都转运使，列入三司。天子用长白阿公林保从山东承命来莅兹任，俾理新之。公至则究切利病。修令于两浙及江左右各属府县，以别以疏，无不宜当。乃披考图志，西湖旧有崇文书院，康熙四十四年，圣祖仁皇帝南幸，赐题"正学阐教"额，仰瞻摹勒肃然，思所以扶树教化，助育人材。堂之中南向居朱子神位，永式多士，煌煌乎正学之训，如揭日月。公曰：此院之建修，盖由来久矣。元至元间，廉访使徐公，即宋西太乙宫故址移建三贤堂，以祀唐白文公居易，宋林和靖先生逋、苏

1 《康熙三十七年重修崇文书院记》，见延丰：《钦定重修两浙盐法志》卷三十，清同治刻本。
2 张时风：《乾隆五十九年重修崇文书院碑记》，见赵所生、薛正兴主编：《中国历代书院志》第 9 册，江苏教育出版社，1995 年。

第四章 墙内读书声，墙外游人笑

文忠公轼。因列志仁、集义、达道、明德等斋，实助书院规制。明布政使宁公良改建于成化间，有书库赡田名西湖书院。正德时，杨公孟瑛，复于三贤增唐李邺侯泌为四贤祠，岁久则圮。

万历朝巡盐御史叶公永盛，于西湖跨虹桥畔为舫课，甲乙课文。去后，人思其政，规四贤祠右建院，始奉朱子，而肖叶公像于后祀之。国朝督学王公揆重构讲堂，负以层楼，翼以廊庑，风迹可述，仍名西湖书院。自奉宸翰天，临□曰崇文。时则盐驿道张公若震大新之，方伯徐公恕继修，咸有记序。今商士集望在予，而垣宇陊剥不居，襟抱亏疏。其何以绍前良开来学，于是勤尽力费，凡梁楹之挠折，瓦砖之腐缺，丹垩之漫漶者，缮葺讫功，壮好如新成焉。选置生徒，必皆其人而延时风协理教事，辞让不获已，则推公之意以告学者曰：比年诏书数下，通尚经学。乡会试并以五经取士，为士不可正传而伪受也。昔孔安国解古文，论语小戴礼记大学中庸，郑康成并注之。孟子有赵岐注。论语又有何晏等注疏。而易诗两经及四子书惟朱子注，尊今垂后，登斯堂者，行礼肄习，志圣贤之学，必将有圣贤之徒，成德出类于其中，如唐宋四贤。兴久大以利人名。文章以载道，其心辨义利贯，出处百千年而上，亦犹旦暮遇之也。诗曰：烝我髦士。又曰：续古之人。此湖南北二峰春秋云气，异物光华，隐露之间，非皆公之惠教，以远者相与兴起于无穷乎！是为记。

雍正十一年（1733），鉴于崇文书院又是多年失修，盐驿道张若震倡议重修崇文书院，为此友人姚之骃特意撰写了《重修崇文书院记》。姚之骃，字鲁斯，浙江钱塘人，康熙年间进士，官至陕西道监察御史，是著名词人和史学大家。此文是崇文书院建院史上重要史料，不妨照录如下：

治世教育人才，成均以萃八方之士，郡县学以萃乡土之士，而又设为书院以讲学其中。鹅湖、鹿洞，自昔为昭，今圣天子在上，特于省会书院大沛殊恩，良以书院之建，学校之助也。然非官斯土者以教育人才是亟，为之振兴而鼓舞，则其事亦难永久而不敝。西湖故有书院名崇文，为新安人士肄业之所，直指叶公雅有造士之德。

因创斯地以尸祝之，堂皇之上敬祠，徽国文公（指朱熹）岁祀罔缺，吾乡士大夫习礼于斯，兼课文艺，声华鹊起，科第蝉联，盖百数十年于兹矣。

康熙四十四年，恭蒙圣祖御书"正学阐教"之额颁赐院内，日华云烂，朗耀湖山，多士益争自濯磨，文风日上。雍正十一年，大都运桐城张公来督盐政，莅任后恤商惠民，庶政俱修，尤以教育人才为己任。春秋书院祀事，必躬必亲，酢爵之余，恒集诸生，谆谆以进德修业相勖。因环顾祀宇多为风雨剥蚀，且讲堂诵舍缺焉未周，慨然思所以振兴而鼓舞之。爰命盐商，阅其废缺，酌其修举，凡木石之需暨垩计□若干两，分盐各为捐置。余俱按引输费，岁以为常。盐业诸君罔不踊跃从事，一时祀宇堂舍烂然称巨丽观。公乃慎择经师，延进士施君学川为设绛帐。由是杖策负笈之徒蒸然云集，会而课者月至三四百人，校其文而甲乙之，公加以品题，优其奖赏。多士莫不举手加额曰："而今乃指文之崇也。"

夫崇文者，岂徒扬芳撷藻、掇青拾紫而已哉！周子曰"文所以载道"，程子曰"编之乎诗书而不愧措之乎天地"，而不疑此为传世之文。文章性道原自吻合，学者习其辞究其意，以之澡身而浴德，以之经天而纬地，皆于文焉终始之。今者敬瞻宸翰，当思学何以正？教何以阐？昔文公诲士必先器识而后文艺，凡我同学之人务期砥砺躬行，上以答盛朝造士之恩，下以体我公乐育之意，横经问业，一惟徽国公是景是仰。由是发为文章，可以丽日星，垂金石；显为事业，可以立丹阶，奠苍生。则其文斯为大文，其崇斯为智崇矣。多士戴公之德，谋一言镌诸石。余不敏，向附崇文之末班，贡承嘉惠与有荣焉。[1]

道光二十六年（1846），崇文书院也有一次重修，这次为其撰写重修文章的是胡敬的儿子胡珵。

---

1 原载《杭州府志》卷十六，民国十一年刊本。《中国书院史资料》所收录错漏较多，今已改正。

胡珵，字孟绅，号琅圃。道光丙戌进士，官刑部主事，也曾为崇文山长。作为胡敬之子，其文名逊于其父。且胡珵彼时正在服父丧期间，"不敢为文"，故此文写得简明扼要。但还是引经据典，颇有文采。其中"庀材鸠工"为不常见成语，意谓招聚工匠、筹集材料：

崇文讲舍，地濒湖滨，风雨所侵，室庐易圮，修葺之赀，旧取给于盐课。先大夫主讲年久，乙巳春夏间见栋楠倾仄，谋诸当事，将庀材鸠工焉，会以课绌赀繁，不果行。未几，先大夫下世，琴书甫辍，栋宇旋摧。今年春，大中丞楚香梁公以课士莅院，躬行履勘，蹙乎动容调理，曰：讲舍尊藏先朝御书墨刻，今庳陋若此，其何以昭虔恪，且多士亦栖息无所，子先人有志未竟，余为成之。遂谋之都转渔庄蔡公、署都转爱庐黄公，勿动公帑，于兼辖醝政任应支产俸银内酌捐千两，以竟其事。属王茂才泰勘估工料，监院章教谕繡、盛教谕时霖董斯役。诚以用无糜工，必固实事求是，毋取藻饰。经始于八月初五日，首御碑亭，次讲堂门庑，次朱公叶公祠，凡九旬而役藏。珵重感中丞振兴文教、培植士林之美意，与夫先大夫诗礼余泽之被于诸生者，不可不志也。服中不敢为文，语爰质书其事纪之。

道光二十六年丙午冬月记

仁和胡珵撰　钱塘程恭寿书

同治四年（1865），崇文书院再次得到重修。此次重修得以实行，当归功于蒋益澧（字芗泉），他于同治元年（1862）率兵来浙江剿匪，历经三年，浙东浙西匪患基本消除。之后蒋益澧即任浙江巡抚，"率作省城，百废俱举"。因"西湖崇文书院毁于贼，仅存大门及朱公、叶公二祠，余皆焦土"，书院功能等于是完全废弃。蒋益澧即倡导发起重修，并率先捐资。在其带领下，在杭多位官员及文化名人均出资捐助，不仅在原址上重新建造了被焚毁的敬修堂、愿学斋、御碑亭、景贤堂、仰山楼、味经轩，还扩建了学舍，其规模可容数百人，这在当时已经算是很大的了。为此章鋆（1820—1875，字酖芝，

> 道光二十六年重修崇文書院記　胡珵撰\
> 崇文講舍地濒湖滨風雨所侵室庐易圮牀葺之費舊賦給於鹽課　先大夫主講年丁巳春夏間見東楹傾瓦碎諸董事將庀材鳩工焉會以課紳費繁不果行未幾　先大夫下世琴書甫輟棟宇旋摧今年春　大中丞楚香梁公以課士蒞院躬行雁勘慨乎勤容攝理日謂食尊今庫恬若此其何以昭虔恪且多士亦攀恩無所于　先人有志未竟余為成之遂謀之　都轉漁莊蔡公　署都轉愛盧黃公勿勒公節於篆軺醒政任愿支慶俸飯內酌捐千兩以竟其事屬王茂才泰勘估工料監院章教諭龔威教諭汪君董斯役誠以用無廢工必囤實求是毋取浮飾董經始於八月初五日蕆　御碑亭次講堂廡次朱公葉公祠凡九旬而役蕆理重成　中丞振興文教培植士林之美意與夫　先大夫詩禮餘澤之被於諸生者不可不誌也服中不敢為文語愛贅書其事紀之

◎　胡珵《道光二十六年重修崇文书院记》

号采南）撰有《同治四年重修崇文书院记》，对蒋益澧重修书院一事给予很高评价："公此举厥功甚巨也。爰于工之既竣，述其事而为之。"[1]

现在可以查到的最后几次修缮均是在光绪年间，但费用从何而来未知：

光绪元年重修斋舍，五年布政使卢定勋重修祀前，布政使蒋益澧于西斋颜曰食旧德斋，以仰山楼后为东斋，三颜曰知不足斋、劝学斋、愿学斋。六年布政使德馨重修。[2]

1　章鋆：《同治四年重修崇文书院记》，见赵所生、薛正兴主编：《中国历代书院志》第9册，江苏教育出版社，1995年。

2　李榕等：《杭州府志》卷十六，民国十一年刊本。

综上可知，在崇文书院历年维修或重修中，尽管倡议者或发起者为地方官员，但所需资金都与盐政有关，或直接就是徽商及其后人所资助，故嘉庆年间所修《两浙盐法志》中有对商人或其子弟捐资参与书院兴建事的多次详细记载。究其原因，"盖盐商多来自徽郡，实古之新安，其子弟又许其别编商籍，与土著者一体考试，故皆乐于顺上之指而不由于勉强也哉"[1]。

总之，徽商如此热心教育的原因，如今学术界一般认为基于两方面："两浙盐商在江浙大力建议和推动教育组织书院的建设，一方面固然是出于子弟读书入学计，另一方面更是出于贾而好儒的内在动因。两浙盐商以徽商为主。徽商和其他商帮相比较而言，最为突出的特点即是贾而好儒，这一点也体现在书院的建立上。朱熹以新安人自居，新安人亦以朱熹为荣耀。……可知，徽商贾而好儒的品质不仅仅是对儒家思想在行为上的传承，更有对朱子理学的继承和发扬。"[2]此外，徽商如此重视教育，其所获得也显而易见有利于盐业发展。据统计，仅康熙年间在崇文书院提名登仕者就有358人，其中有一部分担任盐政官员，这对徽商的盐业经营肯定有促进作用。因商重教，因教做官，因官又促商，官商循环、官商一体，即导致徽商兴盛数百年，而崇文书院作为官商之间的桥梁，也在数百年间兴盛不衰，其间虽有禁毁，但大致每次都能重修，足为江浙一带书院发展之代表。

在这个意义上，朱子出自安徽，既是徽商的幸运——他们因此有了自豪的资本，也是朱熹本人的幸运，只因他可借徽商重视教育这一点，借书院这一方宝地弘扬自己的学说。程朱理学兴于宋，在明清得以大发展，除却官方有意引导外，徽商所起作用也是重要原

1　赵所生、薛正兴主编：《中国历代书院志》第9册，江苏教育出版社，1995年，第49页。

2　唐丽丽：《徽商与明清江浙书院》，《巢湖学院学报》，2014年第5期。

因。由此引申开来，中国教育史上几次大的发展或转折，是否与彼时民间资本的介入有一定关系，是值得研究的课题。而徽商相对于其他地区的商人例如晋商，为何对教育格外重视，这与其家乡文化及经商居住地文化是否有逻辑关系，也是值得深思的问题。单就杭州"四大书院"而言，就有两所书院（崇文和紫阳）专为徽商而设，足见彼时徽商在两浙的影响力。而杭州地方官员及普通民众对徽商及其他外来商人的接纳，也值得赞许。

第四章、墙内读书声，墙外游人笑

第五章

大隐隐书院

乾隆下旨选山长

已知山长有多少

「高谈道学能欺世，才见方隅敢著书」的蒋士铨

「好雨知时节，润物细如声」的薛时雨

「和其声以鸣国家之盛也」的胡敬

从山水大师到书院山长的戴熙

会试第一名的山长马传煦

新蘅主人张景祁

乾隆下旨选山长

对书院而言，最重要的人物是山长，即院长或者说掌教、掌院，他决定了书院的发展，他个人的影响力也在很大程度上决定了书院在彼时教育界和学术界的地位。这是因为，古代大多数书院都采取一种山长负责制，也即一种确立山长为书院领导核心的管理模式。按照邓洪波的说法，山长对一个书院而言就是核心领导："其（书院）组织构成，家族乡村小型书院，比较简单，……其最简者可以就是山长一人。官府主持的大中型书院，职事较多，如号为天下四大书院之首的岳麓书院，在宋代就有山长、副山长、堂长、讲书、讲书执事、司录、斋长等，而建康府（今江苏南京）明道书院是宋代管理组织最庞大最完善的书院。……山长位高权重，主持教务，取舍诸生，是书院的核心，每月三次课试及逢一、三、六、八日讲课时到院，堂长为其副手，住院掌理日常院务。其他各职各有责守，分工明确，协助山长、堂长维持书院正常的教学、研究、祭祀、图书、经费等各项管理，甚至院中师生的身体状况亦有'医谕'来作保障。"[1]

正因为如此，历代统治者对书院的控制与管理也就首先体现为对"山长"一职的控制与管理。就山长这个名称而言，本身就带有远离世俗、向往山林之意，即不愿接受政府的管制。但事实上，历代书院山长选任虽然大致基于入选者的学术声望或文学才华，但多有入仕经历，有些是致仕后担任山长，有些则是直接由政府任命。故无论书院系官办还是私学性质，地方政府甚至中央政权都对山长

---

1 邓洪波：《中国书院史（增订版）》，武汉大学出版社，2012年，第178页。

的选拔极为重视。至清朝年间，书院基本上都为官办，故清朝统治者对山长一职的任命问题非常看重，甚至要由皇帝出面下谕旨确认。

如乾隆时期，乾隆就屡屡下旨，命各地督抚、学政慎重对待山长遴选一事，并奖励教学成绩卓著者，以此加强对书院的管理。

乾隆三十年(1765)冬十月，乾隆又下《慎选书院山长谕》，显示出他对遴选山长以掌控书院发展一事的慎重，其谕旨如下：

刘藻奏"滇省五华书院山长张甄陶，自主讲席以来，迄今五载，实能尽心训迪，著有成效，请令为黔省贵山书院山长，俟届满六年，抚臣就近考核，或照例奏请议叙，或送部引见示奖，临期再行酌办"等语，所奏甚是。已如议行矣。省会设立书院，所以乐育人才。前经降旨，令督抚等慎选山长，如果教术可观，六年之后，著有成效，奏请酌量议叙。原以山长为多士观摩，若徒视为具文，漫无考核，既无以为激劝之资，则日久因循，未免怠于训课，惟知恋栈优游，诸生或且习而生玩，恐于教学无裨。且在籍闲居之人，未尝无端谨绩学可主讲席者。若实心延访，使之及早更代，自必鼓舞振兴，共相淬励，方不负设馆育才之意。乃自降旨以来，各督抚并未见有遵旨具奏者，即如齐召南之在敷文书院，廖鸿章之在紫阳书院，岂止六年之久，何以从前未经办及？朕所知已有二人，恐各省似此者尚复不少。著各该督抚将因何不行遵旨办理之处，查明具奏。嗣后均以六年为满，秉公考察，分别核办，庶于劝学程功均有实济。著传谕各督抚知之。[1]

1　《清实录·高宗实录》卷七百四十六，中华书局影印本。

已知山长有多少

就杭州崇文书院而言，其首任山长因缺乏史料，暂时无法确认。虽然叶永盛为崇文书院的设立做出最大贡献，并曾亲自授课，实质上扮演了山长的角色，但由于彼时他还有官职，因此不能说他就是第一任山长。至于其他山长情况，至今尚无系统统计，故本书多方搜集史料，当为首次对历任山长情况进行较为全面的统计，部分佐证史料系从历代诗文集及家谱、年谱或同时代诗文集中获得。

从笔者掌握史料看，崇文书院历史上至少应有 30 余位山长，但明朝时历任山长已难以考知。就清朝而言，迄今正史有记载或有关诗文集及今人研究论著中提及且大致可以确认者有 30 人（个别因生平不详暂存疑）：

（一）宋瑾（生卒年不详，不过可以确认为康熙年间人），字昆友，号豫庵，浙江秀水人，今嘉兴人，一说为湖州人。有关他任杭州崇文书院山长史料如下：

秀水宋豫庵矻矻著书，以辟异端，闻圣道为己任，来主西湖崇文讲席。[1]

（二）吴廷华（1682—1755），字中林，号东壁，浙江钱塘人。有关史料如下：

1　歙县《桂溪项氏族谱》卷十八，《艺文·别驾升士公传》，转引自梁仁志：《明清侨寓徽商子弟教育的特色》，《安徽史学》，2008 年第 5 期。

吴廷华，字中林，钱塘人，康熙五十三年举人。学醇论高，含咀诸经。贯串三礼，尤为专家。雍正初官内阁中书，授福州府海防同知。以经术缘饰吏治，侃侃不阿。暹罗国初入贡，以三品服宠其使。既晋秩，欲以属礼接。郡守廷华折之曰：春秋之义，王人虽微，序诸侯上。使者秩虽高，犹陪臣也。使为悚屈琉球国贡，琉球还必稍挟中土物以归关，吏持之急。廷华引《周礼》同异，多所订正，书成归掌崇文书院。又以《仪礼》一书，句读笺注，前人或病疏略。因折衷先儒，补张氏仪礼句读，王氏仪礼分节句读之失。每篇之中，分其节次，每节之内，析其句读。训释多本，郑笺贾疏亦间采他说以发明之。于《丧礼》尤精密，为晚年之书。以寿终。（东庄遗集学案小识）[1]

佐证材料如下：

吴廷华（1682—1755），字中林，号东壁，浙江海盐（今浙江省海盐县）人，侨居钱塘（今杭州市）。雍正初以乙科官内阁中书，出为福州府海防同知。曾出使暹罗，入三礼馆。后归，主崇文书院。《国朝杭郡诗辑》卷九："东壁尝游津门，时查氏方以风雅号召海内，吾乡厉樊榭、汪槐堂、陈授衣、对鸥诸名士皆在焉。东壁刻烛联吟，咸共推服。其诗具同见《沽上题襟集》中。"[2]

只是其掌崇文书院的具体时间暂未确认，以下凡可确认担任山长具体时间者均已标明。

（三）郑虎文(1714—1784)，字炳也，号诚斋，乾隆七年（1742）进士，浙江秀水人。有关史料如下：

1　李榕等：《杭州府志》卷一百三十八，民国十一年本。
2　申屠青松：《厉鹗年谱长编》，浙江工商大学出版社，2016年，第108页。

题赵甥涵春水泛舟册子七十韵

无心更留访，

十年结深衷。

迩者讲席移，

崇紫托衰慵。

（余戊戌主崇文书院，己亥移紫阳，庚子还崇文。）[1]

又黄景仁有诗可以佐证：

闻郑诚斋先生主讲崇文书院寄呈二首（此处选其一）

讲院风连曲院清，

萧闲巾履恣经行。

湖干花鸟参经座，

桥下龟鱼识杖声。

送酒恰逢贤太守（谓邵闇谷先生时守杭州），

论文偏爱老诸生。

人伦风鉴饶辛苦，

不为龙门一代名。[2]

此外，《清史列传》卷七十二《文苑传三·郑虎文》中也有记载："归后，主徽之紫阳书院十年，主杭之紫阳、崇文两书院五年。"

（四）冯浩（1772—1855），字养吾，号孟亭，浙江桐乡人，嘉庆十三年（1808）进士。有关史料如下：

1　郑虎文：《吞松阁集》卷十九，清嘉庆刻本。

2　黄景仁：《两当轩全集》卷十三，清咸丰八年黄氏家塾刻本。

冯浩（1772—1855），字养吾，号孟亭，清安徽桐城人。[1]嘉庆十三年（1808）进士，授国史馆纂修，十七年分校乡闱，后任湖南巡抚，升御史，丁忧回籍，不复出。著述自娱，尝曰："凡矜式乡里者，必以厚风俗、敦行谊为本。"后历主常州龙城及浙江崇文、戢山、鸳湖诸书院，"雅意作育人材，不沾沾讲求文艺"，"岿然负东南之望"。卒祀乡贤祠。[2]

此外在徐雁平所著《清代东南书院与学术及文学》下卷（安徽教育出版社）中也有提及。

（五）戚学标（1742—1825），字翰芳，号鹤泉，浙江太平（一说安徽太平）人，乾隆四十五年（1780）进士。有关史料如下：

嘉庆十八年，出任宁波府学教授，后历任杭州紫阳、崇文诸书院讲席。博通经史，尤精声韵训诂之学，著作丰富。有《景文堂诗集》十三卷、《鹤泉文钞》二卷。[3]

另一则史料则曰：

学标字翰芳，号鹤泉。少从天台齐召南游，称高弟。乾隆四十五年进士，官河南知县。后改宁波府学教授，旋归主紫阳、崇文两书院讲席，从事著述不倦。年至八十有四，于道光五年卒。所

---

1 误，应为浙江桐乡人。因冯浩在所撰《网师园序》结尾有"嘉庆四年己未孟冬朔日，桐乡冯浩手稿"之语可证。——引者注

2 季啸风主编：《中国书院辞典》，浙江教育出版社，1996年，第388页。

3 中共北京市东城区纪律检查委员会、北京市东城区监察局编著：《八千里路云和月 历代诗人咏岳飞》，中国方正出版社，2014年，第346页。

撰述以《汉学谐声》为最著。[1]

当以第二则为准。另有佐证材料：

嘉庆十八年癸酉 (1813 年) 七十二岁。是年，戚学标在钱塘崇文书院设教。[2]

（六）魏成宪，字宝臣，号春松，浙江钱塘人，乾隆四十九年（1784）进士。有《清爱堂集》《仁庵自记年谱》等。有关史料如下：

辛未，仁庵年五十六岁，主讲崇文书院。……壬申，仁庵年五十七岁，主讲崇文书院。……
癸酉，仁庵年五十八岁，主讲崇文书院。[3]

（七）卢文弨（1717—1795），字召弓，一作绍弓，号矶渔，又号檠斋、抱经，晚年更号弓父，人称抱经先生，浙江仁和人。一说原籍余姚，迁居仁和。有关史料见于他的著作，在卢文弨所作《重修紫阳书院碑记》（《抱经堂文集》卷二十五）中明确有说他掌崇文书院事：

弨以乾隆己亥忝主讲崇文，越明年迁主紫阳。

又佐证材料如下：

---

1 张舜徽：《清人文集别录》，华中师范大学出版社，2004 年，第 224 页。
2 陈爱平、于忠伟：《戚学标年谱》，《台州学院学报》，2016 年第 4 期。
3 北京图书馆编：《仁庵自记年谱》，《北京图书馆藏珍本年谱丛刊》第 120 册，北京图书馆出版社，第 277—278 页。

高晋奏折中明确提到，朝廷规定各书院院长考核期限为六年一次。据抱经先生诗中首句"皋比六载集同声"，抱经先生自乾隆三十七年三月应时任两江总督高晋之邀至钟山书院讲席，至乾隆四十三年三月，应是正好六年期满。在此种情形下，抱经先生可能是考虑到张太宜人已经七十九岁，而江宁离杭州又是千里之遥，奉养不便，不愿再久离张太宜人，故趁机辞讲席归，并无所谓风波事件。并且，乾隆四十三年辞钟山讲席后，抱经先生一直家居，乾隆四十四年主杭州崇文书院，此两年踪迹亦可从侧面证明抱经先生之从钟山讲席辞归，的确是为"归傍老亲吾愿足"之单纯目的。[1]

　　（八）蒋士铨（1725—1785），字心馀，又字苕生，江西铅山人。

　　后有专门叙述，不赘。

　　（九）王文治（1730—1802），字禹卿，号梦楼，江苏丹徒人。有关史料如下：

　　庚寅之冬，游于杭州。逾年，春，遂掌教西湖之崇文书院，湖上之四时朝暮晴雨领会殆遍，因自号"西湖长"，古今体诗一百首。[2]

曲院雨后观荷

堤外朱栏一道斜，
澄湖如玉碧无瑕。
烟光自润非关雨，
水藻俱馨不独花。
公子振衣波立鹭，
佳人荡桨鬓垂鸦。

1　张波、赵玉敏编著：《清卢文弨〈抱经堂诗钞〉系年考释》，远方出版社，2019年，第180页。
2　王文治：《梦楼诗集》卷十二，清乾隆刻道光补修本。

记曾玉蝀桥边过（都城玉蝀桥荷花最盛），

回首沧江阅岁华。

（十）祝德麟（1742—1798），字趾堂，号芷塘，浙江海宁人。有关史料如下：

问字谈经道不孤，

共传祭酒住西湖（时掌教崇文书院）。

后堂谁许听丝竹，

绛帐端宜列郑卢。

结习未除凭佛忏，

此身难了是诗遣。

江山憎尔雕镂尽，

留待归人管领无。[1]

（十一）陈廷庆（1754—1813），字兆同，号古华，又号桂堂，别号耕石书佣、米舫逸史，乾隆四十六年（1781）进士，改庶吉士，授编修，工诗文，有《古华诗钞》，江苏奉贤人。嘉庆十三年（1808），陈廷庆主讲杭州崇文书院。有关史料如下：

予于仲冬望日来崇文讲舍，东书室新糊纸阁，围炉话雨，赌酒题襟，同人过我者得小憩焉。既倩顾君鹤庆绘西泠停舫图，复拈暖阁等十题，与同寓顾简塘（即蒹塘，顾翰）兄弟、杨笋山、严厚民诸君辈相约分韵，不拘体，不限首数，庶扶轮大雅，亦复唱声坛坫，以志鸿泥踪迹。[2]

佐证材料有：

1 祝德麟：《悦亲楼诗集》卷七，清嘉庆二年姑苏刻本。
2 陈廷庆：《米家停舫消寒十咏并序》，《谦受堂全集》卷二十，清道光刻本。

《有正味斋诗续集》卷二有《二十四日，出钱唐门访洪稚存，杨蓉裳、郭频伽于诂经精舍，不值，过崇文书院，晤陈古华茶话，值雨而还，得诗六首》。此诗当作于是时。[1]

（十二）张时风（生卒年不详，但可确认为乾隆年间人），字虞琴，号桐谷，浙江仁和人。有关史料如下：

参见前文所引张时风撰《乾隆五十九年重修崇文书院碑记》，其中提及自己被聘山长事。

又有辅助佐证材料：

张时风（虞琴）主讲杭州崇文书院。[2]

（十三）孙嘉乐（1733—1800），又名孙令宜，字春岩，号香岩。浙江仁和人，乾隆二十六年（1761）进士，官至云南按察使，与袁枚为世交。有关史料如下：

主讲杭州崇文书院兼主蕺山书院。[3]

（十四）冯培（生卒年不详），字仁寓，一字玉圃，号实庵，浙江仁和人。有关史料如下：

---

1 刘欢萍：《乾嘉诗人吴锡麒研究（附吴锡麒年谱）》，凤凰出版社，2016 年，第 494 页。
2 王同：《杭州三书院纪略》卷四，见王国平主编：《西湖文献集成》第 20 册，杭州出版社，2004 年。
3 王同：《杭州三书院纪略》卷四，见王国平主编：《西湖文献集成》第 20 册，杭州出版社，2004 年。

步实斋所藏冯实庵都谏手札跋

南卿周兄出其师冯实庵都谏所书额并尺牍见示，都谏以实自践，而又以实教弟子。其处己以处人者，概可知矣。都谏于嘉庆甲子乙丑间主西湖崇文讲院，南卿为其入室弟子，斋名步实，承师学遵师训也。都谏虽晚达自翰苑屡改官谏垣而意致恬退，不汲汲于仕进，又风骨峻迈，不肯依附要津，随作急流之退。立朝未久，中外惜之。予与都谏有同年之雅，曾于梁溪解后，嵇氏甥馆，予识都谏而都谏固未识予。予不自言谱谊，盖不欲贫贱交攀附龙凤也。迄今都谏之归道山已二十余年，可慨已。都谏以文雄于时，门下士多成名宿，南卿其尤著者。观其不忘函丈，宝此数行之墨，勤勤恳恳有追慕余思，可不谓加人一等乎？予又思人生践履，无一不当务实，猷（即独）至文章一道，又必运实于虚，昌黎之言曰：气盛，则言之长短声之高下皆宜。所谓气者虚也，由虚而实，则百脉动荡，万窍玲珑矣。都谏之教文当必如是，南卿又得师传而雄于文者，故旁通之以质焉。南卿以为然乎，其未然乎！[1]

冯实庵给谏自西湖移主苏州紫阳书院赋诗留别奉酬二首

难得勾留笑语温，湖山五载剩巢痕。

管弦落日催诗舫，花鸟春风问字尊。

小别赠言弹古调，诸生流涕话师恩。

随君只有康成草，直接吴波绿到门。

一条蒋径易苔荒，愁溯风流过讲堂。

后约只应盟宿鹭，此行浑不待垂杨。

逋翁定惜辞巢鹤，坡老宁争换字羊。

教泽最宜桑梓近，好留文采照沧浪。[2]

1　张云璈：《简松草堂诗文集》文集卷十二，清道光刻三景阁丛书本。

2　吴锡麒：《有正味斋集》诗集卷十六，清嘉庆十三年刻《有正味斋全集》增修本。

（十五）胡敬（1769—1845），字书农，浙江仁和人。

后有专门叙述，不赘。

（十六）胡珵（1798—1853），字孟绅，号琅圃，浙江仁和人。胡敬之子。有关史料如下：

冬蔬八咏（节录）[1]
（咸丰间胡琅圃先生掌教崇文，兼课词赋题，当时应课诗题已遗忘，近于不如圃课丁学艺，追感往日补吟八章。）

霜菘
信美周郎爱晚菘，烟苗雨甲土膏融。
寸心晓结甘寒露，几叶家承清白风。
咬得根能将已励，愿他色不与民同。
邻翁旨蓄夸冬御，三百黄齑满瓮中。

（十七）高紫峰，字映斗，号士魁，江苏山阳人，道光九年（1829）进士。任山长事仅有现代史料提及。[2]

（十八）戴熙（1801—1860），字醇士，浙江钱塘人。

后有专门叙述，不赘。

（十九）姚近宝，字斗瞻，浙江钱塘人，道光十五年（1835）

1　丁丙：《松梦寮诗稿》卷四，清光绪二十五年丁立中刻本。
2　此处及本节之后所说"现代史料"，主要指鲁小俊的《清代书院课艺总集叙录》和徐雁平的《清代东南书院与学术及文学》，二人在其研究中对于某人曾任杭州崇文书院山长事，有些给出了古籍出处及必要的佐证史料，有些则没有，故无法确认。

进士。任山长事仅有现代史料提及。

（二十）周学濬(1810—1858)，字深甫，号缦云、漫云，浙江乌程人，道光二十四年（1844）进士。有关史料如下：

余向在金陵，曾文正师尝命以此（指道德文章——引者注）课士。还乡以后，忝主崇文，近年移讲敷文，拔取前茅，每以根柢验其词华，往往得知名之士。[1]

辅助佐证材料有：

拔贡郑君笃生传

君姓郑氏，名佑泰，谱名伟贤，字笃生。高祖显润，自玉环芳杜迁邑城。曾祖荣辉，祖廷衡，俱国学生。父甫嵩，增广生员。有丈夫子二，君其家嗣也。性颖异，幼读书，目数行下，稍长遂以能文名。年十九，吴学使存义取人邑庠。二十四，肄业杭之崇文书院。越岁，考入经精舍，周学浚缦云、俞越荫甫两山长，皆以大器目之。间应紫阳、敷文两书院望课，又屡为樾院长沈元泰墨庄、杜联莲所激赏。[2]

（二十一）薛时雨（1818—1885），字慰农，一字澍生，晚号桑根老农，安徽全椒人。后有专门叙述，不赘。

（二十二）章鋆（1820—1875），字酡芝，号采南，浙江鄞县人，咸丰二年（1852）进士。有关史料如下：

1 周学濬：《敷文书院课艺二集序》，见鲁小俊：《清代书院课艺总集叙录》上册，武汉大学出版社，2015 年。

2 钱汝平点校：《林丙恭集》，浙江大学出版社，2019 年，第 505 页。

甲子（1864）冬，奉讳旋里，欲茸余章氏谱未果，而大府以币聘余校士于崇文书院，暇甚，适旧友纯斋以《枫溪陈氏谱》折衷于余……[1]

章鋆又有题杭州崇文书院联：

大庇寒士皆欢颜，欣夏屋重开，纵观地有湖山美；
净洗甲兵长不用，听和声共谱，鸣盛文成雅颂音。

（二十三）马传煦（1825—1906），字春旸，号蔼臣，浙江会稽人。后有专门叙述，不赘。

（二十四）杨文莹（1838—1908），字雪渔，浙江钱塘人，光绪三年（1877）进士。曾主讲养正书塾，不过任崇文山长事缺少有力佐证，后曾任改制后的中学堂总理，可勉强算是山长：

总理大学堂前吏部稽勋司主事劳乃宣，总理中学堂前贵州学政杨文莹，声望素孚，品学纯正，皆能本身作则，培植初基，现政务处核议学堂选举鼓励章程业经奉旨允准，负笈之士益当争自磨灌，日新月异，以自奋于功名；臣当督同官绅等奉宣明诏，提倡士风，务求实学，以期仰副圣朝造士作人之至意。[2]

（二十五）连文冲，字聪叔，浙江钱塘人，光绪六年（1880）进士。有关史料如下：

1　章鋆：《续修枫川陈氏合谱序》，原载杨士安：《陈洪绶家世》，北京出版社，2004年，第293页。
2　《浙江巡抚奏陈改设学堂办理情形折》，光绪二十八年（1902）八月。

光绪二十三年（1897），连文冲（冲叔）主讲杭州崇文书院。[1]

（二十六）吴庆坻（1847—1924），字子脩，又字敬疆，号稼如，浙江钱塘人，光绪十二年（1886）进士。任山长事仅有现代史料提及。

（二十七）李鹏飞，字云九，号梅孙，光绪十五年（1889）进士，翰林院庶吉士，浙江仁和人。有关史料如下：

李梅孙（鹏飞）主讲浙江崇文书院。（《浙江乡试同年齿录，光绪癸巳恩科》）[2]

佐证材料如下：

杭垣崇文书院掌教一席悬而待聘，屡登报牍。兹闻抚宪崧振帅，以李梅孙太史鹏飞服阕后尚须在籍办理葬事，未克晋京供职，拟请掌教崇文，即于去腊二十二日致送关书聘金云。[3]

（二十八）翁焘（生卒年不详），字幼庐，号亦衡，光绪十六年（1890）进士，浙江绍兴人。有关史料如下：

翁焘（幼庐）主讲崇文书院。[4]

又《崇文书院课艺十集》为翁焘审定，他在为此集所写序中明

1　徐雁平：《清代东南书院与学术及文学》下，安徽教育出版社，2007 年，第 767 页。

2　徐雁平：《清代东南书院与学术及文学》下，安徽教育出版社，2007 年，第 756 页。

3　《西泠燕语》，载 1892 年 2 月 9 日《申报》。

4　徐雁平：《清代东南书院与学术及文学》下，安徽教育出版社，2007 年，第 757 页。

确提及自己掌书院山长事：

　　盖所崇者文，而所以崇文者，文以载道也。今虽中外道通，世局日异，文亦浸衰矣。然时有古今，道无古今，士诚守千古不变之理法，所以挽时局者，亦未始不在此。

　　焘不文，承前中丞崧公、今大中丞廖公先后委主崇文讲席，以才疏学浅，辞不获命。今夏授职越中，始谢去。又适当崇文十刻之期，焘何人斯，敢膺选政？职无可诿，黾勉将事。浙中人文渊海，扬芬摘藻，美不胜收。沧海遗珠，自知不免。惟区区微意，务期骋才气者不诡理法，读经世之书，务反身之学。庶几文行交修，处为名儒，出为名臣，以无负各大吏崇尚文教之意，而不为世俗所轻。是所厚望于诸君子。

光绪乙未（1895）孟冬之月，钱塘翁焘谨撰 [1]

佐证材料：

　　杭垣崇文书院李梅孙山长，明年甲午晋京供职词曹，掌教一席，业经抚宪崧振帅延请庚寅进士，即用知县，改职教授翁又鲁广文焘掌教。崇文翁广文品学兼优，素为乡里所器重，真不愧师表士林者也。当日许君承绶、张君景云两监院缮写手本，衣冠乘舆至武林门外翁第，赍呈关书聘金，盖循旧章而重掌教也。[2]

　　（二十九）孙荣枝，字仲华、桂林、绾卿，浙江仁和人，光绪二十一年（1895）进士。有关史料如下：

　　孙荣枝（1854—？），字仲华，一字桂林，又号念椿。浙江仁和（今杭州）人。光绪二十一年（1895）进士。官吏部主事。曾掌教于浙

1　鲁小俊：《清代书院课艺总集叙录》上册，武汉大学出版社，2015年，第96页。

2　《天竺山游记》，载1893年11月9日《申报》。

江崇文书院、慈湖书院。维新时期（1898）曾与汪康年有书信往返。著有《国教私议》。工书。[1]

（三十）盛墨庄，可确认曾为崇文书院监院，因戴熙在其《习苦斋画絮》中曾明确提及此事，但盛墨庄是否又曾为山长，缺少正史或其书文集证明，仅有现代史料提及。

以上诸人，大部分为知名文学家、诗人，且几乎全部是进士出身。但王文治和戴熙首先是以书法绘画知名，其次才是其文学成就，可见彼时山长之选，还是看重文学才华或学术知名度，此其一也。就山长籍贯而言，大部分山长是浙江人，而杭州本地人更是占据大多数，估计其他书院也是如此，说明古代文人群体虽有流动，但交通便利情况绝对无法和现代相比，故山长之选拔还是优先考虑当地文化名人，此其二也。对此，可看今人的一些统计：

浙江书院78所，共有山长738人，其中浙江484人，江苏43人，安徽6人，福建5人，江西2人，山东1人，顺天1人；738人中进士296人，举人236人，贡生52人。进士比例为40.1％，举人（含进士）比例为72.1％。

江苏书院60所，共有山长675人，其中江苏416人，浙江104人，安徽46人，江西18人，顺天8人，福建6人，广西6人，湖南5人，湖北4人，贵州3人，山东3人，广东2人，山西1人，四川1人，陕西1人；675人中进士433人，举人173人，贡生40人。进士比例为64.1％，举人（含进士）比例为89.8％。[2]

---

1 张根全：《中国美术家人名辞典增补本》，西泠印社出版社，2009年，第228页。
2 徐雁平：《清代东南书院与学术及文学》上，安徽教育出版社，2007年，第317页。

还应注意到不少山长在开始执掌书院之前都有仕宦经历，有些甚至进入中央政府担任重要职务，而一旦卸任或被贬职，到书院执教就不失为既体面又有生活保障的选择。之前这些山长是读书中式做官，如今是辞官教书育人，而育人之目的还是让他们能够打开一条仕宦之路。就此说来，书院和私塾、官学等所扮演的角色完全一致，都是为统治阶级选拔人才。但在客观上，山长之位毕竟给这些辞官之后的文人或落魄文人一个较受尊重的社会地位，也让古代文人建功而不得后多了一个立德和立言的途径，古代文人群体内部的流动由此有了一定的可能。整体而言，"山长"这一特殊的文人角色，在出世和入世之间大致居于中间位置，对这一群体进行认真研究，有助于理解古代文人的思想变迁和文化艺术成就之由来。

就杭州崇文书院而言，其历史上确实有几位山长，不仅为崇文书院的发展做出重大贡献，而且他们本身都是学术界或文学艺术界的名人，在中国文化史上占有重要地位，也因此值得为他们大书特书。

这第一位要介绍的，就是蒋士铨。

"高谈道学能欺世，才见方隅敢著书"的蒋士铨

一

在崇文书院历任山长中，蒋士铨（1725—1785）恐怕是在任时间最短者——只有两个月，不过他在崇文书院发展史上的地位并未因此受到影响，只因他不仅是文学大家，更是教育大家。在执掌崇文书院前后，蒋士铨有九年的书院山长经历，这足以让他在书院教育领域做出重要成就。当然，作为著名的"乾隆三大家"之一，和袁枚、赵翼齐名的蒋士铨一生最突出的是文学成就，因此他在《清史稿》中被收入《文苑传》而非《儒林传》就绝非偶然。

蒋士铨虽然多年担任书院山长，却对彼时兴盛的考据、小学和音韵学等没有多少兴趣。同时代大学者翁方纲曾对蒋士铨《题焦山瘗鹤铭》诗中的"注疏流弊事考订，鼹鼠入角成蹊径"这句大不以为意，并讥讽蒋士铨为"俗塾三家村中授蒙童者"，又拿汪中刁难蒋士铨事以嘲蒋氏。汪中是诗人但更是学者，是清朝"扬州学派"的杰出代表。乾隆时期士子多半钻入故纸堆，以琐碎考证度日以逃避文网，汪中却言行出格，性格狂放，对瞧不起的文人公开嘲讽，以致以狂名满天下。扬州当时人才济济，他却当着很多人的面说："扬州一府，通者三人，不通者三人。通者王念孙、刘台拱、汪中；不通者则程晋芳、任大椿、顾九苞。"在他眼里只有王念孙（怀祖）和刘台拱（端临）够得上跟自己一比。汪中在扬州安定书院求学期间即以恶作剧出名，每当有新山长到任，汪中就会找几道经史方面的难题以请教之名刁难对方，据说蒋士铨到任时就被汪中当场问倒。汪中认为考证之事才是真学问，而蒋士铨却说什么"注疏流弊事考订，鼹鼠入角成蹊径"，故蒋士铨到任面见众师生时，汪中起而问

◎　蒋士铨像

◎ 蒋士铨在船上

曰："女子之嫁母送之门，是何门？"蒋士铨一时答不出，只好说："姑俟查考。"这就正中汪中下怀，他便朗声道："俟查考则无庸其掌教矣！"其实汪中并非与蒋士铨有什么恩怨，他对那些他认为的空有虚名者都是如此。汪中私淑于顾炎武，治学看重经世致用，最爱挑战的就是这些"空有其表"者。据说沈祖志任山长时也遭汪中当面嘲讽，沈祖志好诗成癖，并喜欢在酒席上把新作拿出来让大家评判，其实就是想博得众人称赞。一次，他又在酒席上把新作拿出来让众人传阅，待传到汪中手上时，汪中把诗稿往桌上一扔，说道："公为人师，不以经世之学诏后进，而徒沾沾言诗。诗即工，何益于生民？况不必耶！"沈祖志脸上挂不住，就拿出师道尊严的架势道："仆虽不贤，犹若师也，师可狎侮乎？"汪中立刻提出《诗经》中的几处疑义请沈祖志解答，见沈祖志回答不出，汪中说："诗人固如是乎？师长固如是乎？"然后竟拂袖大笑离席而去。

不过蒋士铨倒不是汪中所嘲讽的没有真才实学者，他只是把精力放在文学创作上，而不是注重考证而已。

◎ 蒋士铨《忠雅堂集校笺》前言

　　从乾隆三十一年（1766）至三十九年（1774），蒋士铨历任蕺山书院、崇文书院和安定书院山长。九年的书院生涯中，蒋士铨悉心教导诸生，尽力培植后进，不但身体力行，而且为书院制定了必要的规章制度，其中尤以《杭州崇文书院训士七则》最为有名。[1]它是蒋士铨在掌教书院期间，根据书院情况及自己的教育思想和对生徒的希望所定的一些条文，既是蒋士铨对书院生徒的期望与教导，又是他身体力行的结果。以下是其中"立志"一节：

　　志以帅气，志以宰身。志之不立，浮沉穷达，一蠢然顽物耳。富贵终身，草木同腐。凡负天地、负朝廷、负祖宗者，皆无志之人也。志何以立？尧舜之道，孝悌而已矣，圣贤可志也；夫子之道，忠恕

1　有关详尽论述可参看齐芳的《蒋士铨与书院》，载《文教资料》，2012 年第 9 期。

第五章〉大隐隐书院

而已矣，君子可志也。下此治国平天下之学，与夫兵、刑、钱、谷、水利、河渠、象纬、算数之学，性之所近，则专心致志，以讲贯而讨究之，他日见用于世，庶几一长之可效。不然官职迁移，懵然木偶。奸胥猾役，玩于股掌之上；匪朋恶戚，牵于傀儡之场。获戾于上，流毒于民。幸而免三尺之诛，而子孙冥罚难逃。士不立志，可胜痛哉！范文正志在任天下，文信国志在俎豆忠义间。呜呼！是可法也。

这一节谈立志，显然和鼓励书院弟子刻苦读书以求科举中式格格不入，而是从古代文人如何立志做人之角度，鼓励士子以范仲淹、文天祥等为榜样，做一个真正的有志向的读书人。这样的要求，显然会对书院弟子的人生观和处世观产生正面影响，正如那副赞颂史可法的对联：生有自来文信国，死而后已武乡侯。诸葛亮、范仲淹、文天祥和史可法等，都是古代文人的楷模，蒋士铨以这些人物鼓励门下弟子，说明他绝非要培养他们为了个人名利"一心只读圣贤书"，而是要为国家、民族和百姓服务，做"家事国事天下事"事事关心的文人。

虽然蒋士铨在崇文书院出任山长的时间很短，大概只有两个月，却因这一"训士七则"对崇文书院的发展产生重大影响。这个"训士七则"包含教与学之陋习、立志、洗心、毋存菲薄万物之见、当存万物一体之心、道学之辨和择交之法等内容，从书院使命、生徒学习目的和师生关系等不同方面为书院的运行立下规则。蒋士铨之所以十分强调"立志"，就是因为他看到了彼时书院师生的一些陋习。在"教与学之陋习"一节，蒋士铨开宗明义指出了书院的使命："书院为讲习之地，所以讲明圣贤身心之学，致君泽民之道。为国家培养人才，今日通儒，即异日名臣。"也因此师生之间的关系应当是"师与弟性情则脉脉相通，德业则孳孳相长，藏修游息，砥砺观摩，是何如气象也"。蒋士铨显然对彼时的书院风气颇为不满，认为有很多陋习，不仅存在于生徒当中，教师中亦然："近日书院先生，多因贫而馆，聊且相安。生徒什伯，或见或不见，不能识认，除课卷评点之外，一无训勉。师既无道学相关之心，弟各负揣摩自熟之见。闻先达之语，皆似已知已能；守共习之文，自矜百发百中。不知傲为凶德，满是损机。"究其原因，则无论师生，都把进书院赚钱作为目的，"视会课如当差，重膏火如射利"。如此下去，则进书院学习、教学形同于买卖，"是自等于匠艺之贱，不过求其技术之可给人而获利也"。

要全面理解蒋士铨的这个"训士七则"，还要与他撰写的《揭戴山讲堂壁》对照来看。两者综合起来，可以视为蒋士铨掌教书院的总纲领。《揭戴山讲堂壁》原文很短：

竭忠尽孝谓之仁，治国经邦谓之学，安危定变谓之才，经天纬地谓之文，海涵地负谓之量，岳峙渊渟谓之器，光风霁月谓之度，先觉四照谓之识，万物一体谓之仁，急难赴义谓之勇，潜荣远利谓之廉，镜空水止谓之静，槁木死灰谓之定，美意良法谓之功，媲圣追贤谓之名，安于习俗谓之无志，溺于富贵谓之无耻。

所谓"万物一体谓之仁"和"训士七则"中的"当存万物一体之心"一脉相承，整体而言还是强调士人要立志，要有远大理想而不能"溺于富贵"，否则便是无耻小人也。

从这"训士七则"来看，蒋士铨在主持书院教学时更关注的是对生徒道德品质和人格性情的培养，不仅教书，更是育人——这是蒋士铨教育理念的特点。总括他的教育思想，大致可以分为以下几个方面。

第一，师友相亲，平等相处。蒋士铨在"训士七则"中谈到师与弟应"性情则脉脉相通，德业则孳孳相长"，而不应"以市井待师长""以庸愚待己身"，是直接针对当时的书院陋习。虽然蒋士铨不反对师生在书院教学读书可以博得一些钱财，但他认为这只是为了生存而非理想，师生之间应该性情相通，在读书的快乐中建立一种"斯文骨肉情"，像家人一样亲密。他希望师生能"藏修游息，砥砺观摩"，这样才能"德业相长"。蒋士铨不仅是这样说的，也是这样做的。他在安定书院的学生吴汝柏在即将入闱考试时得知母亲生病，立即放弃考试回家侍疾，对此蒋士铨专门作诗赞叹："天爵从来贵，浮名可暂捐。"

第二，读书治学，经世致用。蒋士铨反对死读书，反对雕虫琢句的文字功夫，认为这只是为应试而练习的一种技艺，不是读书的真正目的。蒋士铨认为为学之本就是治国平天下，而书院就是要培养"致君泽民之道"的人才。因此，他要求读经读史，为古人之学，为圣贤之学。但大多数的书院往往以举业为重，教授制艺时文，对此他也感到无奈。他在《醉歌》中发出感慨："圣贤可学学者少，纷纷墨守经生言。相习俳优之文志富贵，所以古语嗟才难。"在肯定经世致用的基础上，蒋士铨对学生的兴趣爱好之选择持一种十分宽容的态度，认为只要有用于世，则自己喜欢的都可以学，并且要求生徒专心致志，学以致用。

第三，仁爱之心，万物一体。蒋士铨认为"读书涵养之下，当存仁爱之心，在在思絜矩之道"，"万物一体谓之仁"。这一点他深受其父影响，其父蒋坚习名法之学，游天下30年，他认为自己之所以在70岁尚能与家人平安相聚，是"每治官书，必恻然求其生"的仁爱之心所致。因此他告诫蒋士铨："汝他日苟用于世，……常存哀矜诚悫之心，行乎五听三宥间，汝有后矣。"蒋父在告诫儿子的时候认为存仁爱之心是积阴德，能保证家族有后。不过蒋士铨在此基础上继续发扬光大，将这种仁爱之心、万物一体的思想归结为人的本性，一种道德修养的结果，也是士人治国平天下的前提条件。

更能体现蒋士铨仁爱之心并为人称道的是蒋士铨与洪亮吉的交往。洪亮吉（1746—1809），初名洪莲，字君直，别号北江、更生居士，江苏阳湖人，祖籍安徽歙县，清朝著名经学家、文学家。他因自幼丧父，家境拮据，虽刻苦读书，以辞章考据闻名，但多年屡试不中，幸得袁枚、蒋士铨等人赏识和资助。乾隆三十七年（1772）

冬，"（洪亮吉）以所负多，访蒋编修士铨、汪孝廉端光于扬州。编修解橐金助之，乃得归"。彼时正是蒋士铨主安定书院期间，所以他之后又"荐（洪亮吉）入常镇通道袁君鉴署授徒，岁修百二十金，并令在扬州安定书院肄业，膏火费亦及百金，自此将母稍裕"。

除了强调仁爱之心，"训士七则"当中还有其他教导生徒修心养性的条目，体现了蒋士铨在书院教学中重视道德性情培养的特点，显然深受孔孟教育思想的影响。

在九年的书院教授生涯中，蒋士铨与生徒建立了深厚的情感，有多首诗作表现他与生徒之间的师生情谊，如《戢山别诸生》：

> 平分小别关河意，一种斯文骨肉情。
> 终岁勤劳归雪案，寒宵攻苦仗灯檠。
> 依依定有相思梦，还逐江潮早暮生。

这首诗描写了他在戢山一年后与学生分别时的依依惜别之情。又如《病中生日感作》"一楼霜气拥重衾，多谢门生取次临"，写的是他生日卧病在床，学生争相登门慰问的场景。而《去越州》所表现的乾隆三十二年（1767）蒋士铨将赴山东时，师生之间的不舍情感更加真挚和感人："诸生步涯涘，鸥鹭翅相接。沾襟湿青袍，一一泪承睫。"也许正是这种深厚的师生之情才使得蒋士铨在崇文书院讲学仅67日便返回戢山书院，并发出"鉴湖倘许赐臣老，杭州虽好吾能抛"的感慨，只是崇文书院失掉了这位好导师，多少有些令人遗憾。

六载于越，三载于扬，其间两个月在杭州崇文书院，九年的教授生涯虽然不长，却在蒋士铨的人生经历中占有特殊地位。数年之后，他在回忆这段书院生涯时，曾写下了《过安定书院有感》和《寄戢山旧游》两首怀念之作。而对他短暂生活和多次经过的杭州，他也没有忘记，先后写下了这样的诗篇：

杭州

桥影条条压水悬，凤山门外带城偏。

一肩书剑残冬路，犹检寒衣索税钱。

湖上晚归

湿云鸦背重，野寺出新晴。

败叶存秋气，寒钟过雨声。

半檐群鸟入，深树一灯明。

猎猎西风劲，湖心月乍生。

写第一首的时间是乾隆十二年（1747）冬，蒋士铨过凤山门，见关卡扰民，感慨万千，写下此诗。凤山门是杭州十大古城门之一，有水陆两门，是古代杭州城的南大门。而第二首则写景，细腻生动，并借景抒情，表达了作者回家的喜悦心情。至于下面这首词，具体创作时间、地点已难以考证：

念奴娇（其十六）

才人为政，羡宦成、三十居然不朽。伍德（一作互听）参观，如善射、转侧皆能入彀。游戏奇情，循良小传，千里传人口。西清馀子，旁观且袖双手。

底事抛掷西湖，句留难过，展放林端牖。六代青山，横浅黛、都作袁家新妇。酒客清豪，名姬窈窕，小令歌红豆。香名艳福，几人兼此消受。

对于这首词，一般认为是写蒋士铨羡慕袁枚在杭州西湖的潇洒风流生活，但其中当另有寓意。

当然，蒋士铨对书院及教育之使命和文人士子之志向培养能有如此深刻的把握，既源自他内心对读书学习以求有益于国家民族这一真诚的愿望，更与其家世经历有关。至于其文学创作的主题和风格特色之形成，更是离不开家庭教育和青少年经历的影响。

二

"江右两名士，汝今为贰卿。是因敦实行，非特取虚声。"

上诗为乾隆所作，所赞颂的两位"名士"就是蒋士铨和彭元瑞。无论乾隆所言有多少夸张，在那时能得到皇上的亲口夸赞当然是莫大的荣誉。

彭元瑞（1731—1803），字掌仍（疑出自宋佛僧的"汉掌仍承露，秦貂未换裘"），一字辑五（当出自《史记·封禅书》中的"辑五瑞"），号芸楣（一作云楣），江西南昌人，清朝著名学者和文学家。他于乾隆二十二年（1757）考中进士，改庶吉士，授编修，后官至工部尚书、协办大学士。彭元瑞博学多识，纪昀为《四库全书》总纂官时，彭元瑞是十位副总裁之一。彭元瑞一生在京为官 40 余年，结交了一批良师益友。除他的老师董邦达、江西籍杨锡绂、引荐他的裘曰修，在江苏、浙江视学期间交善的袁枚、赵翼、朱珪、纪昀等官场同伴与同乡好友外，与蒋士铨更是有着深厚友谊。

这是因为蒋士铨与彭元瑞二人不仅为同乡，更同年中进士同官翰林，后授编修，充武英殿纂修官，基本都在共事。乾隆三十八年（1773），彭元瑞画秋花题扇相寄，蒋士铨作诗《彭芸楣少詹同年画秋花题扇相寄次韵奉酬五首》："当时寒山友拾得，同侍金仙香案侧。一卧沧江竟十年，笔花雕尽江淹色。"乾隆四十二年（1777）乾隆南巡，赐诗彭元瑞，称其与蒋士铨为"江右两名士"，等于是钦定了两人的好友兼名士身份。彭元瑞能够被乾隆钦定为"名士"，自然有过人之处。他督学浙江时，所有试卷皆自阅，书桌上置卷数百，令两个仆人分立左右，左展卷，右收卷，数息之间他即阅完，如此循环不息。仆人都已喊累，他仍从容不迫、优游自若也。乾隆丁酉典试浙江那次，得人最盛，盖因彭元瑞取文不拘一格，重在文采内容。试卷万余，遍加评语，虽寥寥数语却能切中作者之病，以致有虽落选而手奉落卷感泣者。据说有生卷评仅一字曰"庸"，因是发愤，尽变其习，终于次科高中。是科副主试茅耕亭阁学（元铭）出闱后，极为佩服彭元瑞，特意赠公联云：

> 闻士颂之，自吴于越；
> 读公文者，如韩欧阳。

且说乾隆四十八年（1783），本想报答皇恩再次出仕的蒋士铨，却因病辞官回到南昌，彭元瑞便在《补咏陶然亭同乡馆职宴集诗》作"西望商南南白下，雁行一半落江湖"之句，为好友的命运坎坷感叹不已。

纵观蒋士铨的一生，他主要不是作为教育家为世人所知，也不是作为诗人为后人铭记，而是作为一位杰出的戏剧家进入文学史，并至今获得人们的肯定和重视，对此我们在后面还会有较为详尽的解读。不过在介绍其文学成就之前，不妨先对其成长历程做一个简短的回顾，看看这位至死也有赤子之心的大学者和大文学家，是从怎样的家庭中成长起来的。

蒋士铨字心余，号清容居士，江西铅山人。乾隆二十二年（1757）进士，二十五年（1760）授编修，并充武英殿纂修官。后以母老乞家养亲，暂居金陵。乾隆三十一年（1766）至三十六年（1771）主绍兴蕺山书院，其间曾短暂出任崇文书院山长，三十七年（1772）至三十九年（1774）主扬州安定书院，四十年（1775）以母卒辞安定书院，此后未主讲任何书院。终其一生，蒋士铨的经历比较简单，除了一段不得志的仕宦生涯，就是以教师的身份往来于各个书院。而且，教师这一身份可能是他更喜欢也觉得更从容的。对此他也有自知之明，在未辞官时曾向其师金德瑛表白志向："某以穷士忝窃侍从，拙于仕宦，自揣宜教授于乡。"事实上，自孔夫子开始，历代文人尤其是那些退出官僚体系的文人，教书育人就是他们为自己准备的一条退路。一方面，可以获取酬劳以获得生活保障；另一方面，如果能够成为一代名师，"桃李满天下"，其成就可能也不亚于做官吧！

蒋士铨的祖上原本姓钱，原籍浙江长兴，后家族流落至江西铅山，其祖父成为一蒋姓名人嗣子，才改姓为蒋。蒋士铨出身于读书人家，父母均有文采，母亲还著有文集，名为《柴车倦游集》，这在那个时代并不多见。雍正三年（1725），蒋士铨诞生于江西铅山。父母虽都为读书人，家境却十分贫寒。蒋士铨自幼受母亲教导，4岁就开始读书认字，9岁即开始读《周易》《礼记》等，并随父母四处游历，眼界得以开阔。

虽然说蒋士铨的父亲是个秀才，但在清朝至少要是个举人才有可能进入官场。所以蒋士铨小时候虽然生活较为窘迫，但自幼受到的家庭教育却是极佳。在他4岁时，母亲就把竹篮子剪成碎条，用它们拼成一个个字教蒋士铨认字。当其他小孩子还在自由玩耍时，蒋士铨却蹲在地上，认着那些繁杂的方块字，而母亲就站在一旁，微笑着监督他。寒来暑往，秋去冬来，蒋家的庭院里总是这么一幅图景，即使是在生病的时候，蒋士铨的母亲也没有让他休息，而是抱着他在墙壁上挂着的唐诗间游晃，并教他吟诵。在这样的家教下，本就天赋异禀的蒋士铨学习进展神速，10岁时就已经通读了四书。22岁时蒋士铨回到铅山应童子试，被爱才如命的督学金德瑛选为第一名，并以"喧啾百鸟群，见此孤凤凰"之句赞扬他的才华出众。

但少年得意并不能保证蒋士铨的科举之路平坦，事实上他直到33岁才得中进士，此后在经历了三年散馆生涯后授翰林院编修，虽然是正七品，却是没有多少权力的闲职。在京任职期间，尽管他声誉日起，却因性格耿介，不愿流于世俗，官职也就不能升迁，对此他自嘲为"拙于仕宦"，好友袁枚也说他是"遇不可于意，虽权贵几微不能容"。官场的黑暗让蒋士铨感到失望，他逐渐萌生了隐退的想法。据《铅山县志》载："有某显宦欲罗致之，士铨意不屑，自以方枘入圆凿，恐不合，且得祸；钟太安人亦不乐俯仰黄尘中，遂奉以南旋。"

数年后，年已40岁的蒋士铨终于做出艰难的抉择，他退出官场，买舟南下。在南京与仰慕已久的袁枚为邻，终日以诗词唱和为乐。随后他先后执掌蕺山书院、崇文书院和安定书院，开始了他九年的从教生涯。这期间蒋士铨往来于江南的山山水水，也结交了袁枚等众多江南文化名人，不仅是他执教的重要阶段，也是他文学创作的重要阶段。然而，身为读书人，蒋士铨一直念念不忘建功立业、报效国家，在《五十初度漫成》诗中他这样表露自己的心迹："儿孙但解寻欢笑，宾客何曾见苦辛，五十行年一杯酒，暗中垂涕感兹辰。"这诗句表达的是他壮志未酬的遗憾，透露出的是他的家国情怀。

母亲去世后，蒋士铨奉母枢归故里，在南昌为自己建了一栋宅子——藏园，以安度晚年。一个"藏"字，显示出蒋士铨的退隐之心。据江西省博物馆刘小燕的文章介绍，藏园位于今天南昌市站前西路与绳金塔街交会处的东南面。建园之时占地20余亩，有楼亭、屋宇、廊庑等建筑约30间，园内的地面大都用铅山出产的卵石铺就。由于蒋士铨的精心经营，这藏园成了南昌民谣中的风景：弯弯曲曲的蒋家（蒋士铨），红红绿绿的裘家（裘曰修），莺歌燕舞的包家（包竺峰），铜墙铁壁的干家（干以廉）。藏园是蒋士铨晚年心灵休憩的地方，也是他诗意的源泉。尽管他晚年受痹病侵扰，半身不遂，但他依然诗兴未减，常常是手不释卷，不但写诗作文，还在书法上大有成绩，其因病而练成的反书更是别具一格，终于成就他一生的诗文大家的称号。就在蒋士铨打算闲居南昌安度晚年的时候，一个意外的消息又使他重新萌生出仕的欲望。乾隆四十二年（1777），乾隆南巡，屡次问及蒋士铨的境况，将他与彭元瑞并称"江右两名士"，蒋士铨闻讯，感激备至，"登车砺臣节，不敢说销魂"，第二次踏上入仕之路。然而，有报国之心无报国之身，水土不服与疾病缠身成为蒋士铨的心魔，国史馆纂修官的职位也让他大失所望："空许平生稷契身，何须斑管别金银。谁怜闲却经纶手，唤作雕虫篆刻人。"在京城五年后，他的健康状况已今非昔比，他请求皇帝准许他告老还乡。

乾隆四十九年（1784），蒋士铨回到南昌，次年春病故于藏园。对于他的去世，民间还有这样的传说：据说一次和珅寿辰，在朝文武大臣均有诗文寿仪献贺，蒋士铨却没有一点"表示"。不久和珅请蒋士铨到府中吃饭，很多朋友都劝蒋士铨不要去，他却毅然前往。结果那次吃完饭后蒋士铨便感到不舒服，后来就得了风痹，并最终因此病而逝。所以至今蒋士铨的后代还认为，蒋士铨患病是和珅在酒里投药所致。此说虽系传说，倒是从一个侧面说明蒋士铨的耿介个性和不甘同流合污的气节，其晚年归隐也就是必然。

作为乾隆时期著名的文学家，蒋士铨不仅诗、文、词俱佳，与袁枚、赵翼一起被誉为"乾隆三大家"，戏曲创作也取得了卓越的成就[1]，为乾嘉诗坛领袖之一。同时代人王昶论其诗为"当代之首"，李调元评其曲为"近时第一"，有"诗佛"之称的吴嵩梁则称蒋氏"集中序事诸作，以班马之才，行韩杜之法，沉郁顿挫，变化错综，有识有力，有声有光"。日本著名汉学家、中国文学戏剧研究家青木正儿在《中国近世戏曲史》中评价蒋士铨为"中国戏曲史上的殿军"。梁启超评价他为"中国词曲界之最豪者"。钱仲联说：蒋士铨以诗曲成就双双得到著名评论家的充分认识和最高评价，这在整个清文学史上恐怕是绝无仅有的一家。

在蒋士铨所有文学创作中，其戏曲成就公认最高，蒋氏现存

1　此部分写作参考了王春晓的《蒋士铨书院戏曲创作高潮形成的客观原因》，谨致谢意。原载《青岛大学师范学院学报》，2012 年第 3 期。

的 16 种戏曲中，共有 5 种作于乾隆三十年至乾隆四十年（1765—1775），也就是他 41 岁至 51 岁这段时间。有意思的是这也正是他先后主持绍兴蕺山书院、杭州崇文书院和扬州安定书院的时期。看来，蒋士铨剧作高潮的形成，不仅与他早年坎坷的遭际和南归之后的复杂思想及心态密切相关，也与他所处的江南地域文化环境有很深的渊源，更与书院这一文人骚客云集的地点有关——正是这些文人对戏曲作品的品评为蒋士铨的戏曲创作活动既增加了压力，也提供了动力。 同时，蒋士铨主持扬州安定书院之后，与当地盐商富贾江春等交往密切，其剧作《四弦秋》不仅是应江春之请而作，曲成之后更是多次由江春家班进行搬演。此外，他与江浙一带诸多戏剧名家的密切交往、相互切磋，也对其戏曲创作产生了深刻影响。至于江南秀丽的风光对其创作有多少影响，只要看其剧作中那些婉转优美的唱词即可。

蒋士铨的戏曲创作相对集中于三个时期——早年应试时期、中年执掌书院时期和晚年复仕时期，其中又以中年执掌书院时期作品质量最高也最受好评。这一时期的五种戏曲中，既有写社会现实的《桂林霜》，又有演白居易《琵琶行》诗意的《四弦秋》，既有纯粹虚构的《香祖楼》，讴歌仲文与李若兰的爱情，又有叙铁丐吴六奇与查培继之交谊的《雪中人》。而大名鼎鼎的《临川梦》不仅是蒋士铨向前辈大师汤显祖致敬的作品，而且浸透着蒋士铨浓烈的主观色彩，不仅剧中俞二姑、天王等都是蒋士铨的代言人，连汤显祖本人也是蒋士铨的自况，故有必要简单介绍一下《临川梦》。

《临川梦》根据汤显祖的生平事迹和娄江俞二姑仰慕汤显祖而以身殉情的传说写成。这两条线索一实一虚，巧妙地组织在一起，使得全剧具有现实主义与浪漫主义相结合的艺术特色。此剧重在表现"显祖志意激昂，风节遒劲，平生以天下为己任"（《玉茗先生传》）的人品，同时又精心塑造了一个汤显祖的红颜知己——俞二姑的形象。俞二姑年方十七，"娇艳聪明，多愁善病"，俨然《红楼梦》中的黛玉。她因读《牡丹亭》而仰慕汤显祖的才情，欲见而不能，最后只有抱恨而终。她临终时托养娘寄曲于汤显祖，死后其魂魄又拜访汤显祖，终于倾诉衷肠。而且，俞二姑对汤显祖的"情"是因仰慕后者的才华而非男女之恋，其情真挚感人，可以惊天地、泣鬼神。有人拿这女子的批语给汤显祖看，汤显祖非常感动，作两首五言绝句为悼。又民间传说内江一女子读《还魂记》而悦之，至西湖拜访汤显祖，愿为才子妇。汤以年老辞，女子竟投水而死。蒋士铨即以此为素材，创作此剧。

《临川梦》最为别致的构思是让"《四梦》中人"粉墨登场，现身说法，《邯郸记》里的卢生、《南柯记》里的淳于梦、《紫钗记》里的霍小玉等，和成了仙的俞二姑一道与汤显祖的梦魂会面，阐释《四梦》的旨奥："浮生梦太劳，写幽怀叹寂寥；痴人梦太胶，画凡情苦絮叨。锄奸击佞，词锋自豪；谈空说有，禅心自超。文章旨趣归忠孝。"这一巧妙构思深得后人称赏，清人梁廷枏说："其至离奇变幻者，莫如《临川梦》，竟使若士先生身入梦境，一与《四梦》中人一一相见，请君入瓮，想入非非，娓娓清言，犹余技也。"（《曲话》卷三）近人吴梅也称其"无中生有，达观一切"（《顾曲麈谈》卷下）。

这部剧作其实和书院还有关联，那就是蒋士铨在此剧中以两支曲子500余字的篇幅，概括了汤显祖在《贵生书院说》与《明复说》二文中所表达的"贵生""行仁"的"生生之旨"，同时借由汤显祖《与陆景邸》《答王澹生》等文章，总结了汤显祖的诗文观念。蒋士铨特意在剧中设置这样的场景，来突出汤显祖的经师身份，这一举动本身就显示出他虽身为剧作家，但仍不忘其另一个书院山长的身份。而且我们可以从毛效同所编的《汤显祖研究资料汇编》中了解到，汤显祖不仅在中进士之前有过相当长一段时间的塾师生涯，还曾先后创立过几所书院。据此可以认为，蒋士铨如此刻画汤显祖，显然和他自己在江浙一带的书院经历有关，也说明他一直关注着那时的教育事业。从整体看，蒋士铨作为剧作家被同时代人李调元称为乾隆年间第一曲家，固然是溢美之词，"然而他追步临川遗风，谨守吴江绳墨，且又融合诗词的清婉风致，在当时'案头之曲'日益走向末路中，其剧本尚不失为可读之作"[1]。

蒋士铨的词作也很有特色，其中以《贺新郎五十八首》较为有名，同一词牌居然作了 58 首，可见他对"贺新郎"这一词牌的偏爱。

今选其两首词如下：

贺新郎五十八首　其二十八

小榭园香雪。是诗人、是花是月，一般清绝。半亩玻璃浸疏影，掩映水中蟾魄。消受者、玉壶冰洁，不倩梅花为眷属。有弹筝、小婢箜篌妾。春意蚤、晕红颊。

一枝横竹声呜咽，算不比落梅风里，江城五月。谁焙鹅笙谁摩管，把栏干轻拍与。邓尉孤、山无涉忍，着清寒辞半臂爱，梅心定、不因人热。持此意、向花说。[2]

其中的"半亩玻璃浸疏影，掩映水中蟾魄"和"一枝横竹声呜咽，算不比落梅风里，江城五月"当为佳句。

念奴娇二十六首　其二十五

子虚乌有，问前生、后世我身何在？谁是主人，谁是客、空处向谁相贷？意蕊心香，云车风马，都是难酬债。偶然住脚，可知庵在身外。

一切庄列言诠，但增饶舌，转见胸中隘。画取团瓢，归梦里、梦醒思之无奈。知觉因缘，虚无起灭，甚矣诗人愦。还他一卷，先

1　中国科学院文学研究所、中国文学史编写组编写：《中国文学史（三）》，人民文学出版社，1979 年，第 1080 页。

2　本部分所引用蒋士铨作品除特别指出外，均引自蒋士铨著，邵海清校，李梦生笺：《忠雅堂集校笺》，上海古籍出版社，1993 年。

生无挂无碍。

该词上片以设问起首，所问颇有哲理，其实就是所谓的人类终极之问。下片开头却笔意一转，对上片所问斥为"饶舌"，其实是无奈之举，只有归因于"因缘"二字，显示出诗人对世俗人生既有眷恋又有看破的矛盾心理。整篇几乎都在说理，但不觉枯燥，反令人们读后起怅惘之情，不失为其诗词中的佳作。

蒋士铨一生多漂泊在外，故格外珍惜乡情、亲情，创作了很多感人至深的亲情词，其中有对母亲的眷念，也有对妻子的思念，《城头月·中秋雨》等六首词就是其亲情词中的佳品，此处选其一：

他乡见月犹凄楚，天气偏如许。一院虫音，一声更鼓，一阵黄昏雨。
孤灯照影无人语，默把中秋数。荏苒华年，更番离别，九载天涯度。

此词是蒋士铨第二次应试落第之后留在金德瑛幕中的一个中秋之夜所写，上片写词人客居他乡，因思乡之情感觉到秋意浓郁，环境清冷孤寂，所连用"一院、一声、一阵"有层层递进之效果。下片写诗人心里默数在他乡度过多少年华，"更番离别，九载天涯度"，不知不觉和亲人已分别九年，把游子在外思念家乡的情感抒发得淋漓尽致。又如下面这首：

城头月三首　其三
去年拜月深闺里，忆我风檐底。一片清辉，三条画烛，远盼泥金喜。
今年忆我愁千里，月上天如水。姑鬓成丝，儿肤胜雪，瘦影中间倚。

　　另外，如《贺新凉·廿八岁初度日感怀时客青州》中写他与母亲的深厚感情："转忆四龄初识字，指点真劳慈母。授经传、咿唔辛苦，母意孜孜儿欲卧，剪寒灯、掩泣心酸楚。教踧昕、丽谯鼓。"蒋士铨词中提到他4岁时母亲开始教他读书，平白如话的句子中表达了对母亲含辛茹苦养育的感激之情。他也深深地责怪自己："清宵定置高堂酒，料得杯当手。弱妇扶持，雏孙宛转，怎及儿将母，遥怜扶杖依南斗。"他在词中言明家中老母亲虽然有柔弱的妻子照顾扶持、有小孙子围绕在身边，但怎么能比得上儿子在身边侍奉？对母亲心中的愧疚展露无遗。

　　纵观蒋士铨诗词，其善于写景抒情，营造抒情氛围，并融哲理于其中，其境界多孤寂高远，颇得唐宋大家真髓。袁枚序蒋士铨诗词云："摇笔措意，横出锐入，凡境为之一空。"另一位同时代诗文大家潘德舆（1785—1839）在《论诗绝句》中亦评其诗词曰："稍喜清容（士铨）有风骨，飘流不尽作风花。"在清朝诗人中，蒋士铨的文学地位虽不如袁枚和赵翼，但一般文学史对其评价还是相当高的，如"他写诗学过唐人，也学过宋人，后来才'不依傍古人，而为我之诗矣'。这种先学后变的过程同他的创作主张是一致的。……蒋士铨的诗写来比较平直，功力不及袁、赵。在各体诗中，七古较好，有豪雄之势"[1]。在我看来，造成其诗风平直的原因多少与其执掌书院多年有关，因要指导诸生，故其创作就要兼顾通俗、通顺。

　　蒋士铨由于文名太盛，加上传世墨迹很少，其书法成就鲜有提及，《中国美术家人名辞典》就没有收入。但据《皇清书史》载："蒋士铨：字定甫，号苕生，一号心馀，又号清容。铅山人。乾隆二十二年进士，官编修。袁枚曰：'晚年虽病废，而神明不衰。左手作字，横斜入古。'"蒋士铨是乾隆翰林，旧时对读书人而言，

1　中国科学院文学研究所、中国文学史编写组编写：《中国文学史（三）》，人民文学出版社，1979年，第1069页。

书法即是功名的敲门砖，写不了一手好字是不可能科举中式的。彼时与蒋氏往来的文人如翁方纲、王文治、洪亮吉等均为乾嘉时代的书画大家，在蒋士铨《忠雅堂集》诗文中常见他们之间的唱和，其中论书画、题册题画诗的数量也不在少数。此外，传世著录的不少名帖上有蒋士铨的题跋，说明在乾隆时期蒋士铨已有书名，只是因其文名太盛，其书法成就反而被世人忽略。

其实从其现存书法作品中，已可见其功力非凡。《自书行楷诗卷》为其盛年书法代表作，颇有文人气。蒋士铨学过钟繇、黄庭坚、米芾诸家，故与其诗风一样清新俊逸。钱锺书《谈艺录》评："心馀（蒋士铨）近体偶有佳语，却都非山谷调。"虽为论诗，但论其书法也极恰当。又如《论李北海书》中堂，为蒋氏晚年所书。乾隆四十九年（1784），蒋士铨中风，始用左手写字。此件中堂从起笔及结字来看似为左手所作，且与中年书风不同，更显老到，即袁枚所谓"横斜入古"者，为典型文人书法。再如《与虚白先生诗轴》当为蒋氏盛年字，布局严谨，雍容大方，真正是文如其人、字如其人，于平淡中显示其内在气韵，耐人寻味。

总之，综观蒋士铨存世不多的书法作品，可见其书法成就，虽然不如其戏曲、诗词，也足以见一家之长。

三

在文学史上，蒋士铨与袁枚、赵翼合称"江右三大家"，他们三人不仅是亲密好友，且都和书院有或多或少的关系。蒋士铨和赵翼都有任书院山长的经历，而袁枚也曾入杭州敷文书院学习，并写有《书院议》这样谈论书院与国家教育制度关系的文章。

书院议

民之秀者，已升之学矣。民之尤秀者，又升之书院。升之学者，岁有饩，升之书院者，月有饩，此育才者，甚盛意也。

然士贫者多，富者少，于是求名赊而谋食殷，上之人探其然也，则又挟区区之禀，假以震动黜陟之，而自谓能教士，噫？过矣！

夫儒者，首先义利之辨，今疚之，以至微之利，而惕之以至苛之法，其谋入焉者，半苟贱不廉者也，苟贱不廉之人，养之、教之何所用之？

夫养士与养兵不同，兵非民之秀者也。然今养兵者，习骑射击刺，不过月有考、岁有稽而已，固未尝阑其出入，禁其居处也。教士者加苛焉，是视士不如兵也。然则书院宜如何？曰：民之秀者，已升之学矣，民之尤秀者，升之书院，民之尤秀者，一郡中不数人。吾宁浮取之以备教，则亦不过郡二三十人而已。以饩数百人之费，饩二三十人，既可赡其家，绝其旁骛，而此二三十人者，师师友友，弦歌先王之道以自乐，则又安得有害之马，佹张佹险于其间耶？

为之师者，无多弟子博习相亲，以故愤易启，悱易发，经义易传，治事易治，国家他日用人，舍书院其焉取之。《中庸》曰：忠信重禄，所以劝士。孟子曰：尧舜之仁而不遍爱，急亲贤也。即此意也。

汉州郡贡士，户二十万以上才举一孝廉。以京师之大，而太常弟子不过五十人，以吴公之贤、洛阳之盛，而所举秀才，仅贾谊一人。其慎重何如？

然则彼之旧隶书院，而藉以养者，将汰之欤？曰：养士与养孤寡不同，彼哀其终而收之，此谨其始而择之也。而云何不汰也？然则何以知其尤秀者而择之，曰：取人以身，择士者秀，则所择者亦秀，所谓规有摹，而水有波也。

嗟乎！今之宽于养士者，既视之如无告之穷民，而严焉者又视之出兵以下，且不知己先求知人，此予之所以叹也。不然，书院在在有也，而不闻受其益者，何也？

可以把此文与蒋士铨的《杭州崇文书院训士七则》对照来看，他们两人的教育理念其实有不少相近甚至相通之处。

世上人与人的相遇和相知往往有偶然性，说到蒋士铨和袁枚的相识，其实很有传奇色彩。袁枚（1716—1798），字子才，号简斋，自号随园主人，晚年有感满头白发而又称"袁丝"。今人把迷恋某位名人之人称为"粉丝"，是英文fans的音译，而袁枚当年自称为"袁丝"，其聪明狡狯当过于今人。袁枚是清朝著名的诗人、散文家、文学批评家，也是有名的美食家。袁枚原籍浙江慈溪，2岁迁居钱塘。他出身于书香门第，"幼有异禀"，7岁入塾攻读《论语》《大学》等书，9岁游杭州吴山时作五律诗，有"眼前三两级，足下万千家"之句，小小年纪就出手不凡。12岁中秀才，18岁时得浙江总督程元章赏识，被送入杭州敷文书院。乾隆三年（1738），袁枚考中举人，次年通过殿试名列第五，并被选为翰林院庶吉士。乾隆七年（1742），袁枚外放为江南地区的知县，先后在溧水、江浦、沭阳和江宁等县任职，政绩斐然。这一阶段，算是袁枚一生中春风得意的时期。但袁枚深受家庭影响，又是一位性情中人，他自述"好味、好色、好葺屋，好游、好友、好花竹泉石，好珪璋彝尊、名人字画，又好书"，所以他始终不能习惯官场，而向往隐居生活。乾隆十四年（1749），袁枚辞官隐居于南京小仓山随园，世称"随园先生"。

袁枚辞官回乡后，虽然开始享受恬淡平静的隐居生活，但他毕竟才人到中年，想到此后就再无可能建功立业，总有些怅然若失，多少耐不住寂寞的袁枚自然常常外出散心。一天，他来到扬州的宏济寺，那天烧香拜佛的人特别多，袁枚有意避开人群向后院走去。突然他发现佛寺的墙壁上有文字，走过去看发现是几首题壁诗。诗云："随着钟声入梵宫，凭谁一喝耳双聋。桫椤不解无言旨，辜负拈花一笑中。""山水争留文字缘，脚跟犹带九州烟。现身莫问三生事，我到人间廿四年。"末署"苕生"二字。袁枚读后感觉诗很有味道，但不知作者是谁。他把诗抄了下来，四处打探作者，不料多年后竟然还未找到。后来袁枚偶尔向友人熊涤斋提及此事，后者为江西人，遂告诉袁枚此诗的作者是江西才子蒋士铨，并答应为他们牵线搭桥。蒋士铨得知此事后非常感动，随即给袁枚写诗致意，两人从此订交。蒋士铨的诗为一绝句：

> 鸿爪春泥迹偶存，三生文字系精魂。
> 神交岂但同倾盖，知己从来胜感恩。

但此时距他们的初次见面竟然还有很多年——直到蒋士铨辞官到了金陵，他们才第一次见面，但一见即知对方会是一生好友。对此蒋士铨事后写道："袁子才因壁诗访予十年，始知姓氏里居，又十年，乃订交白下。"此事及蒋士铨感谢诗后被袁枚收入《随园诗话》卷一，他们借题壁诗相交一事从此成为文坛佳话。

因为袁枚也住在金陵，所以蒋士铨在金陵期间有很多机会和袁枚相聚，两人一起饮酒聚会，以诗词唱和，蒋士铨此时的诗文有《偕袁简斋前辈游栖霞十五首》《偕袁简斋前辈登清凉山》《题随园雅集图》等等。乾隆四十年（1775），蒋士铨送母亲灵柩返回故里，此后十年两人再无相见，只能通过诗文相互表达关心和思念。因为袁枚比蒋士铨大9岁，因此蒋士铨总是视袁枚为前辈，他在《答随园先生二书》中就充分表达了对袁枚的仰慕之情，认为袁枚文学才能"非寻常生一才人可比"，对袁枚在诗坛的盟主地位推崇备至，誉其为"四五百年来第一作手"。

此外，蒋士铨赞美袁枚的诗词中较为重要的还有《读随园诗题辞》和《读随园文题辞》等，原诗较长，其中估计令袁枚开心者当为下面几句：

> 我读随园诗，古多作者我不知。古今只此笔数枝，怪哉公以一手持。
> ……
> 我读随园文，太史之官徒纷纷。四百年来作者存，屈指中郎多

虎贲。

看来蒋士铨对袁枚诗文是真心佩服，尽管所言多少有些夸张。

好友如此夸奖，袁枚高兴之余，也会把蒋士铨有关诗词收藏起来，在《随园诗话》中就录有蒋士铨写给自己的四首词：

心馀未入翰林时，彼此相慕未见，寄长调四首来。其《贺新凉》云："记向秦淮水，问何人、小楼吹笛。劝人愁死，雨皱岚皱多偃蹇，我与蒋山相似。白下柳、又添憔悴。却到江山奇绝处，遇双鬟、都唱袁才子。情至者，竟如此！罗衫团扇传名字，比风流、淮南书记，苏州刺史。常听东华故人说，肠断江南花底。何苦较、天都人世。楼阁虚无平等看，谪尘寰、终是神仙耳。花落恨，莫提起。"《百字令》云："才人为政，美宦成、三十居然不朽。互听参观如善射，转侧皆能入彀。游戏奇情，循良小传，千里传人口。西清余子，旁观且袖双手。底事抛掷西湖，勾留南国，展放林端牖？六代青山横浅黛，都做袁家新妇。酒客清豪，名姬窈窕，小令歌红豆。香名艳福，几人兼此消受。"《梦芙蓉》云："忽拜鱼书贶，有十分思忆，十分惆怅。不曾相识，相识如何样。泛词源春涨，十队飞仙旗仗。情至文生，纵编珠组绣，排比亦清旷。眼底金刚纷变相，问谁能寂坐莲幢上？低首前贤，焉敢角瑜、亮？几人怜跌宕，难觅酒楼歌舫。一卷新词，待求君按节，分遣小红唱。"《迈陂塘》云："拣乡山、绝无佳处，躬耕又乏南亩。尘容俗状真难耐，待觅灌夫行酒。寻犀首。奈泪洒黄垆，渐失论文友。小人有母，但北望京华，徘徊小院，寂寞倚南斗。食肉者、俊物粗才都有。半是望秋蒲柳。东涂西抹年华改，说甚色丝斋白。牛马走、约丁字帘前，共剪春盘韭。故人归否？唱'山抹微云'，'大江东去'，准备捉秦九。"

蒋士铨如此不吝言辞称赞袁枚，并把袁枚视为前辈，那么袁枚又是如何评价蒋士铨及其作品的呢？

据史籍记载，两人首次见面是在金陵，时间当为乾隆二十九年（1764）蒋士铨到南京不久。对于这首次相会，蒋士铨当场写有《喜晤袁简斋前辈即次见怀旧韵》二首，其中有"未见相怜已十分，江山题遍始逢君"这样表达喜悦的诗句。初次相会不久，总督尹继善又设宴特邀袁枚、蒋士铨等人，并命众人各赋一诗。而袁枚虽然即席赋诗，却在《随园诗话》中说自己读蒋诗后"知难而退"，显然是在突出蒋士铨之才华过人，虽然是自谦之词，却是真诚表达了对蒋士铨的赞赏。在为蒋士铨诗集所写序中，袁枚更是不吝赞美之词："其摇笔措意，横出锐入，凡境为之一空。如神狮怒蹲，百兽慑伏；如长剑倚天，星辰乱飞；铁厚一寸，射而洞之；华岳万仞，驱而行之。"

乾隆三十一年（1766），蒋士铨应浙江巡抚熊守鹏之邀赴绍兴任蕺山书院山长，袁枚即作《相留行，为苕生作》长诗加以挽留：

金陵城，六十里，容不住一个苕生子。苕生疏俊人，一纵如脱鞲。众人欲留之，箧篨为口柔，我乃下笔不能休。皇帝甲戌年，我游扬州惠因祠。壁上诗数行，烟墨蒙灰丝。扫尘读罢踊三百，喜与此人生同时。尾书"苕生"二字已剥蚀，其他姓氏爵里难考如残碑。袖诗走出广问讯，唇干舌燥无人知。……方恨不能构屋共君居，凿壁窥公状。徒看君乘山阴舟，一年一别心惆怅。胡为乎不恋此间乐，忽作西归想？……以此留苕生，苕生行不行？

诗中表达出的对蒋士铨依依不舍之情，真挚感人。

乾隆四十九年（1784），袁枚应在广东端州任太守的从弟袁树的邀请到岭南一游，途径南昌，自然要去看望蒋士铨。此时的蒋士铨早已辞官归隐，且身体半瘫，故袁枚印象深刻，不止一次提及此次老友相聚事。如在《蒋心馀藏园诗序》中说："去岁余游匡庐，过君家，君半枯体矣；闻余至蹶然起，力疾遮留，手佝佝然授，口吃吃然托曰：'《藏园诗》非先生序不可。'"字里行间流露出对蒋士铨的关切之情。后袁枚在《蒋苕生太史病废家居，因余到后力疾追陪作平原十日之饮，临别赠歌》中有更感人的描述：

> 忽然我到君惊疑，如以仙药投肝脾。
> 登时起坐喜不支，张望神气开须眉。
> 词锋滚滚同平时，笺妖语怪谈神祇。
> 口所蹇涩笔代挢，右手偏废左手持。
> ……

孔子云"有朋自远方来，不亦乐乎"，蒋士铨和袁枚的此次相见不正是对此句最好的诠释吗？

次年春，蒋士铨病逝于南昌，消息传到袁枚处，他深感悲伤，随即赋诗哀悼：

> 君家花里别君时，君起看花力不支。
> 一恸自知无见理，九原还望有交期。
> 应刘病逝空存我，李杜齐名更数谁。
> 教作藏园诗稿序，已成未寄倍凄其。

袁枚为其未能在蒋士铨生前把自己所写的序言寄给他感到遗憾，并终于在次年根据蒋士铨的遗愿，为其撰写了墓志铭，其中有"吁嗟蒋君毋乃是，平生著述千万纸。有如月照西江水，万古晖晖光不已。胜我才华输我齿，贪我作铭先我死，我敢无言报知己"这样真挚感人之语，足见他们的友谊深厚和伟大。

人生有友如此，夫复何求？

四

此外，蒋士铨和性灵派的另一位代表人物赵翼也有密切交往。赵翼 (1727—1814)，字云崧，一字耘崧，号瓯北，江苏阳湖人。乾隆二十六年 (1761) 进士，授翰林院编修。曾任镇安、广州知府等。乾隆三十八年（1773）辞官返家，曾一度主讲扬州安定书院。赵翼是清初著名诗人，一生创作了 5000 多首诗歌，与袁枚、蒋士铨合称"江右三大家"，排列次序一般是"袁蒋赵"，但一般认为他的诗强于蒋而弱于袁，但某些方面似比袁还略胜一筹。赵翼论诗著作有《瓯北诗话》等，史学著作有《廿二史札记》《陔余丛考》等。其中《廿二史札记》与王鸣盛《十七史商榷》、钱大昕《二十二史考异》合称清代三大史学名著。他论诗与袁枚接近，也重"性灵"，反对明朝前后七子的复古倾向，也不满王士禛、沈德潜的"神韵说"与"格调说"。他说："力欲争上游，性灵乃其要。"所著《瓯北诗话》，系统地评论李白、杜甫、韩愈、白居易、苏轼、陆游、元好问、高启、吴伟业、查慎行等十家诗，他重视诗家的创新，立论比较全面、允当。

乾隆四十九年（1784），赵翼应两淮盐使全公德之邀，辞官任安定书院主讲席。与蒋士铨一样，赵翼主讲书院时对教学极为认真。因为他"高才博物，既历清要，通达朝章国典，尤邃于史学"，在书院讲学时总是"高馆论文移座满"，深受学生欢迎。乾隆五十三年（1788），他再次主安定书院时已过花甲之年，依然坚持"立身行事坚守节操，忧国忧民志存高远，尚实求真通经致用，治学创作追求创新"。他曾在诗中自述："重到扬州设绛幨，论文又作数年淹。蝇头细字宵燃烛，麈尘清谈昼下帘。"赵翼注重师德，身教重于言教，教学之余完成了《陔余丛考》共 43 卷。有人问赵翼为何如此辛劳，他说唯愿诸生"他年为我增荣处，蕊榜联翩玉笋班"。

赵翼对门下弟子极为关心，他的学生张思曼就是在其鼓励下，"锻炼不惜锤千钧"，终于成才，后来也执掌安定书院，师生之交

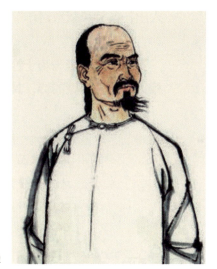

◎ 赵翼像

成为一时佳话。赵翼对这位得意弟子十分欣赏，曾赠诗曰：

> 我来扬州罢谈麈，绛纱弟子殊佌佌。
> 就中最赏张思曼，七言韵语尤清新。

教书育人，愿桃李满天下，看来是所有优秀教师的心愿和希望。

赵翼存诗4800多首，以五言古诗最有特色。他的诗语言浅近流畅，善于寓议论于抒情，但有时议论过多，以致略显干涩。较有影响的是《论诗》之二：

> 李杜诗篇万口传，至今已觉不新鲜。
> 江山代有才人出，各领风骚数百年。

赵翼论诗提倡创新，认为每个时代都有自己的代表人物和文学风格。他以李白与杜甫为例，指出即使是李、杜这样的大诗人，他们的作品流传千年后，也已不再给人以新鲜感。其中"江山代有才人出，各领风骚数百年"是广为传诵的名句。

在介绍赵翼与蒋士铨的交往之前，不妨先看赵翼写的其与袁枚相见及有关西湖的诗，其夹叙夹议之特点显露无遗：

西湖晤袁子才喜赠

不曾识面早相知，良会真诚意外奇。
才可必传能有几，老犹得见未嫌迟。
苏堤二月如春水，杜牧三生鬓有丝。
一个西湖一才子，此来端不枉游资。

西湖杂诗(六首选一)

一抔总为断肠留，芳草年年碧似油。
苏小坟连岳王墓，英雄儿女各千秋。

说到与赵翼交往事，蒋士铨在《赵云松观察诗集序》中云："余君相识在甲戌会试风檐中，已而同官中书，先后入词馆，九衢人海，车马喧闹。吾两人时复破屋一灯，残更相对，都无通塞升沉之想，仅握另十余年。"此序所陈述的是蒋士铨与赵翼在乾隆十九年（1754）入京会试时订交之事："春三月，入礼闱考试，于闱中认赵翼，与订交。"而赵翼对此的回忆和蒋士铨几乎异曲同工："忆昨初订交，中书制草拟。暇辄相过从，流连日移晷。寻春同队鱼，骂座触邪廌。"乾隆二十二年（1757），两人同时授官内阁中书，然后同入翰林院当编修，又同住一屋，可谓有缘。两人性格相合且都才华出众，蒋士铨是"豪气盖世"，赵翼是"直气抗令仆，狂名压金紫"，故他们很快成为至交，过从甚密，无话不谈："剧谈声轰然，雅谑笑莞尔。论文颇剪烛，角句相拥被。"不仅如此，连他们的家眷也彼此成为闺中密友："馈遗若亲串，婉娈俨娣姒。年家来往频，熟识到仆婢。"双方连对方的奴婢都十分熟悉，可见其亲密程度。

他们之间相互了解的程度之深甚至超过袁枚与蒋士铨，如对于乾隆二十九年（1764）蒋士铨辞官南下事，其原因究竟为何，众说纷纭。《清史稿·文苑二·蒋士铨传》说是"乞病归"，袁枚则认为是"乞假养母"，只有赵翼指出蒋士铨辞官的真正原因是他为人豪爽，"以古贤者自励，急人之难如不及"。原来，赵翼知道蒋士铨早在青年时就疾恶如仇，多有行侠仗义之事。当年他应召编纂《南昌府志》，一方面，搜集史料是公认的难题，另一方面，能够入史也是很多人的梦想，故常有人买通编纂者以换取入史资格，由此也滋生了官吏借此向有关人员索取钱财的乱象。蒋士铨为此想到一个对策，就是四处张贴告示，公布入选的资格和条件，由此那些真正值得入选者的后人纷纷主动携带先人著述和事迹材料来应召，就杜绝了官吏借此敛财的可能。赵翼还知道蒋士铨曾经为一位因坚持原则而遭到打击报复的官员申冤平反之事，也知道他平日古道热肠，常常帮助贫困人家，即便是素不相识的人也不例外。如此，蒋士铨必然招致一些官员妒忌。加之他才华出众，更为招人猜忌，意欲除之而后快。蒋士铨对此也很清楚，知道很难再在官场立足，就决意辞官南下。对此，赵翼在《送蒋心余编修南归》中评其为："敏捷诗如马脱衔，才高翻致谤难缄。"可谓知己之言，赵翼还在此句后加一自注：有间之于掌院者。[1] 对此还有一个旁证，同治《铅山县志》卷十五《人物·儒林传》中有相关记载："士铨名震京师，名公卿争以识名为快。有显宦某欲罗致之，士铨意不屑，自以方枘入圆凿，恐不合，且得祸。钟太安人亦不乐俯仰黄尘中，遂奉以南旋。"看来赵翼确实为理解蒋士铨思想性格者，故能对其辞官南下原因做出最正确合理的阐释。

两人虽然分开，但仍保持联系。如乾隆三十五年（1770）两人就有唱和诗，蒋士铨寄给赵翼的诗云：

---

1 赵翼：《瓯北集》卷一，上海古籍出版社，1997 年。

坐对论文灯，眠共吟诗被。

谈玄交箭锋，说鬼驱郁垒。

洋洋同队鱼，斯乐可忘死。

平生匝月中，万事无过此。

也只有对真正的知己，才能吟出"洋洋同队鱼，斯乐可忘死"这样的诗句。"同队鱼"是典故，出自曹植诗"昔为同池鱼，今为商与参"，意思是好朋友、好伴侣，如韩愈《符读书城南》中"少长聚嬉戏，不殊同队鱼"即此意。

此外，赵翼尚有更进一步者，窃以为这方面他比蒋士铨想得更深、更远也更客观全面。赵翼认为蒋士铨能够疾恶如仇、在官场上不随波逐流，都是高尚之举，值得赞美。然而，如果因此放弃了全家的衣食来源，最后弄得只能投奔他人门下，最终还是不能挺起脊梁来的。因此他建议蒋士铨"书生命本薄，做事须自量"，应谨慎从事，不要意气用事。遗憾的是，蒋士铨没有听从赵翼的劝解，还是毅然辞官南下。后来的事其实都被赵翼不幸言中，蒋士铨本想定居金陵，因为金陵有两江总督尹继善，此人曾答应他任钟山书院山长，结果蒋士铨到了金陵，尹继善却被召入京，任山长之事自然就没有了下文，蒋士铨在经济上一下就陷入了窘境。事实上，蒋士铨直到晚年，家境一直比较窘迫，常靠赵翼等老友接济。在蒋士铨任蕺山书院山长期间，其实他在经济上已经是有保障，但时任广州知府的赵翼还是赠其银两，且从未在诗中提及。倒是蒋士铨写诗表示感谢："寄我双南金，附以书一纸。十诗话行藏，两什诉悲喜。"有赵翼这样的患难知己，蒋士铨是幸运的。

作为读书人，何时该清高、宁折不弯，何时要忍辱负重，也是一个艰难的选择。赵翼、袁枚和蒋士铨所选择的不同道路，也许对后人有所启示吧。

总之，蒋士铨、袁枚和赵翼三人，不愧为那个时代文人的杰出代表。其中无论袁枚在私德方面有多少不堪，但其文学成就被公认为三人中最杰出者，事实上，无论是蒋士铨还是赵翼以及其他同时代人，都多少受到袁枚的影响，也因此章培恒在《中国文学史》里说："乾隆时代与袁枚并称江右三大家的蒋士铨、赵翼，以及郑燮等人都与袁枚有交往，并多少受到他的影响。"但如果说到在书院教育方面的成就，则无疑蒋士铨最佳，仅仅其所撰写的《杭州崇文书院训士七则》就足以使其进入中国教育史，并留下具有独特价值的一页。

"好雨知时节，润物细无声"的薛时雨

一

薛时雨（1818—1885），字慰农，一字澍生，晚号桑根老农，这"时雨"之名，当出自杜甫诗句"好雨知时节，当春乃发生"。他是安徽全椒人，清咸丰三年（1853）进士，先授嘉兴知县，后官至杭州知府，兼督粮道，代行布政、按察两司事。曾入曾国藩、李鸿章幕府，与其交往密切。薛时雨诗文俱佳，作品有《藤香馆诗删》《词删》等，此外他还是著名书画家。他因不满官场黑暗，愤而辞官，后受聘主讲杭州崇文书院及江宁尊经书院、惜阴书院等，在江浙一带甚有声望，门生众多。

薛时雨自幼学习就出类拔萃，9 岁即能作诗且多有佳句，23 岁考中举人。此后为了侍奉多病的母亲，四度放弃进士考试的机会，对此他曾写诗记叙此事，虽流露出遗憾之意，但重在抒发其淡泊名利之心，而且明言自幼如此，当与其家庭影响有关：

> 少小甘贫贱，不羞短后衣。
> 乡居三十年，悠然吟采薇。
> 蓬荜罗生徒，舌耕疗我饥。
> 花木有供奉，林泉无是非。
> 四度负春风（乙巳丁未庚戌壬子，俱未应礼部试），愿言守荆扉。[1]
> ……

---

[1] 薛时雨：《藤香馆诗钞》卷一，清同治刻本。

直到咸丰三年（1853），薛时雨与其仲兄薛春黎同年考进士竟双双中榜，算是了其心愿。不过，科举的顺利并不能掩盖薛时雨经历的坎坷，他4岁因患天花几乎夭折，之后15岁即丧父，其学习只好由母亲监督。而母亲常年患病，致使薛时雨无法参加科举考试，只能在家乡以教书为生，家境窘迫。幸运的是这些坎坷经历没有压垮他，反而让他形成同情底层疾苦、敢于和社会黑暗势力斗争的品格。如此薛时雨一旦有机会，就会利用手中权力造福百姓。

据顾云（1845—1906，字子鹏，号石公，江苏上元人，薛时雨弟子，后曾馆于薛庐）《桑根先生行状》记载，咸丰五年（1855）冬，薛时雨被任命为嘉兴知县，也就是常说的"七品芝麻官"。不过薛时雨不嫌官小，而是立志要做一名百姓欢迎的清官，为此他在《奉檄赴嘉兴新任述怀》诗中表达了自己的愿望：

> 读书三十年，足不出里党。
> 混迹蚩氓中，熙熙同击壤。
> 士试为大夫，驰驱历尘鞅。
> 荣利非本怀，此心终怏怏。
> 不愿拥双驺，但期著五绔
> ……
> 国家设牧令，本以资教养，
> 屈己顺人情，势将淆直枉。
> 催科富金钱，与我无铢两。
> 矫激非清廉，混同亦鲁莽。
> 寸衷自权度，旁观暗抚掌。
> 掉头去勿顾，片帆乘月上。

也许上天要考验薛时雨是否可以做一个好官，就在他到任的第二年即咸丰六年（1856），嘉兴大旱，致使稻田干裂，几乎颗粒无收。当地百姓因无粮缴税，纷纷到官府请愿。薛时雨一方面接待灾民，倾听他们的诉求，另一方面决心下乡了解灾情。为此他摒弃随从，着"宽袍"布服，下乡调查灾情严重程度。对于此次旱灾的严重性和底层百姓的疾苦及反抗，薛时雨在《踏灾行》中有具体的描述：

> 乡民汹汹莽且鲁，走向公庭诉疾苦。
> 万口嘈杂不成声，手持枯苗泪如雨。
> 长官鸣鼓急升堂，灾状一一亲端详。
> 疾苦岂待尔民诉？长官旦夕心彷徨。[1]
> ……

旱灾的严重程度让薛时雨大为震惊，他知道在这样严重的灾情下，百姓根本就没有办法再向官府上交粮食。于是薛时雨向知府如实通报旱情，要求停征。但知府根本不听，反而发来催缴公文。薛时雨即亲自击鼓升堂，下令本县一律停征赋税。显而易见，这样做肯定要得罪知府，但薛时雨为了嘉兴的百姓，决心已定，他说"我一人做事一人当，回家的包袱我已收拾好了"。果然，此后不久薛时雨即被罢官。嘉兴的百姓得知此事后，纷纷挥泪相送，从此，"清官者，首推薛嘉兴"这句话传遍江南。

薛时雨为百姓敢于抗上一事，不仅获得百姓敬仰，也在士人阶层赢得崇高威望。江浙一带名士 40 余人为此题诗属文，后成《薛慰农鸳水践行》一册，其中多有诗文褒赞薛时雨因旱灾免征百姓税赋而被罢官之事。众人把薛时雨与苏东坡、白居易相提并论，不仅因为三人同为杭守，都疏浚过西湖，而且这三人都不趋炎附势，敢于仗义执言，一心为百姓谋利。其中薛时雨的同乡张保衡（号任庵）所写《践行诗四首》就收入《薛慰农鸳水践行》，其"诗一"云：

> 斗筲何足算，当世居大半。古称慈惠师，翻置秩闲散。
> 世路多荆榛，民生忍涂炭。坐言者迟行，夫岂难匡替。

---

1 薛时雨：《踏灾行》，《藤香馆诗钞》卷一，清同治刻本。

相习已成风，大局谁更换。致使因一官，辄令奈何唤。
不作趋有司，徒然仰屋叹。岂其莫以告，抽薪难执爨。
儒生越俎谋，一重考公案。悲愤属空谭，兴言聊扼腕。

当然，薛时雨的仕宦生涯并未结束。咸丰六年（1856），薛时雨又任嘉善知县，同样博得民众拥戴。而嘉善当地百姓得知薛时雨将到任，纷纷奔走相告，为有一位好官而庆幸："民习嘉兴之政，相庆得贤令。"而薛时雨也不负众望，到任后悉心执政，"十余年积案，冗不可理，数月悉清厘"，很多冤假错案得以昭雪，民众皆拍手称快。

三年后他离职赴吏部，在归途中，薛时雨得知杭州为太平军所攻占的消息，只好暂往南昌。就在这期间，他曾拜谒曾国藩，共同商讨伐太平军一事。据后人为其所撰《墓志铭》叙述：咸丰十一年（1861）"渡彭蠡，谒曾文正公于安庆，慷慨论兵事"。 薛时雨极为敬慕曾国藩，曾在《和曾揆帅克复七城四隘诗原韵四首》中赞曰："风声鹤唳王师壮，淝水功名史乘光。"曾国藩去世后，薛时雨痛惜不止。同治十二年（1873），他在南京时写有《题曾文正公遗像》诗，表达对曾国藩的敬仰之情：

盖代勋名旷世才，披公遗像重徘徊。
神龙变化云莫逐，大树飘零鹤渐猜。
如此江山虚胜赏，可怜花月咽余哀。
因缘我尚连香火，亲见遗民痛哭来（文正公祠建立书院侧）。

此诗评价曾国藩平定乱局，有盖世之功，算是对曾国藩的盖棺论定。

之后他还曾到上海，入李鸿章幕府，颇受李鸿章器重，称他"甚哉子房之多志也"。同治三年（1864），他又为左宗棠推荐，任杭州知府——"同治中兴"时期的三大重臣，竟然都颇为欣赏薛时雨，足见他品格高尚、才智过人：

同治二年"时合肥李相国（李鸿章）方在帷幄，已而统援师至上海，疏请先生入军。文正久统湘军，相国新立淮军，两军将帅壁垒相望。先生通怀来佐机要，师以大和。官军旋克嘉兴府城，檄署知府，未上。官浙抚部院。湘阴左公疏授杭州知府，先生于是去军府，至治所，为同治三年也"。

薛时雨到杭州上任时，因为官清廉，故衣着行李均简单朴素，甚至遭到守关官员的嘲笑，薛时雨也忍不住作诗自嘲：

初抵杭城即事二首
扬帆度新关，关吏睨而笑。
是真穷措大[1]，破袄裹诗料。
……

薛时雨看到刚刚经历战乱的杭州城内一片狼藉，百业凋敝，心急如焚，立刻展开恢复工作。好在左宗棠对薛时雨非常信任，授予他"可以先行决断，然后再报告"的职权。薛时雨随即开仓赈济灾民，同时鼓励百业复兴，迅速恢复经济。与此同时，他疏浚西湖，修葺岳庙，并非常重视教育，重建失修校舍并开设东城讲舍：

东城讲舍在菜市桥西，旧为孝义庵址，俗名沈庵，燹后屋宇犹存。同治四年，知府薛时雨因改为东城讲舍，邑人丁丙董其役。学舍庖湢悉备，又以西偏余屋作为赁肆，以资支销。课期章程均照各书院例，朔课杭州府知府暨仁和钱塘两县命题，轮课、望课由山长命题，经艺外兼课训诂词章杂文。[2]

1　"穷措大"比喻贫穷的读书人。
2　李榕等：《杭州府志》卷十六，民国十一年本。

此外，其他几所书院也在他的主持或关照下一一恢复，据顾云《桑根先生行状》中云：

> 会城新复，一切棼如，无端绪可理。于是抑强暴，抚流亡，先之以振兴文教。创东城讲舍，庇其人士。向之诂经精舍，敷文、崇文、紫阳三书院，亦以次复。

经过一段时间的整治，杭州逐步恢复了生产，百业开始兴旺，可见薛时雨不仅是一位清官，也是一位善于管理城市的好官，诚如他为府署暖阁题写对联所言：

> 为政戒贪，贪利贪，贪名亦贪，勿务声华忘政本；
> 养廉唯俭，俭己俭，俭人非俭，还从宽大葆廉隅。

戒贪养廉、务实节俭、绝不好大喜功是薛时雨的为官追求，他是这样说的，也是这样做的。当时的科场舞弊情况十分严重，薛时雨曾经"两充浙闱同考官"，亲朋故旧因此少不了要让他照顾，传说为此他特意写了两联，以明心志：

> 受一文分外钱，远报儿孙近报身；
> 做半点亏心事，幽有鬼神明有天。
>
> 铁面无私，凡涉科场，亲戚年家须谅我；
> 镜心普照，但凭文字，平奇浓淡不冤渠。

薛时雨无论在何处任职，都力求公平公正，都力求多为百姓做点实事，故深得百姓拥戴，但与此同时，也必然遭受同事的嫉妒甚至诋毁，他慢慢也有些心灰意冷。正在这时候，他的仲兄薛春黎前往江西主考乡试时在试院暴病身亡，而致死原因有些神秘，是否和有人试图作弊有关，已不可考。薛时雨为此被急调江西改任乡试提调官。但此事对其刺激很大，让他萌生了辞职归隐的念头。在同治四年（1865）秋，年仅 48 岁的薛时雨看透了官场腐败，决意托病辞官归隐。不过在杭州多年，薛时雨对杭州、对杭州民众已经有了深厚的感情：

> 杭人颇德我，寒暑无怨咨。
> 我亦眷杭人，忧乐与共之。
> 政成遽挂冠，心苦难为词。
> 缙绅或见谅，父老难周知。
> 为我饰循声，天街张旌旗。
> 为我壮行色，载道香花随。

薛时雨的此类经历，在古代绝非个案，而是众多有志文人的共同结局甚至是较好的结局。因为比起那些遭受迫害或被贬职的文人，薛时雨还是比较幸运的。

二

古代文人的出路，大致不出从政、归隐和执教这么几条，而能把归隐和执教结合一起，既相对远离官场和世俗生活，又能教书育人、满足其桃李满天下之愿望，可能是很多文人的理想，幸运的是薛时雨居然做到了。他的仕宦生涯虽然不顺，但因为品行高洁、为官清廉，固然得罪了一些贪官酷吏，但也得到不少朝廷重臣的支持。除却曾国藩、李鸿章和左宗棠这样的权重一时之大臣，薛时雨与两江总督马新贻的交谊也极为深厚，并直接促成了薛时雨执掌杭州崇文书院，继而成功执掌其他书院的传奇经历。

马新贻（1821—1870），字穀山，山东菏泽人，谥端敏。同治二年（1863），马新贻任安徽布政使，三年再升为浙江巡抚。俗话说"物以类聚，人以群分"，马新贻任浙江巡抚后，很多执政理念和举措与薛时雨大同小异，尤其重视人才、重视教育，因此他也深得民心。他到杭州后听当地士绅对薛时雨评价很高，即有意聘请他来崇文书院担任山长，同时邀请俞樾来诂经精舍任山长，聘孙衣言至紫阳书院任山长，因此，薛、俞、孙三人得以结识并时有诗文唱和及雅集交往等。薛时雨挂冠后，与孙衣言唱和仍颇多。同治七年（1868），马新贻任两江总督兼通商大臣，又再次聘薛时雨到江宁主讲尊经、惜阴书院，可见他对薛时雨一直极为尊重。薛时雨也认为马新贻和自己是同路人，将其视为知己，曾写《马毅山中丞招往杭州主讲崇文书院感赋》一诗，特意记述当时受邀的有关状况：

> 束帛来邱园，皋比为我设。
> 讲舍筑湖滨，杞梓罗俊杰。
> 学荒作人师，惭愧增面热。
> 藉此住湖山，欣欣转颜悦。

这里的"皋比"意思是讲席，"杞梓"原指两种木材，这里指人才。此诗显见薛时雨对应聘崇文书院之事很是愉悦，也流露出对马新贻的感激之情。

告别了16年的仕宦经历，开始了长达16年的书院山长生涯，这对薛时雨而言何尝不是一种幸福？既然自己不能适应官场，官场也不能容忍他这样的人，那就不如归去——回到书斋，回到书院，回到教书育人这一历代文人最重要的使命中去。从孔夫子到柏拉图，古今中外的文人其实最向往的也是最有可能实现的，不就是可以杏坛讲学、希冀日后桃李满天下吗？经历了官场争斗的薛时雨，应该是有所看破，才为崇文书院写下这样一副对联：

讲艺重名山，与诸君夏屋同栖，岂徒月夕风晨，扫榻湖滨开文社；
抽帆离宦海，笑太守春婆一梦，赢得棕鞋桐帽，扶筇花外听书声。

"抽帆离宦海""春婆一梦"等语，说明他对官场黑暗和个人前途已经有所醒悟，并意识到从此远离世俗、致力于读书讲学，不失为自己最好的选择。在他的《藤香馆小品》中还有一副题崇文书院寓斋也就是薛时雨本人宿舍的对联：

青鞋布袜从此始；湖月林风相与清。

这是一副集杜诗联，薛时雨借此表达自己终于有了相对自由的空间，常年居住于西湖之滨，终日交往于文人墨客，不亦乐乎！

对于薛时雨再次回到杭州——不是以官员而是以文人、以书院山长身份，无论杭州的文人还是杭州的百姓，大家都是欢迎的：

薛君慰农以循吏守杭州，摄监司未三载，引疾去，杭之人弗忍君去也，君亦弗忍去杭。归未几，复来主崇文讲席。[1]

当然，也可以说薛时雨的回归书院和很多文人的归隐山林还是有所不同的，因为毕竟还是要和地方官府打交道，但确实是自由了很多。而且，即便是在书院执教，薛时雨在不得不满足应试制艺的要求后，还是尽量让书院的教学多一些乐趣、少一点陋习，更注重培养书院诸生的道德情操和文艺素养。他在《湖舫文会课艺》序中说："用明蒋侍御故事，月课士湖上：命舟十数，茶鼎酒铛悉具。日出发题，讫，各鼓棹去，挥洒六桥、三竺间，自亦棹一舟主之。日入鸣钲，集诸舟，纳所课。浙东西名士无弗与者。时物之盛，虽经寇乱，无异承平时，微先生不及此。"他与友人定期开湖舫诗社，纵一叶之舟，荡漾于湖光山色之间。如此言传身教，引得门下诸生都羡慕不已，纷纷请求加入。据其弟子谭廷献日记，湖舫文会之发起，由"姚季眉大令集江浙文士为湖舫文会，以慰农薛师为主。盟

1　冯誉骢：《藤香馆诗续钞序》，见《藤香馆诗续钞》，开明书店，1937 年。

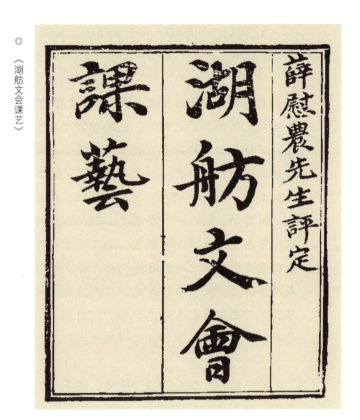

会者溧阳史鼎梅生、山阴周炳炎榄身……仁和董慎言仁甫、谭廷献仲修、陆召南子鸿、秀水沈景修蒙叔、仁和陈豪蓝洲十五人"[1]，其中大部分为本地名流，少数为薛时雨高足。因人数有限，故不能满足书院其他诸生要求加入的请求，薛时雨只好再开一社。

此外，薛时雨也知道这些年轻人路还长，不能过早就和自己一样所谓的看破红尘，所以他告诫诸生，倘有可能，大丈夫还是要建功立业，因此科举之路还是要走。不过可以和追求诗情画意结合起来，不要做一个死读书的书呆子就是。

---

1 谭献：《复堂日记》，河北教育出版社，2001年，第37页。

至于薛时雨的教学风格和特色，其弟子顾云有这样的概括性评价：

书院故事，月二日课于官，给膏火银颇厚，山长课以月十六日，十人外无所给，筹之郡绅，始给如官之半，士多资焉。校文惟其佳者，不持一律，日可竟百数十篇，臧否无或爽。教人不甚立主名，往往就宗旨离即出之……于后进之士，极口奖借，尤能容异量之美。大江南北，多鸿才硕学，义理、考证、词章，人是所业，不能无异同。时其辩，徐以一言折衷之，辄焕然以释。其不为嘻嘻然造次，以风节自持者，既加之敬异，而不理于口，与夫声华相耀、本末未能别及牵于时纲之徒，苟有一长，亦必为之所焉。论者以是称其大。或以鉴择风，曰：吾培才也，非用才也。用才者良楛不辨，或遗他日忧。若夫培才，惟壹志作养，何自隘为？且学子小小愆咎，为掩覆之，待自省以反于善，未可知也。[1]

简单解释一下上面这段引文。顾云认为薛时雨教书极为灵活，不拘一格，作文并不要求一定紧扣主旨，可以适当灵活处理，若即若离最好。对于那些所谓的后进生，薛时雨总是以鼓励为主，特别是能容忍不同见解。他认为学问也好才华也好，本就有多种形式，有些人擅长义理，有些人擅长辞章，所以要因材施教，不能只有一个标准。有人责怪薛时雨对所收诸生要求过于宽松，对此他的回答是，我这书院是培养人才的地方，不是使用人才的地方。使用人才如果不能分辨人才优劣，可能会造成失误；但培养人才只要求用心，何必如此狭隘呢？何况诸生的小小错误，不必一定要为他掩饰，他自己反省后改过也是可能的。应该说，薛时雨的这些见解都是符合教育理论的，也是符合彼时教学实际状况的。

既然诸生进书院是为了应科举试，故教学生如何写八股文就是

1　顾云：《桑根先生行状》，《盋山文录》卷四，台联国风出版社，1970 年。

身为山长之薛时雨的主要使命，尽管他不怎么喜欢写。为此有必要简单介绍薛时雨提出的八股文创作主张，大致是以"清真雅正"为旨归，同时也受到桐城派古文理论的一定影响。

薛时雨认为写八股文应以"清真雅正"为标准："平昔论文，一遵今天子清真雅正之旨，不敢立异以鸣高，尤不敢徇伪以要誉。"[1] 也就是不要标新立异，更不要因此任意虚构。而所谓"清真雅正" 其实并非薛时雨所独创，而是清代统治者对制艺之文的要求，如雍正十年（1732）有谕："所拔之文，务令雅正清真，理法兼备，虽尺幅不拘一律，而支蔓浮夸之言，所当屏去。"至乾隆三年（1738）正式将"清真雅正"文风作为八股文衡文标准，同时把《钦定四书文》作为参考范文。乾隆二十四年（1759）又有谕将"清真雅正"与人品修养联系在一起，认为能写出符合"清真雅正"文风的考生，人品也必"醇茂端正"，这样的人才是朝廷所需人才。为此，薛时雨详细阐释了如何才是"清真雅正"：

今天子右文，明降谕旨，取士一以清真雅正为式，非特可觇学问，抑亦可征人品。盖清者，浊之对，未有气浊而品清者；真者，伪之对，未有言伪而品真者；雅者，俚之对；正者，邪之对，未有俚词邪说而其品雅且正者。[2]

这一段虽然并非写于他执掌崇文书院之时，但他一直是按此来做的。尤可注意的是，薛时雨从"文气"、内容、风格三个方面阐释了"清真雅正"的含义，并特别注重人品与文品的关系，从而更加强调作者的思想道德修养，也就是把教书育人真正结合在一起。虽然他之目的还是为清代统治者服务，但较之统治者，倒是更有操

---

1 鲁小俊：《清代书院课艺总集叙录》上册，武汉大学出版社，2015 年，第 371 页。

2 鲁小俊：《清代书院课艺总集叙录》上册，武汉大学出版社，2015 年，第 371 页。

作性，也更能调动学生的学习积极性。

在坚持"清真雅正"文风的同时，薛时雨对八股文的作法也有要求："其法度必宗乎古，其体裁必合乎今。"他把写作八股文比喻为工匠制造舟车，舟车上的零件如辕、楫、车轮、风帆等是必须有的，它们就类似八股文的结构或布局，这就是所谓的"法度"。而舟车的外形、材料、尺寸和装饰却是可以改变的，这就是八股文的具体内容、行文方式和风格等，也就是"体裁"。总之就是"不变"中有"变"，基本特征不能变，而具体形式可以变也必须变。

至于具体的八股文写作方法，薛时雨强调一个是在布局谋篇方面要"宗法古文"，要研习经史典籍，从中获得启示，例如对文章标题的剖析、文章结构的设计等。实际上，"以古文为时文"的写作手法在清代得到官方的大力倡导，乾隆初年颁行的《钦定四书文》就对此予以肯定："至正、嘉作者，始能以古文为时文，融液经史，使题之义蕴，隐显曲畅……"因此薛时雨虽然也不得不强调这一点，但对不落俗套的文章更是给予鼓励，显示出他不拘一格的教学方式。只是在那个大环境下，他让学生的八股文写作有一定灵活性的努力，在日益僵化的科举制度中，不可能有真正的成效。但至少他认为八股文可以写出作者自己的特色，例如文章语言就完全可以因人而异，不要总是干巴晦涩，为此他提出语言至少做到"洁净""流畅"："今夫蹄涔之水，不足以资灌溉也。必去其障，通其流，然后原泉混混，渣滓去而清光来。文之洁净犹是也。"[1]就是追求一种自然不做作的语言风格。

当然，一篇好文章如果要吸引读者，一篇八股文如果要吸引考官的注意，仅仅自然流畅是不够的，还要有文采："今夫濯濯之山，不足以快登眺也，必葱茏而绿缛，幽秀而深邃，然后明靓淡冶之态，

---

1 鲁小俊：《清代书院课艺总集叙录》上册，武汉大学出版社，2015年，第376页。

顷刻万变。文之藻采犹是也。"[1] 由此他对那些才华出众、很有文采的弟子就格外喜爱，如谭廷献、陈兆溶、顾云等。如他的一些评语就显示出这方面的要求：

剥去肤词，独标真谛。

语必探原意，能透骨，古厚似晓楼，精确似文翰，真文阵雄师也。

总之，薛时雨既为书院山长，自然清楚自己的责任就是教导诸生好好学习经典，苦练制艺，以求科举得中，从此走上飞黄腾达之路。但他通过自己的官场经历以及对历史的了解，知道一味读死书、写八股文不可能对一个人的成长有利，这样的人即便进入官场，也未必能成为一个好官，一个有管理能力和深知百姓疾苦的好官，因为除此之外，一个人的道德修养、文艺素养和其他素质，不只是通过读书写作获得。为此，薛时雨在掌书院期间，总是要求弟子喜欢大自然："所幸居都会之地，得山水之助，群才辐辏，观感有资，虽耆宿凋残，而后进之登胶庠者，如云而起"，"诸生能知山水之乐，则文境当日进"。为此，他要求弟子走出书斋，亲近大自然，同时了解当地民情风俗。而在学习中，他要求诸生既练习写八股文，也练习写诗赋杂文，既通经学古，又体悟自然。为此就要善于思考，不人云亦云，多和师友交流。他的这些教育思想和具体措施，有很多是符合现代教育理论的，只是在整个科举应试制度下，他的很多建议都无法实现，而他也只能在自己有限的权力空间内进行改革，如创办湖舫文会和诗社等，就是退而求其次的做法。

薛时雨掌崇文书院三年，除了尽心尽力执教答疑、培养弟子，其在书院课艺方面的最大贡献，就是主持编辑了几部课艺集子。据

---

1 鲁小俊：《清代书院课艺总集叙录》上册，武汉大学出版社，2015 年，第 376 页。

今人鲁小俊的研究 [1]，大致如下：

《崇文书院课艺》。同治六年（1867）十一月开雕，次年四月讫工。题"山长薛慰农先生鉴定，监院徐恩绶、高人骥、孙诒绅编次"。同治六年八月马新贻序，同治七年正月薛时雨序。凡制艺50题181篇，选文较多者为屠鑫、张景祁、吴承志、李宗庚、周鸣春、金毓麟、张岳锺等。

《崇文书院课艺续编》。同治七年（1868）冬月开雕。题"山长薛慰农先生鉴定，监院高人骥、孙诒绅编次"。凡制艺21题83篇，选文较多者为赵铭、王若济、屠鑫、施补华、黄以周、金毓秀等。

《湖舫文会课艺》。同治八年（1869）重刊，题"薛慰农先生评定"，收课艺之文50篇，试帖诗20首，选诗文较多者为谭廷献、李宗庚、周丙炎等。

总括薛时雨在杭州的执政和执掌书院生涯，大致可以用秦缃业为薛时雨诗集所写序中的一段话概括："全椒薛君慰农为白苏之诗，官白苏之地，而即行白苏之政，非所谓诗人而循吏者欤？"秦缃业（1813—1883），字应华，号淡如，江苏无锡人。道光二十六年（1846）副贡，曾官浙江盐运使，与薛时雨交往颇密，后托病而归，旋卒。秦缃业与薛时雨相识多年，可谓其知己之一。此外，他对薛时雨的诗作也评价颇高，在此序中提及薛时雨作诗是既快又好，每次大家聚集湖上作诗，薛时雨总是很快完成，其他人只有退避三舍。他评价薛时雨的诗也很是到位："如西湖山水，清而华秀而苍，往往引人入胜，趋向不外白苏二家。而伤时感事之作沉郁顿挫，且骎骎乎入杜陵之室，然后知白苏不足以尽其诗，而诗亦不足以尽其生平也。"

1　鲁小俊：《晚清回族名儒薛时雨书院经历考论》，《西北民族大学学报（哲学社会科学版）》，2018年第1期。

遗憾的是，薛时雨在杭州主持崇文书院仅仅三年，即因其伯兄薛暄黍去世一事，萌生思乡之情。巧合的是，一向对其十分尊重的马新贻调任两江总督，遂又聘薛时雨到江宁掌教。而江宁距薛时雨的故乡全椒仅一百多里，等于是回到了家乡。薛时雨自然很高兴，遂应聘掌江宁尊经书院，后又主持惜阴书院，直至终老。官场少了一位清官，书院却多了一位名师，一位懂得教育、懂得士林的名士，说起来还是一件幸事。

离开自己曾任职的杭州和执教的书院，还有美丽的西湖，薛时雨自然是恋恋不舍的，在离开之前特意和几位好友在灵隐寺话别，并把西湖周边景点都再走一次、再看一眼，并撰《摸鱼儿》抒发离别之情：

（将去杭州，偕丁松生大令、吴仲英司马、高呈甫广文、谭仲修、沈蒙叔两明经，宿灵隐寺话别。次日登飞来峰，遍访唐宋题名。经十里松达栖霞谒岳坟，过西泠桥吊苏小墓，泛湖心亭，陟孤山放鹤亭小憩。遂循雷峰访净慈遗址而归。）

好湖山，十年临眺，襟怀无此闲散。山灵知我身将隐，故放白云舒卷。途未达，借佛座蒲团，暂把尘缘遣。灯残自剪，听粥鼓斋鱼，声声入破，僧定鹤来伴。[1]

（下阕略）

对于这次聚会，薛时雨的高足谭廷献日记中有如下记载：

同人筋薛慰农观察师于湖舫。风日清佳，吟啸甚适。一念此集为离宴，不禁凄恻。放鹤亭有酒人张坐，薛师不通名氏，径与拇战，同人继之。脱略形骸，想见晋宋间人风致。落照依微，秋山淡冶，所恨劳劳亭畔无柳可攀。

1　薛时雨：《藤香馆诗续钞》卷一，清同治刻本。

由此日记可见薛时雨确实有几分魏晋名士风范，饮酒兴起，居然和素不相识之人斗酒划拳，而于落日晚霞、湖光山色中与好友高足相聚，此也为人生一乐也。

至于薛时雨对自己一生仕宦和执掌书院生涯的评价，倒是可以用他撰写的一副对联概括：

作吏十六年，主讲十六年，壮志消磨，借一角溪山娱老；
种竹数百本，植松数百本，岁寒苍翠，与满城桃李同春。

既有不甘和看破，也有欣慰与自豪，这就是对薛时雨从政和执教生涯的最好描述。

此外，薛时雨有一首词值得介绍，那就是《临江仙·大风雨，过马当山》：

雨骤风驰帆似舞，一舟轻渡溪湾。人家临水有无间。江豚吹浪立，沙鸟得鱼闲。
绝代才人天亦喜，借他只手回澜。而今无复旧词坛。马当山下路，空见野云还。

这是薛时雨词作中的名篇，值得介绍。其弟子谭廷献评曰"结响甚遒"，意思是说结尾一句很有力量。词人在风雨中经过马当山，联想到当时词坛的没落，遂有感而发写下此词。其中"绝代才人"当指李白，据说李白六首《横江词》就是在这里写的。所谓"借他只手回澜"，薛时雨希望在词风"既倒"的危急情形下，能有"绝代才人"力挽狂澜，改变今不如昔的现状。这就不仅是在评论词坛，更是对彼时社会动荡状况的评价。结尾一句"马当山下路，空见野云还"体现了这种不得再见昔日才人的无可奈何的心境，一个"空"

字包含着千言万语，也因此谭廷献才说"结响甚遒"。就该诗思想性深刻而言，倒与龚自珍《己亥杂诗》中某些作品相似，都有诗人对未来会有巨变发生之天才预感以及对有识之士出来力挽狂澜的企盼，遗憾的是他们的愿望不可能实现，因为这是他们所处社会的问题，绝非一两个天才人物所能左右的。

三

　　薛时雨重修醉翁亭一事，不但见于正史，在民间也有广泛流传。此事还要从咸丰三年（1853）说起，那一年太平军北伐途经安徽滁州，在琅琊山和清军展开激战，醉翁亭被毁为一片废墟。之后20余年因为缺少资金，一直没有修复。同治八年（1869），薛时雨离开杭州移居江宁，执掌惜阴书院和尊经书院。之后不久，他回故乡全椒探视，顺便想去醉翁亭看看。但他看到的是毁于战乱的醉翁亭，四处断壁残垣，长满荒草。薛时雨看后十分痛心，随即萌生重修醉翁亭之意，不仅是为表示对欧阳修的敬仰，也是想以此报答故乡养育之恩。

◎　薛时雨题写之"醉翁亭"

不过，薛时雨虽为名人，却只是一介书生，虽然温饱不愁，但彼时薛时雨已经重病缠身，哪里有资金重修醉翁亭？思来想去，薛时雨想到了故友和同乡吴棠，即给吴棠写信请他支持重修醉翁亭。吴棠（1813—1876），字仲宣，号棣华，谥勤惠，安徽盱眙人，彼时任四川总督，加都察院都御史、兵部尚书衔，算是有职有权之人。吴棠应该是被薛时雨的言辞打动，不但决心出资赞助，还说服亲友捐款。至于薛时雨的弟子们，更是全力赞助，但都是读书人，其实赞助不了多少钱。据说薛时雨无奈之下竟然想出在南京玄武湖的赏荷亭摆桌设摊、卖字募捐的方法。薛时雨的书法自成一家，购字者自然络绎不绝。薛时雨不顾年高体弱，经常一写就是一天。除此之外，据说薛时雨还向曾国藩、李鸿章等朝廷重臣请求帮助，均得到他们的支持。经过一年多的时间，资金基本到位，修建工作在同治十一年(1872)开始实施。

大概是在动工后，薛时雨曾致函吴棠说明情况，不久他就收到吴棠的回复：

慰农仁兄阁下：

顷接九月二十五日手书，祇悉前布寸椷，已邀青及，就维禔躬迪吉，潭第凝厘为颂。承示醉翁亭初秋已经兴工，来正可以竣事。昔贤胜迹，得阁下雅意筑修，俾复旧观，良深忻佩。将来丰乐，渐次补造，需费若干，当祈示及，仍当量为捐助也。弟于中秋后出省巡阅，由梓阆而巴渝，往来匝月。地势民风，沿途□心察访，得小诗廿首，录呈雅教。蜀中近日情形，可以略得梗概。唯况瘁之余，归思甚切，林泉之想，梦寐时萦。安得偕我良友，优游散布于醉翁亭下，把絷联吟，一顷积愫。想阁下当亦有同情也。手肃布侯，即请道安不具。

乡愚弟吴棠顿首。

十一月十五日

吴棠不仅赞赏薛时雨修建醉翁亭之举，而且表示如果经费不足还是要告诉他，他会再想办法。同时，吴棠也表达了他日与薛时雨相会于醉翁亭下的愿望。两位读书人，虽然彼时一为官、一闲居，但都是出于对欧阳修的敬仰，才会不遗余力地重修醉翁亭。在这个意义上，看看薛时雨为醉翁亭写的这副对联，就更能体会他们那一代文人的思想情感：

翁去八百载，醉乡犹在；
山行六七里，亭影不孤。

一个"醉"字，一个"孤"字，就是对欧阳修、薛时雨这些旧时代文人群体之佼佼者精神面貌的最佳概括。

从同治十一年（1872）直至光绪九年（1883），历经十余年时间，在薛时雨亲自监督下，醉翁亭得以重新建造完工。一座亭子的修建居然花费十几年时间，说明其间一定遇到很多挫折，好在薛时雨都挺住了。光绪元年（1875）四月五日，薛时雨独游正在重修中的醉翁亭，写下四首诗赠慧参和尚，可见其复杂心情。其四云：

江湖随处募金缯，笑我真成在舍僧（乱后亭毁，余广募资重建）。
投刺于人如托钵，结庐付尔好传镫。
名山半作招提院，法界宜参最上乘。
文字禅兼香火社，打包行脚漫相矜。

不仅如此，光绪七年（1881）醉翁亭主体建筑竣工时，薛时雨又为醉翁亭书写了门匾"醉翁亭"，以及醉翁亭本亭的楹联：

翁昔醉吟时，想溪山入画，禽鸟亲人，一官迁谪何妨，把酒临风，只范希文素心可证；
我来凭吊处，怅琴操无声，梅魂不返，十亩蒿莱重辟，扪碑剔藓，幸苏长公墨迹犹存。

当然，和此事最有关联也最能体现薛时雨情怀者，还是下面这篇《重建醉翁亭碑记》：

山水之气象历数千载，贤人君子之气象则数十年耳。而宇内名胜之地，气象映发，若有借于贤人君子者焉。焦山以孝然名，栗里以元亮名，永嘉以灵运名，柳州以子厚名。数君子以前，山川流峙而无闻焉者，待贤人君子而后传，传而后永。醉翁当宋全盛，治滁不三年，滁之山水遂托于醉翁，而气象始发唐之韦公，燕寝之盛集，煮石之遐寄，犹若让美焉。

时雨幼读东坡诗云："醉翁行乐处，草木亦可敬。"桑根敝庐，去滁山五十里而近，往来策蹇，凭欧梅之亭，拓子瞻之碑，悠然有怀当日宾客之游、太守之醉，不知平山堂下，颍川西湖，又当何如？但觉衣冠谈笑，若斯亭所独留，以予后人之尚友。

时雨忝冒缨绂，作吏廿年，浩然青山，仰企醉翁归田之录，重寻旧游，而醉翁亭已鞠为茂草。大兵之后，宇内名胜芜废十七八。时雨滁人，言滁悫焉伤之，拙宦退耕，莫慰其修复之志。盱眙吴勤惠公时任蜀帅，方将移家为滁寓公，时雨雅故，以书干之，慨乎同心。使相曾文正公，学欧公之学者也，题名首倡，于是鄂帅李公喆第节相继之。皖大府英果敏公，今浙闽制府何小宋方伯，皖人督师刘省三军门以下，各分奉畀。时雨乐观厥成，顾斯亭旧观未尽还也。时雨养疴石城讲院，蓄此耿耿又七年矣。今年复布书问当路巨公，得裕寿山中丞、庐艺圃方伯、胡履平廉访，提挈群贤，再畀兼金。时雨缮完之志，至是而始遂。其所以孳孳十余年，不惜以退废之身，数数于当轴公卿，若干以身家之私者，而诸公之应之者先后如响，岂徒以山林寂寥中增此流连觞咏之区，付诸丹青、发以诗歌云尔？亦愿宰治良吏皆观感欧公之流风善政。而疆域乂安，民物殷盛，天下之太平，长若醉翁之世，于是乎酒甘泉冽，啸咏名山气象如斯，不亦美乎？

时雨老矣，抚滁山之草木，有生敬于昔贤，且生敬于诸公之好古乐善，曷敢轻言尚友也哉！醵资并依汉人碑阴之例，具题名于贞石焉。

圣清光绪七年龙集辛巳十一月。

读毕此文，我们分明看到了一位如欧阳修一样性情高洁的老人，他那虽然年迈却不失赤子之心的情怀以及想与先贤和大自然融为一体的愿望。崇文书院当年由薛时雨为山长，确为崇文之福、弟子之幸也。

不过，也许很多读者会大吃一惊的是，这篇妙文居然不是薛时雨本人所写，而是他命得意弟子谭廷献所代笔。[1] 查谭廷献日记，不仅在光绪七年（1881）八月二十日有"代薛先生撰《重建醉翁亭碑记》"的记录，而且在谭廷献文集中也确实收有此篇，两相比较只有稍许差异，当为薛时雨收到谭廷献所撰文后稍作修改所致。其实，在古代弟子代老师、子代父甚至朋友之间相互代作文章非常普遍，只要双方均认同就没有问题。谭廷献是薛时雨的高足，故懒于写文章的薛时雨常命他代写一些应酬性的文章，更是常命他代为批改试卷，故在谭廷献日记中多见此类文字：

同治七年
十一月初一日　代薛师校讲舍课卷四十，至申。
十一月初三日　代薛师校课卷廿四。

对于谭廷献代作此文，薛时雨仅仅作几处润色调整，等于是完全认可弟子此文所阐释思想和所抒发情感，说明谭廷献不仅是其弟子更是其知音。薛时雨和不少弟子皆有如此亲密无间的情感，弟子中将其学说发扬光大者也为数不少，可见薛时雨确实是一位良师。

此外值得一提的是大名鼎鼎的"薛庐"。所谓"薛庐"指的是薛时雨的住宅，其在杭州和南京各有一处。"薛舫"则是特地为他

1　此说见于今人张剑的《日常生活中的薛时雨》，原载《聊城大学学报（社会科学版）》，2019 年第 1 期。

建造的一艘游船：

　　全椒薛慰农观察时雨罢守杭州，主讲崇文书院，尝召集其门下士课文于湖舫，又为湖舫诗社，与诸老辈酬嬉于西湖，极一时风雅之盛。去杭日，门下士辟凤林寺隙地，构屋一楹，颜曰薛庐，别造一舟，仍名薛舫。

　　原来薛时雨在杭州主讲崇文书院时，很受诸生欢迎，他们为感激薛时雨，于西湖之滨的凤林寺为其筑宅，名为薛庐。凤林寺，初名定业院，俗称喜鹊寺，位于西湖北山路，位置就是今香格里拉酒店所在地。始建于唐朝元和初年，明宣德年间、清同光年间两度重建，1953 年拆除，据传今天饭店前的樟树还是寺院旧物。

　　后薛时雨到南京，先后掌尊经书院和惜阴书院，至光绪六年（1880）已十年有余，却居无定所。因此其门下弟子决意合力集资，在乌龙潭畔惜阴书院对面的窭园旧址，为老师新建一座宅院。后来薛时雨将这个宅子扩大改建，仍名薛庐。且说这乌龙潭虽没有西湖之名气，然而风景颇佳，堪称"小西湖"。薛庐内设有藤香馆、冬荣春妍室、双登瀛堂、吴砖书屋、夕好轩、抱膝室、蛰斋、小方壶亭、仰山楼、半璧池桥、美树轩、杏花湾、半潭秋水一房山、窭园等，临潭设有叟堂，方便诗酒宴游。如此薛庐建成后，引来众多文人学士在此聚会，一时成为金陵士林向往之处。

　　对于金陵这处薛庐的规模与布局，薛时雨的弟子顾云在《薛庐记》中有极为详细的描述：

　　门对蛊山麓。入之，修竹被径，植杂卉其下。历一室，有门，题曰"西岩招隐"。入之，曰永今堂，轩楹靓旷，阶梅时花，四座为馨逸。堂后曰冬荣春妍之室。室西隅，构木方丈，雕鬟之，笼以纱，先生石刻小像在焉。东隅有门，入之，曰双登瀛堂；冠以楼，曰仰山堂。之东曰吴砖书屋，此先生别构之者（其门榜曰全椒薛氏试馆）。冬荣春妍室后，有石介然立，笋削如危峰。幽草环蘸，与庭蕉竞绿。依石海棠一，花时香色俱酣，如赤城霞起。又入，曰窟园（用茅氏旧名）。界竹篱为径，篱下植荔萝，旁行斜上，所在延缘。当其既花，如千万散金，星缀碧纱幛。直篱之中，编竹门如月，倒栽槐一，亭亭如张盖，四时之卉翳焉。

入月门，木芍药尤盛，春时数花事，谓且属诸园木芍药王之矣。拾级上，曰有叟堂（用旧名）。堂东室一，轩其前，曰夕好轩；有觅门，题曰山光潭影。堂西室一，界其中，前题曰抱膝，后曰半潭秋水一房山。又西曰蛰斋，室小而幽，庋四部书为屏障，榻于其间，热茗香，啜苦茗，先生蹋尘梦所也。

斋后，曰美树轩，堂枕乌龙潭，隔潭蛇山几焉。琉璃轩窗之山水佳胜，莫不介柳色苹香，来晤坐客。外甃雨花石子为堤，纳潭水其中，俾朱鱼宅焉，曰半璧池。桥堤之西，偏榜曰作濠濮间想，其阴曰杏花湾。有海鹤二，循堤雅步，自饶尘外姿。

过桥曰芳草闲门，美树轩垣门也。垣外有水，如膝隔水，榜曰作两家春，则比邻所宅。东偏栅堤为门，榜曰山光照槛水绕廊，堤植以阑，而疏笼卉木于内。立蛇山麓，回望堤柳缘潭，外围如巨绿环无端，中抱红阑，杂花间之，如彩虹半偃其身；而宛在之亭巋立相辉映，状景者辄曰图画，此岂图画能写耶？堤舣画船一，题曰薛舫。时一放棹，容与沈潭邈然，与烟波俱远矣。

因为薛庐修建得很有特色，加上薛时雨名气很大，前来拜访和求教者甚多。除顾云外，很多文人都写有薛庐游记，如汪士铎《薛庐记》与《薛庐第二记》、谭斌《薛庐记》、王廷训《金陵薛庐图记》、刘寿曾《薛庐记》和袁昶《薛庐记》等，可见彼时其影响确实很大。

20世纪80年代，薛庐被列为区级文物保护单位，但经历这些年的风风雨雨，位于龙蟠里4号的薛庐仅有原砖木结构正厅楼上楼下两层、房8间，楼前有茶厅一进5间，另有院三进，每进5间，尚保有原来的小桥、荷花池等，建筑面积约4000平方米。遗憾的是，薛庐于1991年因城建而拆除，如今人们只能从古籍中领略其昔日风采了。

四

老矣吾衰，急景残年，言愁欲愁。想寒家鸡酒，团圞 白屋，豪家歌舞，跌宕红楼，天阔云低，风饕雪虐，落落关河一敝裘。凄凉甚，只青灯照影，伴我孤舟。

封侯壮志都休，须及早、安排返故丘。叹十年讲舍，诗书糟粕，十年宦海，踪迹浮沤。瓜子金黄，桃花绶紫，富贵骄人应自羞。吾何美，要渔樵作伴，猿鸟同游。[1]

上为薛时雨的《沁园春·岁暮书怀》，古代文人对时间之流逝总是格外敏感，从孔子的"逝者如斯夫，不舍昼夜"到李白的"光阴者，百代之过客也"，再到苏轼的"哀吾生之须臾，羡长江之无穷"，历代文人总是在把短暂人生与无尽大自然对比后，生发出人生苦短、人生如梦之怅惘与迷茫，然后试图从老庄释迦那里寻求出路，而最终大都归于消极颓废。只有极少数清醒者和深刻者，在看破一切之后没有走向虚无，反而是如飞蛾投火一般投入世俗。要么建功立业，要么潜心治学或创作，知其不可为而为之，尽量以一己之力为这个世界留下一些闪光的东西，为后人留下可供研究的思想文化遗产。相比之下，晚年薛时雨似乎对一生所作所为有一定反思，但从他词中"十年讲舍，诗书糟粕，十年宦海，踪迹浮沤"等句来看，把讲学和仕宦都视为不堪、几无价值之事，多少还是有些过于消极。自然，诗人之言有时不能全信，但说他在创作此词时有万事皆休之念，当非不实之词。其实，中国古代文人一旦到了晚年，大抵如是，而他们当中的敏感多情者如薛时雨，晚年既多病又处于隐居状态，此时有些消极绝望之思，倒是自然。

有关薛时雨晚年的生活状况，史料不多，不过从薛时雨及与其同时代人的诗文中倒是可以发现一些真相：

---

1 薛时雨：《藤香馆诗续钞》卷一，清同治七年刻本。

叠韵赠芝浦

难得西湖作寓公，铜弦高唱大江东。
翰林风月真天上，吴郡诗篇在袖中。
酒熟不辞连日醉，花阑犹恋隔年红。
我今五岳寻山去，矍铄君应笑是翁。

送吴生仲英入粤

之子吾门俊，追随患难间。
师生同骨肉，翰墨照湖山。
择木栖宜稳，排云倦早还。
挂冠吾老矣，只合掩柴关。[1]

两诗一为赠友人，一为送门生，其最后两句皆流露出失意悲观之情，既是薛时雨老年心境的真实写照，更是古代文人退隐后境况的缩影。

薛时雨本来就是一个看淡名利、与世无争之人，如果不是出于报国为民之宗旨，他对出仕其实没有多少热情。也因此在《藤香馆小品》中，他有不少联语抒情言志，而表达最多者就是对出世与入世关系的看法。例如在其南京寓所落成后，他有《藤香馆落成自题》：

> 服官易，致政难，解组归田，收拾一生事业；
> 学稼劳，为圃逸，闭门种菜，消磨千古英雄。

薛时雨不仅诗文俱佳，其所撰联更是名震江浙，故其所题对联极多。如：

> 杜陵广厦构胸中，白首无成，空自许身稷契；
> 庾信小园营乱后，青山依旧，聊堪匿迹巢壶。

1　薛时雨：《藤香馆诗钞》卷三至卷四，清同治七年刻本。

老我无名心，祝架上古藤延寿；

期儿续家学，看阶前新竹干云。

而最能体现这方面思想情感者，当属下面这一联，其中一个"薄"字，一个"闲"字，惟妙惟肖地写出了薛时雨仕宦和从教生涯的特点：

两浙东西，十年薄宦；

大江南北，一个闲人。

在古代，大凡文人到了晚年，或者处于归家归隐状态时，他与外界的联系已经基本中断，大概只有和亲友的交往，才能让他不致过于孤独而仍能感受到些许温暖。对于薛时雨而言，他虽然深知和痛恨官场黑暗，虽然深知和鄙视科举腐败，但对于那些出淤泥而不染、忠心耿耿报效朝廷的官员以及有才华、有抱负的弟子，还是极为敬重和看重的。他之所以重修醉翁亭，就是以此表达对欧阳修的敬意。对于同时代人中几位晚清重臣，薛时雨更是钦佩他们有挽狂澜于既倒之勇气，并终能让奄奄一息之大清又有出现"中兴"之希望。故他对曾国藩等人的道德文章非常佩服，其去世时薛时雨曾有数联挽之：

一个臣休休有容，频年燮理余闲，小队出郊坰，惯向山中招魏野；

万户侯绵绵弗替，当代元勋佐命，大名垂宇宙，岂徒江左颂夷吾。

人间宰相，天上神仙，果然蓬岛归真，看员峤方壶，相连一水；

小队曾来，大名不朽，留得湖山遗爱，比谢安王导，另有千秋。

——题元武湖曾文正公遗像

此外，对一直重用自己、聘自己为书院山长的马新贻，薛时雨更是崇敬有加。同治九年（1870）八月，马新贻在南京被刺，薛时雨得知噩耗后极为悲伤，特撰长联挽之：

朝廷以艰巨任公，中外以安攘期公，肘腋变非常，饮恨骑箕，合江左右、浙西东，遐迩惊传同一哭；

作吏则国士待我，罢官则宾师礼我，生成感知己，挺门寄痛，怅石城隅、钟阜侧，旌騑过访更何人。

联中既高度评价朝野对马新贻的敬重，又追述了马新贻对自己的厚爱，情真意切，凄楚动人。至于同时代文人，薛时雨更是对其中佼佼者敬重有加，和他们以诗文唱和，抒情言志：

移主金陵尊经书院留别杭州同社二首（其一）

还我滁山学究时，十年守令老为师。

罢官不去贫无奈，说士能甘梦亦怡。

越客临岐酬宝剑，吴娘织锦绣新诗。

菜佣酒保都相识，合向西湖再乞词。[1]

对于薛时雨的为人和诗情文采，多年任诂经精舍山长的俞樾也有深刻了解，曾撰文赞赏，其惺惺惜惺惺之情溢于言表：

薛慰农观察烟云过眼图记

薛慰农观察综其生平所阅历，绘图凡八而总题之曰：烟云过眼。嗟乎，天地吾逆旅也，其忽然而过音。前者野马也，尘埃也，曾何足以控抟乎？余齿未五十，而向所曾经恍如隔世，都不记忆。因君纸上之烟云，寻吾梦中之蕉鹿，异同之迹有可言焉。汉谚云黄金满籝，不如一经。君第一图曰：椿庭侍读，志家学也。而余年十五，即侍先君子读书南兰陵，虽顽钝无似，而至今粗通经训者，先君子之教也，此与君同者一。苏家兄弟风雨对床，今犹艳称之。君第二图曰：棣萼谈经，志友爱也。而余在临平湖寓庐，与家兄王甫分灯读书者，前后六七年，此与君同者二。皋比绛帐，徒荣观耳，吾人作秀才时为童子师……

1　薛时雨：《藤香馆诗续钞》卷一，清同治刻本。

乃综计所遭异者惟三，同者有四，异而同者又一，何其相同之多乎！此余之所甚幸而乐与君并论者也。君解组后为崇文书院山长，而余今年亦忝主诂经精舍讲席，同在湖上，又皆有楼以揽湖山之胜，湖楼灯火，相与论文，在他日视之亦一烟云也。……[1]

此外薛时雨《藤香馆小品》中的对联还有赠外国来华友人者，由此可窥见其交往圈子：

赠日本国儒士冈本监辅

纵谈如览大瀛胜；
赠别惜无春雪诗。

这位日本学者的生平不详，只知他曾多次来中国，他撰写的《万国史记》对中国学者多有影响。薛时雨如何和他相识，根据现有史料尚无法获知。

薛时雨的晚年生活，据谭廷献所撰《薛先生墓志铭》载：薛时雨"起家寒士，能恶衣食。秉赋充固，音声若钟，应繁缛若有余。文酒之会，一饮数斗不沾醉。谢官后，优游山水，色益晬然。五十七岁举一子，人以为坐致期颐矣。六十后稍稍衰，然健饭谈笑不异畴昔"。谭廷献是薛时雨的高足，两人相识交往数十载，其情谊已超越简单的师生关系，故谭廷献所言应为信言。而袁昶既是薛时雨的门生，也是侄婿，他在《藤香馆诗删存》后序一中说桑根夫子"以刚直忤时，年未五十引疾归田，乃举其欣愉忧戚感时述事、可怪可愕之状，一发之乎诗"。"一种光明俊伟之气横绝一世，不可辈群。"看来晚年的薛时雨，尽管身体状况不佳，但精神尚佳。

人到晚年，自然不时会回忆往事，薛时雨撰有一副《六十自寿》联，大有反思总结平生之意：

1　俞樾《春在堂杂文》卷一，清光绪二十五年刻《春在堂全书》本。

事功学问两无成，也曾逐队戎行，滥竽官守，扬镳艺苑，厕席名山，行谊寸心知，任世途标榜，倾排不争门户；

富贵神仙能有几，差幸天间云净，人海尘清，鸥鹭身闲，江湖梦隐，年华中寿届，历多少平陂，往复自葆桑榆。

至于薛时雨的去世，当为因病而起，据顾云《桑根先生行状》，其去世于光绪十一年（1885）正月二十二日，时年 68 岁，这在那个时代不算是高寿。令人感动的是晚年薛时雨即使在病中，仍然挂念其友人经济拮据，命人送钱资助，并且用较为委婉的方法，避免伤害友人的自尊心："光绪十年季冬，病几革矣，犹念所从游无以卒岁，出金命其友婉致焉。"

杭州士林得知薛时雨病逝的消息，都很是震惊和悲痛，纷纷赋诗作文，或撰挽联以表哀悼之意，如诂经精舍山长俞樾即作一挽联：

溯西泠讲席相联，十里湖山两坛坫；
看南国甘棠犹在，千秋循吏一诗人。

上联中的"两坛坫"意谓薛时雨和俞樾所主持书院为两个学术重镇，彼此相隔不远。下联则称颂薛时雨为官时系"循吏"，去官后为诗人，二者都足以名垂千秋。

对薛时雨去世之事，其高足谭廷献日记自然有记载："金陵书来，薛先生正月廿二日归道山矣。廿年师事，襟抱交推，谊同休戚。山颓木坏，永无见期，如何可言！"[1] 其实薛时雨六十大寿时谭廷献就曾撰文祝贺，恩师去世后他更是特意撰写了《薛先生墓志铭》[2]，对薛时雨一生事迹给予极高评价：

1　谭献：《复堂日记》，河北教育出版社，2001 年，第 305 页。
2　《鼓楼区文物志》编纂委员会编：《鼓楼区文物志》，江苏文史资料编辑部，1999 年，第 96—98 页。

古之守杭州者，循良著称于唐则白公，于宋则苏公，二公皆当国家中叶，生聚蓄财力盛，故能修政澹利，兴革中于人心，乃其文章照映山水，历久不坠废，以其时考之犹为其易也。当其难者有薛先生，先生名时雨，字慰农，晚号桑根老人，安徽全椒人。……浙西人士文而好礼，先生从容引与讲艺，请业日进，先生诗篇亦于是名家也。……既去官掌教崇文书院，于是旷无堂阶，往时学者日亲群焉，筑室湖滨曰"薛庐"，以不忘友教。阅三年，马公督两江，聘先生掌教尊经书院兼惜阴书院。时伯兄又卒，安庆友于之戚尤挚。江宁去全椒百二十里，风土最近。先生为诸生日往来尤习，移席后居惜阴书院。书院当清凉山下，有蓝山乌龙潭之胜。主讲十六年，人士蒸蒸，日劝于学者，弟子籍盛于浙江。更筑"薛庐"，壮于西湖，乃拓为别墅。……近百年中名遂身退，峻不绝物而和不俯仰，超然燕处，以为人伦仪表，未有如先生者也。……五十七岁举一子，人以为坐致期颐矣。六十后稍稍衰，然健饭谈笑不异畴昔。光绪十年冬岁末，疾恿甚，十一年正月廿二日遂捐馆舍。狱宰合肥，方欲渡江视疾，而二孤来告哀矣，卒年六十八。……

十二月初六日葬先生于桑根山青龙冈之莹，具状乞铭。献识先生卅年，受业于门亦二十载。梁木既坏，潸然出涕，而为铭。铭曰：

先生作令，……

神其往来，以云为车。

桑根之山，云气棣通。

瞻彼华表，复土其崇。

遗民学子，来拜幽宫。

他们相识20余年，其情谊早已超越普通师生之情而介于亦师亦友之间。薛时雨九泉之下也会为有谭廷献这一知音、高足而感到欣慰。

而他的另一位高足，就是写《桑根先生行状》的顾云，则接连撰诗表达对老师去世的悲痛之情：

全椒谒桑根师殡宫

十五年中事，伤心集此晨。

空称门下士，难赎墓中人。

宿草惊何易，生刍痛枉陈。

扪胸多苦语，欲白杳音尘。

桑根师大葬礼成拜别口占

东上青龙岗，西望凤凰堂。

中有殡宫在，双松郁苍苍。

再拜墓门前，涕泪横沾裳。

弟子自此别，去路修以长。

如何无一言，俾之志弗忘。

安能披吾师，起坐双松旁。

抠衣奉几杖，笑貌都如常。

戒我性多迁，勉我学勿荒。

……

两首诗都写得情真意切，绝非一般应酬之语，写得十分感人，具有很强的画面感，人物形象呼之欲出。如非有深厚师生之情，绝难写出。

不仅如此，顾云在恩师去世后即多方搜集资料，几经周折终于写出《桑根先生行状》一文，为恩师一生事迹做出总结，也为后人研究薛时雨留下宝贵史料。以下即此文节选，不妨以此结束本节，并表示对薛时雨这位名师的景仰：

先生姓薛氏，讳时雨，字慰农，一字澍生，晚号桑根老人。……已而，端敏公聘主崇文书院，凡三年。……同治八年，端敏公总督两江，复聘主江宁尊经书院，兼惜阴书院。浙人士结庐西湖凤林寺后，名曰"薛庐"，以识不忘。既主讲江宁，凡十七年，人士服其教久，亦结"薛庐"盎山乌龙潭上。宿儒汪孝廉士铎为之记，以为高密、任城诸大师所未尝有焉。……书院故事，月二日课于官，给膏火银颇厚，山长课以月十六日，十人外无所给，筹之郡绅，始给如官之半，士多资焉。校文惟其佳者，不持一律，日可竟百数十篇，臧否无或爽。教人不甚立主名，往往就宗旨离即出之。……于后进之士，极口奖借，尤能容异量之美。大江南北，多鸿才硕学，义理、考证、词章，人是所业，不能无异同。时其辩，徐以一言折衷之，辄焕然以释。其不为嚅嚅然造次，以风节自持者，既加之敬异，而不理于口，与夫声华相耀，本末未能别，及牵于时纲之徒，苟有一长，亦必为之所焉。论者以是称其大。或以鉴择风，曰："吾培才也，非用才也。用才者良楛不辩，或遗他日忧。若夫培才，惟壹志作养，何自隘为？且学子小小愆咎，为掩覆之，待自省以反于善，未可知也。"家非饶于财，人士贫不自存者，辄分所入以赡，其或辞弗受，至典造其家赍之。光绪十年季冬，病几革矣，犹念所从游无以卒岁，出金命其友婉致焉。呜呼！此天下士争以先生为归，而识与不识，闻先生之丧，莫不异情同悼，而不惟浙父老诵遗爱至今者然也。于是祀先生者，江宁则薛庐、永今堂暨盍山精舍，滁则醉翁亭，杭州则东城讲舍暨薛庐，而嘉兴士民亦祠而祀焉。先生生于嘉庆二十三年十月二十七日，卒于光绪十一年正月二十二日，年六十有八。[1]

一代大儒撒手归去，不亦悲夫！

---

1 顾云：《桑根先生行状》，《盍山文录》卷四，台联国风出版社，1970 年。

"和其声以鸣国家之盛也"的胡敬

一

　　身为书院山长，首先要清楚的是，无论这书院是官办还是私立，无论历史短暂还是久远，其最重要的使命就是为当朝统治者搜罗和培养人才。当然培养人才的方式多种多样，有的直言不讳就是为科举应试服务，有的稍显灵活，在制艺之外也主张诸生要有较高的文学素养，要懂得吟诗作文、赏花弄月，有文人风度，而不是只会死读书。但归根结底，做所有这些还是不能忘记书院的根本使命，就是这小题目所言——"和其声以鸣国家之盛也"，窃以为这是对书院办学宗旨最形象的概括，而说出这句话的人，就是曾任崇文书院山长的胡敬。

　　胡敬（1769—1845），字以庄，号书农，浙江仁和人，嘉庆十年（1805）进士，官翰林院编修。清朝著名文学家、教育家和画家，有《国朝院画录》《崇雅堂诗文集》《书画书录解题》《邹园读书志》《西清札记》等。

　　胡敬以"书农"为号，可能和其出生时的一个传说有关。据说他出生时其祖父做了一个梦，梦中有人担着书进来，待醒后，胡敬刚好出生。传说虽不靠谱，但自幼受家庭影响，胡敬很早就爱读书确是事实，且显露出诗文方面的才华。15岁时，胡敬被允许列席祖父和友人的诗会，当时这诗会每月一次。胡敬见诸位老人致力于诗文，遂知制艺非唯一学习之事，遂也开始致力于诗文创作，并坚持"以气清为要义"，这对他日后执掌崇文书院时坚持于"大课"

之外兼授"小课"也产生了重要影响。

胡敬 20 岁成家，同时外祖父施澹珍成为其业师，"自后府君制艺一以清真雅正为宗"。外祖父治学理路对胡敬影响巨大，且言传身教，令胡敬受益终身。故外祖父去世后胡敬极为悲痛，特撰一挽联：

> 二十年父又兼师算，一第成名公犹及见；
> 三千里身难视含痛，九原不作汝又先亡。

胡敬直到 28 岁，"始受知于仪征阮太傅（元）"，彼时阮元视学两浙，读胡敬《水仙花赋》《阑干赋》后大惊，认为其深得六朝人神韵。后阮元创办诂经精舍，招各地名流谈艺。其中有位阳湖的孙渊如老先生，读胡敬所写《重修会稽大禹陵庙碑》后赞叹道"方今人才在浙江矣"，胡敬由是名声大振。

古人云"三十而立"，胡敬是在 37 岁时方"开挂"，这一年他进京参加会试，英煦斋相国（索绰络·英和）"得府君卷击节称赏"，朱文正公（朱珪）也极为欣赏胡敬考卷，遂商议列其为第一名。在张榜之前，另一考官在拆封时看到胡敬的名字，当即向朱文正公祝贺说，这就是您当年在浙江所录取之人啊，彼时我是钱塘第一名，胡敬是仁和第一名，如今他会试第一，足见您"识拔真才，自有具眼，非偶然也"。之后殿试，胡敬被列为二甲第二十二名，后"充武英殿协修"，由是算完成了作为文人的科举之路，在这条道路上，胡敬无疑是成功者。

不过胡敬的仕宦生涯极短，仅仅两个月后他就因母亲去世"乞假归省亲"，而书院执教生涯倒是从此开始。不过胡敬一开始并非执掌杭州崇文书院，而是在浙江永嘉的中山书院，那一年他 38 岁，也就是会试得中后一年。在此期间有一件小事对胡敬刺激甚大，也多少影响了他对科举制度的看法。有一天他外出遇雨，即在一私塾处避雨，这私塾先生一开始态度极为傲慢，待得知胡敬姓名后大惊，说原来您就是那《水仙花赋》的作者，失敬失敬，遂行礼道歉，并奉上上等香茗。胡敬回家后笑曰："今始知一等浮名，不如三百言小赋也。"一年后，胡敬被英煦斋相国招入府中，专门教授其两个儿子，并为相国处理撰写一些公文和应酬文字。

古人对水仙花似情有独钟，朱熹、龚自珍等都写有《水仙花赋》，而胡敬所作仅三百余字，却被称为"孤丝冷韵，一时传诵"，显然胡敬写出了自己的特色：

尔乃冰坚曲沼，雪积闲庭。凡卉凋景，仙葩吐馨，藉玉盘之莹洁，贮金屋之娉婷。芳心缀黄，稠叶敷绿。艳质缠金，幽姿琢玉。扬秣陵之素华，展凌波之芳躅，含脉脉之深情，隔盈盈之一曲。顾影徘徊，将开未开。移春有槛，避风无台。似妃逢洛甫，曳轻裾而乍来，日暄烟蔼，搓酥洗黛。珠玑缀裳，琼瑶结佩，似神来洞庭，迷婥约而多态，碧纱文石，浅步无尘，闭门独笑，幽怀泥人。恍如神女，逢交甫于江滨，冷艳涵虚，澄波微漾，神光陆离，芳悰惝恍，又如湘灵鼓云，和而来往。羌窈窕兮缠绵，濯寒波兮色鲜。暎玉壶而莫辨，照银蟾以增妍。罗袜凌风，铢衣叠雪，与畹兰以比真，同庭梅而齐洁，洵含芳以待时，终出尘而抗节。伴岁寒于吾庐兮，对形影之清绝。[1]

此赋以拟人手法，不仅写出了水仙的高贵姿态与迷人风韵，而且重在借物言志，抒发作者个人无论外界如何，始终坚持追求高洁境界、不与庸俗之人同流合污的志向。其所用典，也并非罕见冷僻，且大都贴合文意。此外用词华美而简洁，对仗排比工整而不拘谨，读后有一唱三叹之妙，不愧为短赋之典范。

后胡敬在仕宦道路上起起伏伏，但大致顺利。47岁时他主讲

1　胡敬：《水仙花赋》，见《崇雅堂骈体文钞》，清道光二十六年刻本。

金台书院，这对他而言，意味着其"文望"得到朝廷认可，因"金台为首善书院，顺天府诸其事"，其地位大致相当于今天的中国社会科学院或北大、清华。不过，他在金台书院的具体执教情况，因资料缺少，我们无法详细介绍。当然，其执教经历以及之后"奉命典河南学政""奉命典安徽学政"的经历对其之后主持崇文书院有着直接而深刻的影响。

二

胡敬57岁时开始主讲杭州崇文书院，这一年是道光四年（1824）。当时的浙江巡抚是满人富呢扬阿，他和胡敬往来密切，并曾为其所编文集写序。

也许胡敬的运气比较好，或者是他的品行和为人确实令人尊敬，他和地方官员的关系基本上都很好。例如就在富呢扬阿之前，浙江巡抚是帅承瀛（1767—1841），他对胡敬很是尊重，胡敬掌崇文书院就是出于他的聘请。帅承瀛字仙舟，湖北黄梅人。嘉庆元年（1796）一甲三名进士，授编修，累迁国子监祭酒。先后督广西、山东学政。后任浙江巡抚，上任后做了不少有利地方发展的好事。彼时浙盐经营不善，朝廷议裁浙江盐政由巡抚兼理，诏责帅承瀛整顿。帅承瀛了解情况后上疏言："浙江运库尚无亏挪，惟多移垫。拟以报存余价追补，须足额后拨解。至收支数目，务划清纳款，即有急务，不再以内款垫支。每年加价，应许停输。向例洒带盐引，豫占年额，愈积愈多，请并停止，以纾商力。"又酌改章程十事：定盐务官制，裁盐政养廉，革掣规供应，灶课由场征解，销引先正后余，引目通融行销，收支力杜弊混，枭私商私并禁，掣验改复两季，甲商酌裁节费，下部议行。经由帅承瀛如此整顿，浙盐自此渐有起色。另彼时宁波、温州、台州诸府沿海一带土盗出没，骚扰百姓，不得安宁。帅承瀛即一方面令兵船巡逻以遏其外，另一方面严守口岸以防其内，局面遂趋安定，百姓很是拥戴。

此外，帅承瀛很重视地方教育，尤其看重会城的几所书院。他知道胡敬在江浙文人中有很高声望，遂聘其任崇文书院山长。当年胡敬在崇文书院的学习时间很长，深受张桐谷、冯实庵两位山长器重，自然受他们影响极大："肄业崇文最久，先后张桐谷、冯实庵两先生为山长，皆蒙赏异感深知，已屡见于诗文。故课士以两先生为法，并于制艺外加课诗赋杂文。"（《书农府君年谱》）

遗憾的是对这两位崇文书院历史上的山长，迄今很少有人关注，史料也极少，如今只知冯实庵似擅画，尤擅画竹，故多见友人为其画竹图题诗，如翁方纲就有《冯实庵侍御种竹图用苏诗韵二首》等。胡敬在其诗文集中，则多次提及他的这两位恩师：

题沈眉峰先生秋林宴坐图用张桐谷师韵

跋浪身歼海上鲲，量沙聚米战功论。

即今浴日鲸波外，尚有扶风马柱存。

帷幄十年参伟略，云山千里伫归轩。

春明我悔陈情晚（令嗣听篁先余乞养），不及追陪笑语温（时先生病足不见客）。

功甫堂留玉照深（谓桐谷先生），廷珪遗墨价千金（图为奚丈听家写，李廷珪本姓奚）。

林闲竹带新秋色，海上棠留旧日阴。

台阁文章传世业，熊黑韬略付禅心。

欲知坐照观空意，都在山崖与水浔。[1]

送韩芸舫师之任浙东观察

南归无计逐行旌，空羡湖山竹马迎。

1　胡敬：《崇雅堂诗钞》卷九，清道光二十六年刻本。

麾下编氓新子姓，帐前离绪旧师生。

重三饯补兰亭会，第一才惭雁塔名。

若论师资最原远，溯从星宿到蓬瀛（谓冯实庵大夫子）。[1]

特别值得注意的是胡敬的这篇《书冯实庵先生遗墨后》，该文不仅称颂冯实庵振兴学风的功绩，而且对汉唐以来教育的发展和有关制度包括书院制度的演变作了间接而深刻的总结，尤其是"书院之立，盖与学校相辅而行，以佐文衡之力所不逮者也"这一句，堪称对书院使命及与学校关系的最佳定义。此文是论述古代书院发展的一篇重要史料，遗憾的是至本书撰写时尚未发现有研究者提及，故将该文引在下面：

礼记云，选士之秀，升于司徒。造士之秀，升于司马。故国家设立庠序，则儒生以督之。法言云，十步之泽必有香草，十室之邑必有忠士。故州党陶淑子弟，则延乡先生以董之。郊南有学，国之所以造士也。闾左有塾，乡之所以育材也。统于国者岁有试，其责宽。隶于乡者月有程，其功密。

书院之立，盖与学校相辅而行，以佐文衡之力所不逮者也。汉崇经术，各有师承，教授一方，生徒千计，白虎讲论，鸿都书丹，炳炳麟麟，于斯为盛。唐循八代之绪，设明经之科，虽抗颜为师韩柳相诮，而北面受业籍湜皆才。宋明以来，精舍递开，寰宇周遍，自嵩阳岳麓建而正学惬，自东林复社倡而流弊滋。然而宋学不亡，实缘儒学之力持于下。明社终屋，半由讲舍之被废而然。岂非道观于乡，化行自近哉！惜乎，沿袭既久，规条不修，委任既轻，流品亦杂，佻达之风炽，苗轧之体行，冬烘之笑腾，夏楚之威熄。泄泄瞌瞌，泛泛悠悠，惜无人焉。如吾师实庵先生者，以振兴而率作之也。先生积学少岁，策名中年，负兰台之英声，擢鹰绣之清秩。立朝谔谔，闻风者振其懦顽，善诱循循，熏德者化夫稂莠。其来主西湖讲席也，许与气类，诠品人伦，讲堂征鹳雀之祥，门生绝鲑鲋之议。

1　胡敬：《崇雅堂诗钞》卷五，清道光二十六年刻本。

岳岳者其道貌，温温者其德容，时则周南卿茂才，当舞象之年，具食牛之气，芥视青紫，心仪古先，高朗拓其胸襟，森挺出其头角。先生一见倾许，三生结缘，为之延誉公卿，品藻文字。呼李泌为小友，许孔融以通家。如扶风之识郑君，比明道之得游酢。少安毋躁，讽以涵养之功深；有美在中，诚以虚憍之气盛。知己之遇，闻道之早，端在是矣。今者寝门之恸已踰廿年，楹书之存尚守一帙。在昔彦先传余庆之业，身自持丧；李汉出昌黎之门，没为裒集。以今视古，岂多让耶。抑闻汉代师资之益，匡刘而外首推仲舒。时有弟子吕步舒，袭其名称，用志向往。后因灾异之对，致兴矛盾之攻知乃大惭，悔之已晚，若是者，将先生所谓不务其实而徒涉于虚者钦。南卿淹雅之才，综博之学，器识之远到，行谊之老成，其于先生固已登其堂，而哜其胾矣。程朱相勉，在道德不在文章。孔贾所传，以经训不以位望。况乎晚成者器大，有志者事成。令闻既彰，则国家之诏糈及焉。敦行不怠，则州党之美誉归焉。南卿其尚服佩师，言以掉鞅文苑之场，而勉入儒林之传也乎。[1]

　　看来冯实庵彼时确实名望很高，不仅胡敬极为崇敬，同时代人对其也是赞美有加：

送冯实庵给谏请假归里

我别家山记上春，君今秋尽到湖湄。
心驰南浦依清月，梦说东华数软尘。
青草送行三馆旧，黄门归老六旬人。
乡耆述典成佳话，图尽他年一写真。

卅载京居是素交，归来曾约结庵茅。
新庐未卜草三径，佳咏已传鹤半巢。

1　胡敬：《崇雅堂骈体文钞》卷四，清道光二十六年刻本。

秋水野航朝问渡，雪畦丛韭晚充庖。

倚门伯子频占讯，计得灯花细细敲。[1]

胡敬受两位恩师影响极深，加之自幼所受家庭影响，故胡敬对科举制艺有比较清醒的认识，所以他执教时能够不拘一格，因材施教、因人施教。其最突出特点就是于制艺之外加课诗赋散文，要求弟子不只注重应试科举，也要注意培养健全人格，做有品位有素养的君子，这和薛时雨的执教风格有很大相似之处。胡敬掌院20余年，以科举通显者固然数不胜数，但即便应试失败、怀才未遇者，也能以所学授予弟子，故世人皆称胡敬为一代名师。

胡敬执教崇文书院多年，与诸生情谊深厚，弟子中出类拔萃者数不胜数。据《书农府君年谱》，胡敬掌崇文书院期间，最得意弟子有两人：一为谢家禾，号谷堂，字和甫，钱塘举人，少嗜西学，精几何代数；另一人为姚伊宪，号古芬，仁和诸生。

此处且简单说一下姚伊宪，他工律赋，当时读古唐赋能得其音节者有二人，姚伊宪即为其一。胡敬曾为其撰写序，对其文采大加称赞："古芬，春漪先生从子也，能世其家传。其赋宗法唐人，而仍自出机杼，才气驰骤，清辞丽句，络绎奔赴，是为善学唐人而不流于枯寂者。"[2]此外，姚伊宪和其妻子的故事也颇为感人。他娶秀水朱氏庚垣之胞妹为妻，其妻工诗词，相貌也出众，两人感情甚笃。不料婚后不足一年，妻子竟然因为做梦而发疯，虽尽力救治，仍无济于事。她独居时常对影喃喃自语，有时手中无书，居然还能背诵《文选》《离骚》，姚伊宪每见此状，更是悲痛不止。然此病终无药可医，姚伊宪即从此鳏居，直至去世。为此他曾赋《无题》诗四章，以表心志：

---

1 邹炳泰：《午风堂集》卷六，清嘉庆刻本。
2 胡敬：《姚古芬赋钞序》，《崇雅堂文钞》卷一。

彩鸾六六数双眠，记聘云英巳十年。
越国村溪看姊妹，汉家楼殿寓神仙。
红檐风怯丁冬铁，锦瑟春安子夜弦。
指点蓬莱山不远，只教为雨莫为烟。

岂关霾梦召巫医（妻病从一梦而起），毕竟聪明误可知。
人世因缘来鬼妒，女儿心地亦书痴。
幻成海蜃空空见，想落杯蛇渐渐疑。
不是飞龙真没药，当归情事费猜思。

手把芙蓉读楚骚，一声楼笛下江皋。
酒怀蕉萃羞郎索，镜影蓬飞怨伯劳。
梦里月干双照泪，天边云阁远题毫。
北征杜子归来日，旧绣空江坼海涛。

秋河牛女各西东，掩抑心犀未敢通。
杜子卿为且过鸟，守宫侬亦可怜虫。
难消香茗多才福，忍种离支侧挺丛。
谁夺王珉好团扇，紫樱花下太匆匆。

对此古人赞曰：读其诗亦可想其情之不薄矣。[1] 其实从姚伊宪这组诗不仅可见其情不薄，亦可见其诗才不薄。姚伊宪受李商隐影响较大，且因精通音律，诗句抑扬顿挫，读来有含英咀华之美。

姚伊宪个人婚姻纵然有如此悲剧，其人生所受挫折却不止于此，他虽才气纵横，但科举之路竟极为艰难，"九试棘闱不得售"——九次参加科举考试均未考中。戊子年（1768）那次考完出场，突发疾病，竟以此卒。胡敬得知此事后即撰一楹联，字里行间显其悲痛之情：

———————— 1 梁绍壬：《两般秋雨盦随笔》卷一，清道光振绮堂刻本。

数到君奇因三秋博取科名，竟霎时老母凭棺病妻加绖；

颜难我抗自五载聚谈文字，每低首诗才如海赋笔凌云。

富呢扬阿后的浙江巡抚为乌尔恭额（？—1842），他是满洲镶黄旗人，富察氏。历任军机章京、知府、按察使等职。1834 年升任浙江巡抚，对书院教育也是较为重视，且和胡敬交往密切。如此，胡敬等于是和三任浙江巡抚都保持有良好关系，这对崇文书院的发展当然有很大益处。就在乌尔恭额任浙江巡抚后不久，身为山长的胡敬决定适当扩大书院，于是在乌尔恭额支持下在西湖边购得一块地，即建仰山楼一座，从此仰山楼成为书院的代表性建筑，引得不少文人前来游览并写下诗文，以志纪念。胡敬本人，也写下《新建崇文书院仰山楼记》记录此事，该文如下：

长白敬斋乌公奉命来抚吾浙，阅三年。海塘城垣义仓湖堤田圩次第缮修，百废俱举。民事之暇，整理学宫，完葺书院，训士勤勤恳恳，其待之也，恕其望之也。殷真意感，孚士风为之丕变。崇文讲舍岁久朽蠹，监院请筹款千二百金重修。公如所请而轮奂聿新讲舍，旁有隙地，余捐资购得，地在东南巽方形，家言法宜高，有利于文明。商诸公建楼三楹，楼成，器用未备，时四贤祠及诸生学庐几案亦散失殆尽。欲为添设，方虑费无所出。适绍郡诸生胡月如来从余学，闻之慨然出百金相助，曰以是为赞，即请以是备讲舍中诸器用。余察其意赞诚笃，不敢没其善。嘱监院具牍申详，公深嘉之，如所请，而器用于是略备。

夫事必创始于上而后赞成于下，使非公筹划营建有以作其先声，虽有乐善者且观望不前，安能奋发如是之速耶？或曰，昔之人以官为传舍，率因陋就简，不屑措意讲舍之为传舍无异于官，何子之不惮烦如是。余曰，不佞齿迈才薄，因病乞闲，无补于国家，无裨于桑梓，区区一乡一邑，闲为所得为而犹不欲为，于心安乎？愿自今士习益端，文教益兴，科名益甚，以仰副圣主乐育人才之至意，是则余所望于诸生者，岂徒以为燕息之地哉！

凡所添设皆详立案档,备监院于交替时有所稽考,以垂久远焉。[1]

此文大意如下:乌尔恭额任浙江巡抚三年后,治理有方,政通人和,民事之暇,开始致力于改善教育。鉴于崇文书院校舍年久失修,决定筹款1200金。胡敬捐资在西湖边购得一块地,建新楼三列,但室内器具因缺乏资金而没有着落。胡敬的一位弟子得知此事后决定捐资赞助,得到胡敬及浙江巡抚的赞扬。事情由此得到圆满解决。

胡敬由此事得出:世间之事通常都是先由上面提倡,然后才会得到下面拥护,否则下面即便有人想做善事,也会犹豫不决。胡敬最后希望书院诸生端正态度,好好学习,不辜负圣主的希望。

胡敬此文应该说写得十分巧妙得体,既恭维了支持此事的乌尔恭额,又点名具体资助建楼的学生,最后由此展开议论,并以为帝王培养人才作为全文结尾,算是皆大欢喜。

乌尔恭额于道光十四年(1834)升任浙江巡抚,而胡敬此文说他任巡抚三年后才有建仰山楼事,故仰山楼建设时间最早不会早于1837年。

三

胡敬掌教杭州崇文书院时,虽也重视对诸生进行科举应试教育,但不忘提高诸生的道德素养和文艺修养,故他在诸生的正课外加授词赋写作。对于词赋创作,胡敬也有着切身体会,在《敬修堂词赋课钞序》中对此有极为精彩的描述。此序为崇文书院重要史料,又

1　胡敬:《崇雅堂文钞》卷一,清道光二十六年刻本。

不易见，故录在下面：

敬修堂词赋课钞序

浙会城三书院，例以制艺课士，鲜有道及词赋者。将谓词赋非科名所亟，因置不讲欤？顾学使岁科两试皆兼试词赋，第其高下，吾师朱文正阮仪徵两相国，尤凭是拔取人才，非徒宏奖风流，盖备他日承明著作之选也。敬幼获见先君子偕同里耆宿吴西林（颖芳）、汪槐塘（沆）、魏柳洲（之琇）、何春渚（琪）、奚铁生（冈）诸老辈，纵谈风雅，心窃向往。通籍以后，安砚于协办英煦斋师宅，其地距冢宰刘文恭师赐第不数武。两师本世交，居又相近，谬以敬文娴骈俪，每有章奏，辄命起草。体裁掌故，必先明晰指示。乃知台阁结撰，虽视山林异派，而清丽渊雅，理可相参。唐文馆开舆同年，孙文靖、徐星伯并官总纂，两君皆天下士文章尔雅学博而器识不凡，频年晨夕追陪赏奇析疑，多所裨益。

岁己卯奉命校士皖省，既终任，以母老乞养归里。未逾岁，母氏弃养，随患重听，难再供职。爱山水之胜，承乏西湖讲舍，制艺之外，加以词赋。诸同学咸翕然乐从。阅三年得课三十有六，厘为六卷，播诸枣梨。又五年，富海帆中丞复为之序，继是以后时作时辍，同学辈亦缘事故聚散不常。硕果晨星存者无几。所幸后起之秀，操觚握椠，能踵前修。庚子春方拟荟萃成编，续行付梓。值海疆不靖，舟山失守，数郡骚然。辛丑之秋，风鹤增警。大吏谆勉众绅士团练义勇，为防御会城计，于宋德寿宫旧址，道流所栖处设局，按日两操。刀光枪声震骇心目。是时欲捉尘论，文不惟不暇，亦不敢抚议。成后心绪稍定，酒边灯下重检故纸，编排次第，积时既久，散佚颇多。姑即所存，汰其繁芜抉其瑕，类十取一二，合前刻成十有六卷，为卷未倍，为时，已数倍于前。则懒不收拾之故也。屈指二十年来，掇巍科跻清秩者计不乏人，而根底盘深尚偃蹇于场屋中者正复不少。岂诵习惟在制艺，余可等诸自桧以下耶？然吾乡杰出之彦，无论国初十子，即近若杭堇浦万樊榭两先生，未尝不咏槐黄赋，计偕何著作如是之卓荦耶。且如袁简斋大令陈句山太仆，异毂人祭酒未尝不工制艺，何诗古文辞如是之宏丽而淹雅耶？

谓非才大者能兼容并包，而不屑詹詹于庸腐之绳墨耶！敬学殖浅薄，愧不能以经术垂范同学，为举词赋之一知半解，所得于亲训师资友益者，备来哲问涂，是则敬拳拳跂望之微愿云尔。[1]

浙江巡抚富呢扬阿在为《敬修堂词赋课钞》所写序中就指出："（胡敬）正课之暇，辄用诗赋试士，盖所以导其性情，博其旨趣，使和其声以鸣国家之盛也。""鸣国家之盛"，正是书院培养人才的最终目标。杭州崇文书院课八股文，自胡敬担任主讲，"正课之暇，辄用诗赋试士"。而词赋课艺，一般称为"小课"，现存书院课艺总集中，《敬修堂词赋课钞》、上虞《经正书院小课》、苏州《正谊书院小课》、扬州《安定书院小课》等，都是小课作品汇编。

彼时书院既课八股试帖，又考课经史辞章，目的是"为馆阁储才起见"，"预为朝考、馆课计"，"非徒宏奖风流，盖备他日承明著作之选也"，其功利性显而易见，对此胡敬并不否认。不过，胡敬较之一般书院山长眼光似更加长远，他认为国家需要的人才不能是只会写应试文章的书呆子，还应有较高的文学素养，而更重要的是有健全的人格、高洁的品行，有"齐家治国平天下"的胸怀，概而言之，就是要成为"先天下之忧而忧，后天下之乐而乐的正人君子"，而诗词歌赋的写作，不仅仅能提高诸生的文学修养，更有利于他们提高道德修养，有利于使其成为品格高洁之士。

胡敬认为习赋不仅对写作制艺文有益，且对于以后应对翰林院馆加试律赋更为重要。所以他在《敬修堂词赋课钞序》中才对当时"例以制艺课士，鲜有道及词赋"的状况表示担忧。况且，从"律诗面貌与律赋为近，律赋即与八股为近，此较然可知者"可见，书

1　胡敬：《崇雅堂文钞》卷一，清道光二十六年刻本。

院课赋与科场"试律"（试帖诗）、"制艺"（八股文）有着不可分割的内在联系。胡敬的见解，彼时也得到不少好友的支持，曾任军机大臣的索绰络·英和就曾撰文表达和胡敬基本一致的见解，此文即《崇雅堂文钞序》：

> 诗文之道，无腹笥以充之不可也，无性灵以主之不可也，无卓识以鉴之不可也，无锐思以构之不可也。四者俱备，再得山水之助，则其言非常人之言也。以苏文忠公之博极群书，妙抒机轴，尽扫陈言，每出新意。纪文达公尚谓其在杭时，胸中清思半耗于簿书，半耗于游宴，是虽有名区而无静力天才，亦有所掩也。书农学士本积学之士，蜚声翰苑，视学皖江，年逾艾即引疾归武林，于兹十余稔矣。所撰诗文日臻老境，文则兼六朝李唐之美，诗则颜谢杜苏之流。邮函寄我，请为题词。一再展观，喜其学益深，性益定，识益超，思益精，是得助于杭之山水也，能吐烟霞气也，而无簿书宴游之扰也。

> 道光十有八年岁在戊戌立冬前一日，友生英和书[1]

此序作者为索绰络·英和（1771—1840），满族正白旗人。曾官至军机大臣、户部尚书等。工诗文，亦善书法，为胡敬好友。而"纪文达"即纪昀（晓岚）也。英和认为，无论作诗还是撰文，必须具备四者，即腹笥（学问、知识）、性灵、卓识和锐思。如果再能得到山水之助，那么其作品必然是佳作。苏轼所作虽远超常人，但因他常把精力耗费在公文和与友人相聚方面，所以其才气未能得到最大发挥。而胡敬则"四者俱备"，又免于宦海宴游之累，故其诗文能得山水之助，"能吐烟霞气也"。英和以苏轼来比胡敬，显然是对胡敬极高的评价，虽然有些过头，但对胡敬诗文特色的概括比较准确。

1　胡敬：《崇雅堂文钞》序，清道光二十六年刻本。

胡敬诗词风格整体而言，清新典雅但不失通俗，好用典故但并不晦涩，对此袁枚曾评曰"乾坤清气得来难"，胡敬认为是知己之言。以下略举数首[1]以见其特色：

苏堤新柳（其一）

栽种成荫迹已赊，
望来犹自满天涯。
几回南宋停歌舫，
依旧东风带暮鸦。
一径堤还连白傅，
两湖春尽属苏家。
笑他绿满西泠路，
空斗朝朝油壁车。

此诗虽也用典，但都较为常见，读者欣赏起来毫不费力。结尾两句意味深长，怀旧之感油然而生。

春草

茸茸犹带烧余痕，
一夜东风醒凤根。
画舫夕阳桃叶渡，
淡烟微雨杏花村。
遥峰绰约青当户，
暗水弯环绿到门。
赢得六朝无限恨，
倚楼人望易销魂。

湖上遇雨

云从山中出，

1　胡敬：《崇雅堂诗钞》卷一，清道光二十六年刻本。

还作山下雨。

湖光垂澹澉，

峦气互吞吐。

双桨打中流，

回头失孤屿。

时作退鹢飞，

风号怒于虎。

须史理归桴，

斜日照岩户。

风止雨亦收，

白云无处所。

寿袁简斋先生即用八十自寿诗韵

大集排成号小仓，编珠缀玉几千章。

百年长受神仙福，四海同瞻夫子墙。

名誉偶然□翰苑，乡心难忘是钱塘。

因春来作莺花主，可许彭宣拜后堂。

　　此为贺寿诗，所贺对象是袁枚，八十大寿在古代较为罕见，袁枚本人又是诗文大家，故此类贺诗不太好作。胡敬此诗巧妙套用袁枚自寿诗韵，首先格律上即已表现对袁枚的敬重。从内容看，既赞美袁枚创作成果丰硕、桃李满天下，更借历史人物彭宣赞美袁枚。原来西汉学者彭宣待人接物十分严肃，不苟言笑，为此连他的老师张禹也敬畏他，故师生相见时只正襟危坐，谈论学问，即便张禹留彭宣吃饭也只是赐便饭。而张禹另一学生戴崇来时，却可以入后堂饮宴并欣赏音乐，后人因此以"彭宣后堂"作为称赞端庄严肃的大学者的典故。此外这"彭宣拜后堂"其实袁枚也用过，当年史文靖（史贻直）康熙三十九年（1700）中进士，时年19岁。中式后归娶，绘《玉堂归娶图》征诗，袁枚即题云"愧作彭宣拜后堂，绝无衣钵继安昌。算来只有归迎事，曾学黄粱梦一场"。故胡敬如此用典可谓一举两得，故能博得袁枚赞许。

另外，胡敬本为杭州本地人，对西湖自然情有独钟，写有《西湖即事诗十首》，此诗第一首颇有气势：

> 十余年作西湖长，饱看云烟破寂寥。
> 明月千山宵放牧，清风双径晓归樵。
> 绿篷青幔浮梅槛，翠盖金幡夺锦标。
> 何似米家书画舫，味经谭艺暮还朝。

此外，胡敬还写有大量赞美西湖景物之诗，以下略举数首：

湖上新柳

> 已看摇曳满长空，春在双堤晓望中。
> 千点乱红千点翠，一丝微雨一丝风。
> 西泠苏小家藏早，南渡徐熙院画工。
> 待到三眠又三起，絮飞如雪扑帘栊。

——徐熙，五代南唐杰出画家，金陵人。出身于"江南名族"，生于唐僖宗光启年间，后在开宝末年（975）随李后主归宋，不久病故。一生未官，郭若虚称他为"江南处士"，沈括说他是"江南布衣"。

此诗对仗工稳，对数字运用颇为巧妙，其用典以"苏小"对"徐熙"也颇为得当。

小除日芗泉招集湖上次小米韵

> 想见临风逸与腾，清词挥洒让君能。
> 春来湖似新妆女，雪后山如出定僧。
> 门外波平浮镜藻，楼前风暖坠檐冰。
> 相期同赴探梅约，共选花闲瘦石凭。

此诗三四句对仗极妙，且用两个拟人手法，写出了西湖不同季节的特色。结尾两句则抒发作者与友人之闲情逸致，虽不脱旧时文人写诗俗套，却是诗人彼时的真情流露。

后人对胡敬诗评价很高，如谭廷献日记就有关于胡敬诗文的内容："阅胡敬学士《崇雅堂集》，诗篇劲拔，一洗软熟。骈文纯用唐法，亦与岑华居士抗手。" 此岑华居士指吴檠（1696—1750），字青然，号岑华，系吴敬梓堂兄，有《咫闻斋诗钞》《阳局词钞》《清耳珠谈》等行世。

此外，胡敬的散文如游记等也很有特色，如下面这篇：

游灵隐韬光记（节选）

闲偕同伴，借地翻经，肯负佳辰，随僧行脚小集，如鱼之队，同登选佛之场。维兹香火之清缘，亦算人天之小果。则有长斋苏晋说法维摩，支郎先把臂以在林，陶令亦攒眉而入社。是日也，湖如明镜，不动纤尘；山若定僧，自含真性。朝旭悬正法之炬，明明在空水藻漾。恒河之沙，了了可数，冲波一叶，凭作慈航清风，半帆送登彼岸。于是牵枝引手，舍筏抽身，安步当五衍之车，指迷遵八正之路。[1]

这是胡敬作品中把宣扬佛道与写景结合起来的佳作，融佛道于景物描写之中，如"湖如明镜，不动纤尘；山若定僧，自含真性"等，初读以为只是写景，再品才知系宣讲佛道。

胡敬不仅善写诗词，且和薛时雨一样也是"楹联大师"，不仅为崇文书院，也为西湖很多景点撰写楹联。

仁者乐山乐以静；
圣门观海观其澜。

---

[1] 胡敬：《崇雅堂骈体文钞》卷三，清道光二十六年刻本。

此为胡敬题崇文书院敬修堂联，上联取"智者乐水，仁者乐山"之后半句，而缺失之"水"在下联以"圣门观海"形式出现。"圣门"当指敬修堂及崇文书院，但"海"字无着落，如果说是以"海"代"湖"则明显不当，自古以来未有以"海"喻西湖者，故此联是否为胡敬所写，内容是否指敬修堂，尚待确认。

　　　　闲户自精，云无心以出岫；
　　　　登高能赋，文异水而涌泉。

此为胡敬题崇文书院仰山楼联，构思较为精妙，即能结合山的特点来写，与"仰山"贴合。"云无心以出岫"来自陶渊明，"文异水而涌泉"来自庾信，故这算是集句联。文人登高怀古已是传统，据说汉时登高能赋，便可为大夫。因此这样写，既符合仰山楼的地理特点，又借陶渊明和庾信之诗句"言志"，彰显胡敬内心的高雅情怀，不失为一副佳联。

西湖金沙港景区有一座关帝庙，胡敬为其撰写一联云：

　　　　圣至于神，荐馨历千载而遥，如日月行天，江河行地；
　　　　湖开自汉，崇祀值两峰相对，有武穆在北，忠肃在南。

此联极妙，借关公赞颂两位民族英雄岳飞、于谦，他们的坟墓都在西湖之滨，一南一北遥遥相望，也为游客来西湖时必定凭吊之处。

四

胡敬任崇文书院山长期间，虽然威望甚高，但在教学及管理方面难免会有疏漏之处，不可能面面俱到。彼时有一位杭州本地俞姓学生，自觉有几分才气，又自恃善作试帖诗，故入崇文书院后感觉良好，以为必能在诸生中大出风头。不过几次课试，其诗文却未能居于前列，这位俞姓学生认为是胡敬故意打压自己，自然愤愤不平，一直想找机会报复。不久，胡敬要求学生以"蜂重抱香归"为题写一首试帖诗，俞姓学生觉得报复的机会来了，于是其诗开头就是："尔亦知香臭，胡蜂历乱飞"，显然是在嘲讽胡敬好坏不分。胡敬看后当然不高兴，但又不好指责这位学生，毕竟这诗作也没有挑明是在嘲讽自己。之后他有机会见到这俞姓学生的启蒙老师黄乡泉先生，就问他说这个姓俞的是你的学生吧，他怎么这样不尊重我，还写诗讽刺我？不料这位黄先生说，他认为你值得他骂才如此嘲讽你，像我这样的他早已不放在眼里，更不会写诗嘲讽了。由此可见这位俞姓学生狂妄自大到何种地步。不过胡敬也就是发发牢骚而已，并没有对这位俞姓学生进行打击报复。由此可见，彼时崇文书院的教学氛围还是颇为宽松的，而胡敬也是一位胸襟宽广的山长。他执掌崇文书院期间，书院确实培养了不少颇有才华的弟子，对此本书另有文字叙述，不赘。

有一逸事也可说明胡敬性格。他任崇文书院山长期间，其监院姓王，年逾五十，一次湖边偶遇，看上家住西湖畔的一位岳姓姑娘，遂纳为妾。且说这岳姓姑娘还有一位妹妹，这监院甚至动了将其妹也纳为妾的念头。胡敬闻之此事，大不以为然，认为读书人当然要洁身自好。即以此为题赋诗一首，名为《湖堤曲》，起句为"日暮湖堤万株柳，仰山楼畔一杯酒"；结尾是"闻说他家有二乔，小乔更比大乔娇。劝君好与殷勤护，莫再湖畔放画桡"；中间句子则是"垂老还登少女床"，另一句缺失。这位王姓监院平日多以品行"端正"自命，说自己十几年来没有登过少女床，言外之意就是没有什么风流韵事，对此胡敬才写诗予以嘲讽。彼时胡敬诗文颇有名望，此诗很快流传开来，不久就被一位"封疆大吏"读到，后者大怒之下，竟立即撤掉王姓监院的职务。

胡敬是杭州本地人，乞养归隐后，仍执掌崇文书院直至去世，故他与本地文化名人往来甚密。就在他为山长这一年初夏，在杭州的一些文人成立了一个清尊吟社，首倡者为胡敬好友汪小米，自然得到胡敬的大力支持。这个诗社组织相对松散，没有固定的举办时间，但规定是每次由一人主办，依次轮换。自甲申到癸巳九年间举办了百余次，大致每月一次。而较为固定的参与者有70余人，其中如汪小米（远孙）、龚闇斋（丽正）、夏松如（之盛）、梁久竹（祖恩）等数人与胡敬"朝夕过从，相视莫逆"。

此外，他与龚自珍父亲龚丽正自幼就是玩伴，故关系格外密切。龚丽正和胡敬一样也曾为书院山长，不过他执掌的是杭州紫阳书院。龚丽正（1767—1841），嘉庆元年（1796）丙辰科进士，授内阁中书；嘉庆十四年（1809）入军机处，任军机章京；十七年（1812）调任徽州知府；二十年（1815）改任安庆知府。后擢江南苏松太兵备道，署江苏按察史，驻上海。道光五年（1825），龚丽正辞官返里，即主讲杭州紫阳书院十余年。对于父亲和胡敬等人的交往，龚自珍《己亥杂诗》中有专门提及：

> 醰醰诸老惬瞻依，父齿随行亦未稀。
> 各有清名闻海内，春来各自典朝衣。

龚自珍特意加注说：时乡先辈在籍，科目、年齿与家大人颉颃（指不相上下——引者注）者五人：姚亮甫、陈坚木两侍郎，张云巢盐使，张静轩、胡敬两学士。

龚丽正去世后，胡敬特撰挽联云：

> 司管榷者十年宜富而贫，视古名臣无愧色；
> 溥仁恩于三村为善必报，知君后嗣有传人。

据此联意，胡敬当知龚自珍定能青史留名，使龚家大放异彩。

又阮元督学浙江时，也多次参与胡敬、汪小米等人的结社雅集活动，并集十一郡本朝已故名人诗为《两浙輶轩录》，凡3133人，

诗 9241 首。胡敬"尊人蔚唐上舍涛《古欢书屋》诗亦采入录中",胡敬因此赋诗以志云:

> 天教浙水启龙门,文士泉台尽感恩。
> 一代登楼操选柄,千秋覆瓿慰吟魂。
> 家无书集名难假,才偶同时例不存(条例凡诗无专集及生存者不入选)。
> 甲乙编排微意在,续修留待后贤论。

从此诗可见胡敬对自己在文坛的地位也颇为自信,认为其论著当能流传于后世。古人云"同声相应,同气相求",看胡敬的交往圈子,此言不虚矣。

值得注意的是,胡敬当为崇文书院历任山长中唯一病逝于山长之位者。其临终过程令人感慨,因为很好地诠释了一位文人、一位教师的一生怎样结束才更有价值。且看《书农府君年谱》(清道光刻本)中有关记叙:

府君于十六日诣崇文书院课士,薄暮归家,尚撰净慈寺楹帖一联,旋觉头眩腹痛,下痢色如黄土,次日渐赤。医用攻积之剂,下痢愈甚,色成纯赤。改用温补之剂,痢下五色。至二十四日夜,昼夜二百余起。医又改用固涩之剂,痢稍止而气上行,呃逆呕吐,加以喘息疾,遂不可为矣。……耳素患聋,至是觉聪,目亦觉明。……初一日,天始明,犹起坐二次,索粥索药饮,及巳时,呼左右扶起,复命呼仆二人入,整衣履盥手,欲扶至案前,不及,遂坐而逝。呜呼痛哉!

其大意如下:

那是农历的九月十六日,胡敬从崇文书院授课后返回家中。当天回家后已是晚上,胡敬想到早前答应为杭州净慈寺撰写一副楹联的事，就不顾身体疲劳到书房书写。不料刚写完他就感到头晕腹痛，当夜即腹泻不止，家人急忙请来郎中诊治。其间数次改换治疗方法，但终无济于事。胡敬自知可能一病不起，遂从容向家人安排后事。半月后，胡敬病情有所好转，居然能够坐在床上吃饭服药。此外他本来早已耳聋，此时不但神奇地恢复了听力，视力也有好转——事实上这应该就是所谓的"回光返照"。农历十月初一早上，天刚亮他就命下人扶他到书桌前，想好好看一下书，不料尚未起身，就坐在床上去世了。而他为杭州净慈寺所撰写楹联，当为其绝笔之作。

据说胡敬之死本有预兆——在他临终前几个月曾占卜得句为"宿舟河下地湫隘"，"湫隘"意思是居处低湿狭小，因胡敬祖上老宅名为"宿舟河下屋"，此卦当有不吉之意。有人因此劝说胡敬当迁居以避祸。但胡敬认为不能离开先人打下的基业，拒绝迁徙。当然，胡敬去世和此卦意没有关系，不过是巧合而已。他去世的真正原因是为书院事和教育事过于操劳，缺少休息，加之年老体衰，遂至遽归道山。胡敬去世后，其家人将其葬于西湖仁寿山北麓，即如今的植物园东南一带，现有仁寿山公园。一代名师就此离去，惜哉！

不过尚有令人欣慰之处，那就是胡敬去世后，其子胡珵也曾担任崇文书院山长职位，且和胡敬一样博得诸生尊重和杭州士林的肯定。至于具体日期尚未确定，可能并非胡敬去世后马上接任，因胡珵必须先为父守孝，之后才能继续为官或做其他事情。现在可以确定的是胡珵掌崇文书院的时间是在咸丰年间。胡珵，字孟绅，号琅圃，道光丙戌进士，官刑部主事，有《听香斋集》等。所谓"子承父业"在他们父子那里得到最好的验证，也是崇文书院诸生的运气使然吧！

从山水大师到书院山长的戴熙

一

经各有体，易系辞，书载言，诗歌咏，春秋属词比事，三礼举典要，三传条疏证，尔雅解诂，诸经不相袭也。国家以制艺设科，乡会后场、学政考试，旁及经解、策论、诗赋，殿廷则兼用之。盖制艺、述经，具经体而微，经解、策论、诗赋、拟经，各得经之一体。大要皆经之流，故并重焉。昌黎之言曰：士不通经，果不足用，亮哉斯言乎。世儒或偏重时艺，呻其占毕，严立课程，鄙诗古文词为杂学，往往谢弗能，甚者，先圣遗经置高阁，曰："未暇及。"是求其流，忘其源。以故高才博学者，不肯局时艺，必肆力诗古文词，求根柢于六经。崇文书院自胡书农先生创小课后，朔望课制艺试帖外，则杂出多题。生童好从事者间为之，月一举以为常。熙承之后，课日益富。拟踵敬修堂课钞例刊行，奈力不及，乃积诸生润余先刊甲编，公同好可续将续。惟是高才博学者，日出所蕴。而熙固向所谓谢弗能，未暇及者也。是恶能为役，虽然，姑出所可者，使相观而善焉，不犹愈夫假鄙弃以自文谬陋者乎？顾区区之意，非欲夸奇斗靡，分专攻时艺者之心也，亦愿因流穷源，由诗古文辞以上窥经体而致其用，则异日黼黻隆平，润色宏业，犹余事尔。[1]

上面这篇文章即《崇文书院敬修堂小课序》，是关于崇文书院历史的一份重要史料，作者是曾任书院山长的戴熙。在此序中戴熙指出，很多人过分重视制艺而忽视诗词曲赋，认为后者是杂学，这

---

[1] 戴熙：《习苦斋集》"古文"卷二，清同治五年张曜刻本。

是不对的，"是求其流，忘其源"。真正的博学者，肯定是"肆力诗古文词，求根柢于六经"。戴熙还以前任山长胡敬创建"小课"为例，说明这"小课"已是崇文书院的办学特色且收效甚大，也深得诸生喜爱。因此戴熙才搜集整理诸生"小课"中之佳作，编辑问世。这不是为了让那些专攻制艺者分心，而是让他们明白如何才是"因流穷源，由诗古文辞以上窥经体而致其用"。戴熙此序表明了他作为山长的办学方针，那就是既要学习制艺，更要学习其他文学艺术知识，重视提高诸生的文艺修养和道德修养。这对于彼时过分重视制艺、把科举应试当作读书人唯一成功道路的倾向，无疑是一服清醒剂。

通常担任书院山长的要么是大学者，要么是大文学家，而戴熙最主要的身份却是画家，这可能出乎不少读者的意料吧！且看正史对戴熙的评价："熙雅尚绝俗，尤善画。当视学广东，陛辞，宣宗谕曰：古人之作画，须行万里路。此行遍历山川，画当益进。其见重如此。"可见戴熙其人其画，曾很为最高统治者看重。但除却仕宦生涯，《清史稿》对其执掌书院一事则无一字提及。既然身为山长，则戴熙必然在学术和文学方面也有过人之处，否则很难服众。那么，作为大画家的戴熙又是如何成为崇文山长的呢？

二

戴熙（1801—1860），清代画家，字醇士，号鹿床、榆庵、松屏、井东居士等，浙江钱塘人，咸丰翰林，官至兵部右侍郎，辞官归里后主持崇文书院。

原来，在戴熙之前执掌崇文书院的是胡珵，即胡敬之子。咸丰癸丑（1853）那年，胡珵因病去世，但一时找不到合适的继任者。据史料说这胡珵所患为一怪病，且已有数年不愈："己酉春，胡孟

◎ 戴熙像

绅山长患疑，坐卧不安，如畏人捕。自知为痰，饵白金丸吐之，汗出头面，神躁妄闻。撩动其猖狂之势。"[1] 后虽请一王姓名医诊治并有所好转，但最终还是因此病而逝。胡珵病逝后，时任浙江巡抚的黄宗汉（1803—1864，字寿臣）遂邀请戴熙接任。戴熙显然没有想到自己作为画家居然可以去崇文书院任山长，自觉力有所不逮，但多次推辞均不能，遂接任。对此他在《崇文课艺序》一文中详细解释了此事，并坦言自就任以来一直怀有战战兢兢之心情：

　　熙不文无识，幼而弱，长而钝，通籍而荒，每荷衡文之命，辄心震慑而颜怩怩，惧弗胜任也。犹忆曩时阅卷尽，数卷则自省曰：尔与若有嫌乎，何遽严？又数卷又自省，曰：若与尔有私乎？何遽宽。
　　自始事至藏事（意谓事情完成——引者注），盖观人者常三观

————————
1　王士雄：《王氏医案续编·卷六》，见李成文、于同卫主编：《张山雷评点王孟英医案》，河南科学技术出版社，2018年，第272页。

◎ 戴熙《西湖山水》

己者，常七解组后中，洒洒然谓此事遂废已。咸丰癸丑，适崇文书院山长胡比部琅圃先生捐馆舍，大中丞黄公寿臣敦嘱继其后，熙悚然不敢承者再四，而弗容辞，强颜就席。甲寅首课举题，曰吾斯之未能信，曰过我殆有所寓意云尔。顾以吾浙人文之盛，熙厕其间焉，无过诚不能已，无憾或可为也。得卷即废百事，点勘焉盖不敢与曩时阅卷小有异也，今逾三年矣，幸诸生相与安之。既而章君次白盛君墨庄两监院，以选刻课艺请熙，又悚然不敢承，则曰例也。且乞助赀乃发旧卷重读，得如千首工竣，颜曰甲编乙编，纪年也惟是。熙十余年来新出时文，未能一寓目，不识近时好尚，何唾弃若何。故所选无矫无徇，以意为之而已。是刻出或谓为尘羹土饭弗知，也或谓为新妆炫服亦弗知。而或为之说，曰是欲弗庚乎，清真雅正之旨者，则熙益悚然不敢承。[1]

显而易见，戴熙的担忧不是没有道理的。一是他担心自己水平不够，因为自己所长是绘画，诗文写作不过是"兼职"，至于课艺之作他更是平日很少接触。二是浙江人文源远流长，人才众多，"吾浙人文之盛，熙厕其间焉"，恐怕自己不会令人信服。当然，他任职后，毕竟学高识广，加之认真负责，很快就得到诸生和官府及地方名流的认可。

戴熙在掌崇文书院期间，一直在思考这样一个问题，即书院开设的目的究竟是什么，仅仅是为诸生参加科举而设，还是应有其他目的？为此他曾编辑诸子先贤等一些谈论教学的文章，供诸生学习，并特意撰写一短序，以表示和诸生共勉之意：

共勉录序

熙掌教崇文书院今五年矣，日导诸生以角艺。书院为角艺设耶，抑不为角艺设耶？熙窃耻之，因辑先贤教学者文字数则，刊赠诸生。

---

1 戴熙：《崇文课艺序》，《习苦斋集》"古文"卷二，清同治五年张曜刻本。

取其易，易则易知。取其简，简则易从。顾熙不自勉，而欲以勉人，难已名之，曰共勉录。[1]

正是出于对书院多习制艺、为诸生应试做好准备这一功利性目的之质疑，戴熙才有"窃耻之"这样的心理。他不仅写《共勉录序》以纠诸生角艺之偏，更是通过自己的文字诠释什么才是好文章，什么文字才值得认真练习，其实就暗含有对日趋僵化制艺之文的否定。下面来看戴熙所写两篇短文，情感真挚充沛、文字清新可喜，足以成为诸生学习的典范：

书二犬

丁未之春，余寓居宣武城外绳匠胡同之南，余女之归吴氏者寓其北，相望也。女数来省余，一日携乳犬来，爱而饲之，日壮以大。是岁夏，余女死，余对犬凄然，犬亦若甚悲者。寻不食，五日亦死。北邻赵氏者畜三犬，赵氏选官去，程氏来居一月。程氏又他徙，余移居焉。三犬出迎余，甚余昵也，守余户尤严。一夕余私忖曰：身乃独居，而三犬环卫，不已泰乎！明日一犬亡入程氏，招之不来，泛泛若不相识者。之二犬一死一去，偶然耶，不偶然耶？或者曰：之二犬动于天者也，噫！彼犬也，亦有天也耶！[2]

此文大意为：戴熙住在城外一胡同南端，他女儿出嫁后住在同一胡同的北端。一日，女儿来看望自己时带来一只小狗，戴熙遂留下饲养。不久女儿去世，戴熙非常悲伤，那只小狗似乎也同样悲伤，竟然开始不吃东西，五日后也死掉了。戴熙的邻居养了三只狗，他走后又来一位姓程之人居住，之后是戴熙再来居住。三只狗对戴熙非常亲昵，让戴熙感觉这个地方很安全。几天后，其中一只跑去找那个姓程的人，怎么招它都不回来，好像不认识戴熙一样。戴熙因此想到，这两条狗，一个为主人而死，一个为主人而离家，是偶然

1　戴熙：《习苦斋集》"古文"卷二，清同治五年张曜刻本。
2　戴熙：《习苦斋集》"古文"卷四，清同治五年张曜刻本。

还是必然？也许可以说它们的行为感动了上天，如此说来，难道狗也有上天吗？

记 梦

熙之梦先考妣也，若旧创之，遇阴雨而发者，时或数月不得一梦，或一夕一梦，一夕数梦。所梦多侍奉恒状，不知其殁也。或梦殁，则哀痛以觉。

道光二十七年十二月初三日，向晨在京师寓室，梦家人出先考妣于圹，而复生者舆归如平。生父坐堂上，熙兄弟侍侧。父曰：我葬得地宜尔辈，皆长养无疾病。某某家葬亲后，其子孙皆落地弗善欤？词若疑而问者，皆对曰：唯唯。入室见母，默不语，貌若病新瘥。熙问曰：母殁十年矣，殁后有知耶，无知耶？母曰：无知，若寐尔。仰见母发，诧曰：人死不老耶？当时常疑母发何遽白，今儿发乃白于母。母曰：我行动尚健，坐则腰背痛，不如昔矣。因视母座，乃叠被为褥以坐。二姊在侧曰：此坐不适尔，手揭起被，见被下多龙眼及他杂果，累累然满地。以觉是梦也，不以为殁而哀痛，且以为复生而喜，何妄也。

然当其梦也，无父而复有父，无母而复有母，灼灼然自谓不妄也。呜呼，奈何而觉也？[1]

这一篇大意为，戴熙常在梦中见到逝去的父母，有时几天一梦，有时数月不得一梦。每次做这样的梦，梦中都是自己在侍奉父母。有时梦到父母去世，醒来后即更为悲痛。有一天，戴熙梦中和父亲对话，然后入室见到母亲，母亲却沉默不语。戴熙即问母亲：我知道母亲已去世十年，人死后是有知觉还是没有呢？母亲回答说，没有知觉，好像是睡着了。……戴熙说，对此他自己知道是在做梦，但不因父母已去世而哀痛，反而因为他们复生而欢喜，这又是怎样

---

[1] 戴熙：《习苦斋集》"古文"卷四，清同治五年张曜刻本。

的妄想啊。然而人在梦中时，无父者又有了父亲，无母者又有了母亲，所以也不能认为就是妄想。唉，为什么会醒来呢？

这两篇文章，都书写了戴熙发自内心的真情，可谓字字是血、句句有泪，这样的文章给书院诸生看，无疑有助于提高他们的道德修养，有助于他们成为真正的君子而非书呆子。

戴熙既是一位书画家，也是一位古泉（钱）学家，在古钱学方面很有造诣，所著《古泉丛话》四卷，记述了他研究古钱的心得以及钱币界的一些逸闻趣事。有意思的是，戴熙当时就被人称为"钱痴"。据他自己说，曾有人卖给他一枚孝建四铢钱，并对他说："我在羊肉铺见人拿 100 个铜钱买肉，其中有这枚四铢钱，店主嫌小，让买家换一个，买家不换，两个人对骂起来，我拿了 100 枚大钱换这枚小钱，买家和卖家都大感不解，他们说我痴，我则说他们痴，今天你又拿数百倍的价钱买这枚钱，不是比我更痴吗？"所谓"孝建四铢"系南朝宋孝武帝刘骏于孝建元年（454）始铸，终于明帝泰始三年（467）。"孝建四铢"四字作薤叶篆，纤细柔长；钱面横书"孝建"年号，钱背横书"四铢"，面背文均横读，为古钱铭文中所仅见。也因此当时被人视为奇货，往往要价二三万钱。戴熙"钱痴"之名副其实，可见一斑。不过戴熙爱"钱"却不是财迷，反之比较关心民生疾苦。他的《题画偶录》行世，其中有这样一首："早起到陂塘，归来亦夕阳。得鱼不自饱，辛苦为谁忙？"画家长期生活于钱塘江畔、在富春江上写生作画，这一题画诗（原画已失）表现了渔民从早到晚的生活状况，也体现出作者对渔民的同情。古代很多文人往往以高人隐士的眼光来看待渔人生活，戴熙却能看到渔人的艰辛及"得鱼不自饱"的困苦处境，为他们发出"辛苦为谁忙"的不平之鸣，确实难能可贵。[1]

1　王樟松编著：《画中桐庐》，西泠印社出版社，2015 年，第 88—89 页。

三

从戴熙本人的资历方面看，他根本不必担心自己是否可以胜任山长一职，因为仅凭他曾入直南书房的经历，做一个书院山长已经绰绰有余。

据《清史稿》，戴熙"道光十二年进士，选庶吉士，授编修。大考二等，擢赞善，迁中允。十八年，入直南书房"。原来，清朝统治者沿用入关前旧例，将诸臣设在内廷的办事机构称为"书房"，而"南书房"的设立始于康熙。康熙十六年（1677）十二月十七日，翰林院侍讲学士张英、内阁撰文中书高士奇以南书房侍从身份入侍内廷，清宫档案《南书房记注》从这一天开始记载，标志着南书房作为一个内廷机构的正式设立。之后，凡被召入南书房，即称"入直南书房"，或称"入侍内廷"。其入直者不论官职崇卑，概称"南书房翰林""南书房供奉""内廷供奉"。由于南书房"非崇班贵檩、上所亲信者不得入"，所以它完全是由皇帝控制的一个核心机要机构，随时承旨出诏行令，这使南书房的权力越来越大。当然，"伴君如伴虎"，这些官员也要时时小心，提防皇帝随时发怒处罚他们，即便是一些琐碎小事，也有可能得罪皇帝而失宠。而戴熙不幸就是如此。

事情经过是这样的，在南书房一段时间后，戴熙已被道光视为"爱卿"，很快戴熙被派往广东任广东学政。这一任命带有考察戴熙之意，因为很快林则徐就被派到广州禁烟，显然道光想要戴熙配合林则徐，进一步锻炼他。据说道光在派戴熙赴任之前，说了这样一段话："古人之作画，须行万里路。此行遍历山川，画当益进。"道光这话显然意味深长，不仅是要戴熙提高绘画水平，更是要他经受锻炼，为以后担当重任做好准备。

本来道光皇帝想让他在广东学政的任期结束后就回到朝廷，继续在南书房值班。但戴熙等学政任期一结束就"请求终养"，意思是要回家奉养父母，至于具体原因已不可考。就这样，戴熙回老家待了几年，等戴熙再次回到官场已经是道光二十五年（1845）。道光二十八年（1848），戴熙任兵部侍郎又兼直南书房，已是大权在握的朝廷重臣。不过这时的戴熙"书生气"又发作了，他有些天真地认为既然自己只是"兼直南书房"，那么自己的真正职责是兵部事务，那才是国家大事。不过在道光皇帝看来，什么兵部、户部，还不是我说了算，所以他要戴熙还是在南书房多陪陪自己。如此一来，君臣之间就有了矛盾的萌芽。

果然不久矛盾就爆发了，先看正史的记载：

先是，广东因士民阻英人入城，相持者数年。至二十九年，英人慑于民怒，暂罢议。宣宗嘉悦，以为奇功，锡封总督徐广缙子爵，巡抚叶名琛男爵。会熙召对，论及之。熙言广东民风素所谙悉，督抚所奏，恐涉铺张，非可终恃，上不怿。寻命书扇，有帖体字，传旨申饬。

原来是广州市民为阻止英人入城抗议多年，英人害怕惹出事端，就暂停入城。此事传到京城，道光以为是一件大好事，遂奖励广东地方官员。不料戴熙却有不同看法。他觉得既然皇帝征求自己的意见，当然要据实回答，就根据自己在广东的经历，认为广东督抚所言可能有所夸张。结果就引起道光的不快，即以戴熙所写书扇有帖体字为由训斥戴熙一番。所谓帖体字，彼时其实很常见。什么是帖体？帖体即试帖，它比八股还要古老得多，很考验古文功力，处处讲韵律对仗，不仅如此，帖体诗文还要用规定字体书写，要求特别工整大方，但因此也就显得过于拘谨，有些匠气。这本来在平日没有什么，但道光想要惩罚戴熙，就抓住这个理由把戴熙训斥一番。不仅如此，道光觉得只是训斥还不够，竟然继续羞辱戴熙：

越日，命南书房书匾额，内监传谕指派同直张锡庚，戒勿交写误字之戴熙。未几，罢其入直。

戴熙本为书画名家，结果南书房的匾额却不让他写，这不是明摆着羞辱他吗？戴熙一看这样，知道自己已经失宠，只好以患病为由请求辞职。不料因此更导致道光大怒，干脆给戴熙降级退休的惩罚，也许在道光看来，这已经是对戴熙的宽恕了：

熙知眷衰，称病请开缺，上益怒，降三品京堂休致。

戴熙就这样带着几分屈辱回到家乡杭州，和那些衣锦还乡者相比，戴熙无疑是一个失败者。好在家乡人并未因此看不起戴熙，西湖的山山水水依然欢迎戴熙把它们绘入画中，而戴熙也在描绘家乡的山水中得以抚慰受伤的心灵。

后来太平天国起义军北上，杭州受到威胁，戴熙即协助地方政府防守，最终城破失守，戴熙竟自杀身亡。

十年，粤匪由安徽广德入浙，连陷数县，犯湖州、武康。熙以所部练勇付按察使段光清，会旗兵防独松、千秋等关。贼至，敛兵入城守。熙谓用兵无独守孤城之理，宜分营城外相犄角，又议乘贼初至迎击，皆未行。熙与弟棻助守西北隅，炮毙黄衣贼一人，贼遽退匿山后。众谓贼且遁，熙料其诈，侦之，果转赴西南。昼夜环攻，久雨，兵疲。贼于宋镇湖门故址穴地轰城，遂陷，熙赴水死之。弟煦、媳金及甥王朝荣，同殉。

戴熙投水自尽前，曾留有绝笔诗："病躯晚岁遇时艰，八载巡防总汗颜。撒手白云堆里去，从今不愿到人间。"据说他自尽之事传到京城，道光皇帝还是有所触动，认为戴熙确实是一位忠臣，有些懊悔当年对戴熙处罚过重，遂决定给予戴熙一定的补偿：

事闻，赠尚书衔，建专祠，予骑都尉兼云骑尉世职，谥文节。

这就是之后戴熙被称为"戴文节公"的由来。事实上，无论朝廷如何对待戴熙，民间对戴熙一直是极为敬重的，不仅因为他是著名的书画大家，更因为他的仕宦生涯对得起"良知"二字。他因敢说真话而得罪了皇帝，却在民间收获了尊重。而之后担任崇文书院山长的经历，更让他赢得诸生和地方文人墨客的赞扬：

……及殉节，遂益为世重。同时汤贻汾画负盛名，与熙相匹。亦殉江宁之难，同以忠义显，世称戴、汤云。

掌教崇文书院五年，用经术古学造就后进，辑《共勉录》勖之以学行。……在京闻父疾，请急归。到家而父卒，终身以为恨。岁时祭墓，必徒行。尤俭于自奉，室无姬侍。[1]

时至今日，戴熙掌崇文书院的故事和他的绘画，依然在浙江士林和民间流传，对于那些为杭州文化和西湖山水做出贡献者，人们是不会忘记他们的。

---

1 邵懿辰：《戴文节公行状》，《半岩庐遗集》遗文，清光绪三十四年邵章刻本。

会试第一名的山长马传煦

一

马传煦(1825—1906)，字春旸，号蔼臣、念庵，浙江会稽人。咸丰九年（1859）己未科会元，即会试第一名。据《清实录咸丰朝实录》记载："策试天下贡士马传煦等一百八十人于保和殿，咸丰十年，散馆后授翰林院编修。"在崇文书院历史上以会元出身而执掌山长者，马传煦应该是仅有的一位。

马传煦先是于道光己酉年（1849）得中乡试解元，然后于咸丰九年（1859）又取得会试第一。之后殿试虽未得第一，也已是极为难得。当年会试考官为内阁大学士贾桢、刑部尚书赵光、户部侍郎沈兆霖和工部侍郎成琦。

他在会试第一场遇到的题为"色难有事"，出自《论语·为政篇第二》，原文是："子夏问孝。子曰：'色难。有事，弟子服其劳；有酒食，先生馔；曾是以为孝乎？'"大致意思是：子夏问孔子什么是孝道。孔子说："侍奉父母经常保持和颜悦色是最难的。遇到事情，子女替父母去做；有了酒饭，让父母来享用，难道这样就是孝了吗？"孔子这段话的意思是替父母做事情，让父母吃饱喝好，这些是很容易做到的事，不能作为判断孝顺与否的标准。真正的孝顺应该是发自内心对父母恭敬，如此才会由衷地表现出愉悦和婉的神色。这样的题目其实不好写，但马传煦之作极佳，并作为范文流传于世。

不妨看其开头如何破题、承题：

色以悦亲而难，不妨先验诸亲之事焉。

夫色何以难，难在根心而发也。若亲所难者惟事，谁敢于其有也而忽诸。（破题）

今夫孝子之事亲也，曰怡色，曰愉色，似人子以深爱为难，不必计庭闱起居之末务矣。顾和悦悉本肫诚，子自有难藏之至性，而筋力虽当衰老，亲或有难谢之仔肩。由子心以体亲心，则欲于在子者，深凛其难，正不妨先以在亲者进验其难已。子问孝，子岂不谓敬可能也，安为难？事亲者当问亲所有事，无庸先课诸己乎，而抑知己正有难者在也。所难惟何？惟色而已。凡事由人为，而色则根乎天性……由是而服劳焉，夫亦分亲之难以为难也。然非柔色以将，亦懂与奉养等耳。人亦勉其至难者而已矣。（承题）

……

人子而情深色养，忍弗于事之。将有也，而曲意体之。由是而服劳焉，夫亦分亲之难以为难也。然非柔色以将，亦仅与奉养等耳，人亦勉其至难者而已矣。

开头一段的大致意思是：对亲人和颜悦色为难，而所以这样就先在亲人有事时得到验证了。对亲人和颜悦色为什么难？难就难在和颜悦色是发自本心啊！如父母亲所难的只是有事，谁敢在其有事时忽略这些事呢……其他就不翻译了，因为这样的文章对今天的读者来说确实过于晦涩而空洞，其实中心意思就是只要发自内心地孝敬父母，侍奉他们无论多难也不会感到痛苦。否则只是单纯的奉养，而不是真正的孝敬。说来说去，也就这样一些内容绕来绕去。不过写八股文就是这样，看谁能够把古人的话阐释得四平八稳而又无懈可击，此外更重要的是符合圣上的意图。这篇文章讲如何是"孝"，且在古人基础上有所发挥，显然是此类文章中的佳作，所以被置为第一也就不足为怪。且看阅卷考官的批语：

法密机圆，意真语挚。以难字串合，独具心裁。……无懈可击，亟拔之以冠多士。

另一位考官的批语较为具体，侧重评价其写作方法：

格律浑成，词意恳切。绾合极紧密，亦极自然。后二写亲之难处，服劳自不待言，并将会是意透过一层，尤见作法。

而"本房总批"对此文的批语为"第一场近情切理，纯粹以精次涵盖。下文不侵不溢，三机杆轻，圆诗庄雅"，总之就是切合主题、写法精妙之意。

会试总共有三场，马传煦的第二、第三场答卷也得到考官的高度评价。

第二场题目为"今夫天"，出自《中庸》："今夫天，斯昭昭之多，及其无穷也，日月星辰系焉，万物覆焉。"大意为：今天所说的天，不过是由一点一点的光明聚积起来的，等到它无边无际时，日月星辰都靠它维系，世界万物都靠它覆盖。对此，马传煦的文章开头同样精彩：

有难以一言尽天者，可即天体而悬想之矣。
夫一言可尽者，天也。然有不得而遽尽者，曷勿悬想夫天乎？且夫挟戴盆之见不足以量昊绛也，矜窥管之识不足以衡苍穹也。

考官对马传煦答卷的批语是：

仰承俯注，体会入微。视搬衍天官书者，有上下床之别。

而总评为：

金相玉质，斟酌饱满。

第三场题目为"焉能使予不遇哉"，出自《孟子·梁惠王》："吾之不遇于鲁侯，天也。臧氏之子焉能使予不遇哉！"大意为：我不被鲁侯接见是天意，那个叫臧仓（臧氏之子）的人又怎能让我不被接见呢？再看马传煦此文的开头：

不遇，非人所能使，大贤亦听命于天而已。

夫孟子之不遇，鲜不谓臧仓使然，而孰知使之者天也。仓虽善谗，其能违天哉？若曰人生之遇合，至无定也。而或谓操其权于人，则无定者似有定矣。

其批语为：

实理虚神，两得其妙。其文气之宛转关生，确合亚圣口吻。

综合而论，马传煦这三篇文章确实很见功力，开头总能用精练之语对论题高度概括，然后或立论或驳斥，逻辑严谨，论述丝丝入扣。结尾再与开头呼应，更上一层。且这八股文本就是为圣贤代言，如此所得评价当然极高。而第三篇就论述难度而言，稍逊于前两篇，故总评为：

议论通畅，裁剪整齐。

再看一下这位会元的试帖诗：

赋得高车高梱（得从字五言八韵）
循政传迁史，雄规拓楚封。
车高民共式，梱改令堪从。
拥盖仪型肃，凭轩意气恭。
旌旐瞻相度，阀阅仰儒宗。

　　辕广驹休局，门开驷尽容。

　　坤与符厚载，履阈戒当冲。

　　和听鸾鸣节，崇疑雉列墉。

　　荡平尊盛世，海寓荷恩浓。

　　这样的诗，其实没有多少艺术性，本就是为歌功颂德而作，重在得体，只要写得端庄文雅、符合圣意即可，结尾两句尤其明显。所以考官对该诗的批语也围绕着这方面：

　　端庄流利，台阁体裁。

　　所谓"台阁体"，是指明朝永乐至成化年间文坛上出现的一种"台阁体"诗。"台阁"指当时的内阁与翰林院，又称为"馆阁"。"台阁体"是指以当时馆阁文臣杨士奇、杨荣、杨溥等（号称"三杨"）为代表的一种文学创作风格，即题材常是"颂圣德，歌太平"，艺术上则追求平正典雅。虽然没有多少艺术价值，但科举时必须这样写，才符合要求。

　　不管怎样，既然成为会元，殿试时马传煦虽未被点为状元，但毕竟被咸丰帝钦点为翰林院庶吉士，又授编修，等于是一步登天，进入了大清王朝士林阶层的顶端，等待马传煦的应该是大好前程。不过，现有史料对马传煦的仕宦生涯竟然很少记载，如今只知道他授编修后又曾任国史馆总纂、方略馆提调等职，但在京城没有待多久就引疾归家，此可见其甥侄诗作：

呈舅岳马春旸先生传煦

孝友家风外氏传，持门特见女甥贤。

蓬瀛惭我难追步，领袖南宫第一仙（己未会元）。

十年清望冠词曹，为恋西湖脱锦袍（方膺京察遽引疾归）。

贺监风情陶令节，一时都并戴山高。[1]

诗中说马传煦是"为恋西湖"而辞官归家，明显系说辞，真实原因在"方膺京察遽引疾归"一句。所谓"京察"是考察京官的制度，在清代是每三年一次。显然马传煦是刚接受考察，就托病辞官归家，至于是真病还是假病已很难获知。

不过从彼时马传煦所作诗文中略能窥见其心志。如他为好友徐宝彝之文集《寄青斋遗集》所写序言，就颇为流露真实情感。徐虔复（？—1861），字宝彝，原籍浙江上虞，后移家绍兴。性好吟咏，平生著述甚丰，后死于兵乱，文稿亦散失。后人据佚稿整理编辑，成《寄青斋遗集》。该书封面有会稽进士王继香题签"寄青斋遗集"五字（疑为徐氏著作总名），隶书。首页与版心俱署"寄青斋词稿"。卷末有侄瑞芬、子焕章二人作《跋》，简述了词稿成书之来龙去脉。马传煦此序如下：

予抱疴里门，徐君文若以年家子礼谒见，手尊甫宝彝明经诗一编，问序于予，予应之而未果也。越日走答，又以请归，乃取其稿而读焉。展卷风生，凌纸怪发，阅未半而中辍，盖深痛夫宝彝，抱不可一世之概，竟颠踬名场，郁郁不乐，而卒以难死也。

忆余与宝彝初晤于试院，时在丙午三月。宝彝能文章，风檐寸晷中援笔立就。既出其夫人绿云馆遗稿以赠，盖原配程芙亭女史，才敏工诗，多闺中唱和之作。附以《落芙蓉曲》，哀艳动人，沁人心脾，则宝彝悼亡之作也。予乃心折宝彝，而宝彝不数数见。己酉予领乡荐，宝彝误中副车，侘傺不自得，同人造门者，辄拒不纳，而踪迹益疏。比予宦游京师，宝彝被贼锢不屈，遂大骂以死。予闻之乃愀然悲既，而复大慰，则以吾宝彝平日肮脏牢骚之气，一腔热血，洒诸楮墨而不尽者而卒，完其节而全其名。呜呼，真奇男子哉！

1　朱儁瀛：《金粟山房诗钞》卷二，清光绪二十七年刻本。

◎ 马传煦所作《寄青斋遗集序》

序

予抱疴杜門徐君文若以年家子禮謁見手尊而寶彝
明經詩一編問序於予予應之而未果也越日走答又
以請歸乃取其稿而讀焉展卷風生淩紙怪怪發閱未半
而中輟葢深痛夫寶彝抱不可一世之慨竟顚躓名場
鬱鬱不樂而卒以難死也憶余與寶彝初晤於試院時
在丙午三月寶彝能文章風檐寸晷中援筆立就既出
其夫人綠雲館遺稿以贈葢原配程芙亭女史才敏工
詩多閨中唱和之作附以落芙蓉曲哀豔動人沁入心

夫宝彝死矣，而其卓然不朽者不徒以诗，而诗亦藉人以传。予乃取而卒读焉，温丽芊绵，出入于义山飞卿。间而藻绘，间辄露奇气。时而慷慨悲歌，直追少陵；时而奇崛险怪，追摹长吉。又温李所望而却步者，而宝彝乃尽得之。呜呼，足以传矣！

余不文，乌足以知宝彝之诗，而特惜以彼其才，竟遇而不遇，而卒遇难以死。而又深喜故人之有子也，爰志数言而归之。

光绪乙酉仲秋之月，年愚弟马传煦序于西泠讲舍。

此序大意为：我因病在家乡休养，徐君若以老友晚辈身份来见我，想请我为徐宝彝的诗文集写序。我当场答应了却没有写，次日才拿起来拜读，读了不到一半就为宝彝之死而悲痛不已，无法再读下去。我和宝彝相识于试院，他很会写文章，简直就是倚马可待。他把他已故夫人的诗作给我看，其中有他所写的悼亡诗，哀艳动人，我于是对他心服口服。己酉年我乡试得中，而宝彝中了副榜，他有些不开心，闭门不出，和朋友的交往日渐稀少。等我在京师的时候，得知宝彝为反贼所抓，不屈而死。我得知此事后先是极为悲伤，后又为他感到欣慰，因为他洒尽热血、不屈而死，其名节得以保全，不愧为奇男子！宝彝虽然去世了，但他之所以不朽者不仅是因为他的诗，而他的诗也因为他得以流传。宝彝的诗，出入于李义山、温飞卿之间，其慷慨激昂简直可以和杜甫媲美。在奇特方面又和李贺相似，至于温飞卿、李义山尚未达到者，宝彝已经做到。因此他的诗肯定会流传下去。我本为愚钝之人，不懂得宝彝的诗，只是为他的诗才未能得到机会展示而惋惜。同时又为他毕竟有儿子继承遗志感到欣喜，就写下这些文字表示纪念。

此序言马传煦写来是字字悲痛、句句真情，完全没有八股文的迂腐酸臭气。虽系哀悼故人，实也有自哀自悼之意。如果说文如其人，则此文才是真正体现马传煦之文采的代表作。最后，此序写于1886 年，彼时马传煦正掌崇文书院，故在文末有"序于西泠讲舍"之语。

二

据现有史料，马传煦在同治四年（1865）即主讲蕺山书院，而他参加会试是在 1859 年，也即他至多有五年的仕宦生涯，之后即长期执掌多所书院，时间长达数十年。同治七年（1868），书院曾编辑《蕺山书院课艺》四册，收录的都是制艺之文，包括《论语》《大学》《中庸》《孟子》等 54 题及何炳荣、任滕等人的 116 篇八股文，并附有简单的评点。《蕺山书院课艺》序中点明了课艺之作的要点在于"代圣贤以立言也"：

夫时文虽科第之阶梯，实则代圣贤以立言也。四子书义蕴无所不包，深者见深，浅者见浅，各视其学力之所至。而相题立体，复有法为以限之，舍是二者，非文也。予届期谆谆以慎守理法为嘱，诸生颇善余言，争自琢磨，蒸蒸日上。……嘉庆时，莫实齐先生有

蕺山课艺之刻，精深华懋，卓有典型。道光朝闻人春台先生复有是
选，面目又一新矣。嗣朱久香（朱兰）、宗涤甫（宗辰）两先生递
主讲席，续有是刻，毁于兵燹，未之见。询之诸生，宗选以高简胜，
朱选以宏畅胜，则又各擅一长者也。予自乙丑南旋，马谷山中丞延
主是席……每逢校阅，矢慎矢勤，约文三百余篇，竟十余日之目力，
佳卷中稍有微瑕，细加商订，期惬心而后止，于今三年，桑官斋课
卷局一积，择其优雅，付诸枣梨，示学生揣摩之具。[1]

此课艺集子中有马传煦所拟作《吾学殷礼，今用之》，题目出
自《礼记·中庸》："子曰：吾说夏礼，杞不足征也；吾学殷礼，
有宋存焉；吾学周礼，今用之，吾从周。"如翻译为白话，大致意
思是，孔子说：我想讲一下夏礼，但现在的杞国已经不足以验证它
了。我想学习殷礼，因为现在的宋国还保存着一部分。我想学习周
礼，这是当今正在使用的礼，所以我遵循周礼。

马传煦确实在言传身教，对课艺不但有拟作，还在文后谈自己
写作八股文的体会：

题无甚要旨，惟子思述此节，承"为下不倍"而言。曰"生乎
今之世"，曰"今天下"，曰"今用之"，处处顿重"今"字，题
中"今"字必须重读。殷礼言"存"，周礼言"用"，其中即古今
之判，"存""用"二字须著意。至通节"夏礼言说"，"殷周礼
言学"，盖子以殷后为周臣，故视殷礼与周礼一般，较夏迥异，"学"
字亦须醒豁。至殷周礼固须点缀，然不可涉于堆垛。作是题者，或
用截发，或用遥对，或前后散，中权夹缝二比，或通篇散体，用回
环统绕之法，均无不可。阅卷百余，佳作如林，各体俱备，惟散体
只三篇，非直即散，尚须惨淡经营。阅卷已毕，见猎心喜，拈笔作

1　《蕺山书院课艺》卷首，同治七年刻本。

此，聊识题中甘苦耳。[1]

之后马传煦即掌教于杭州崇文书院，编有《崇文书院课艺九集》并撰序文，于光绪十七年（1891）刊刻。其所作序如下：

余忝长崇文十八年矣。忆自庚午（1870）假旋，蒙当道延主是席。自惟谫陋，养拙湖山，问字之车接踵而至。时或夜分谈艺，雅谊殷殷，两鬓霜影，一灯豆小，清寂中自有真趣也。诸君子翔步云霄，联翩科第，其后起者亦多隽雅之士。计自甲戌（1874）至戊子（1888），刻课艺凡五编。兹当大比之年，监院复以选事请，仍汇三年内官师课卷，择其理法双清、华实并茂者录之。闭门造车，出而合辙，未必无当于有司之绳尺也。年来讲院倾颓，大宪发帑兴修，轮奂一新。诸生栖息有方，藉资砥砺，文章品谊，争自濯磨，修业修身，均体日新又新之意，毋负官长培植。他日黼黻皇猷　，蔚成有用之器，名儒名臣，后先踵起，鄙人与有荣施焉。是为序。

其中"时或夜分谈艺，雅谊殷殷，两鬓霜影，一灯豆小，清寂中自有真趣也"等句确实写出了读书之苦和读书人相聚之乐，也可看出马传旭之文人气质。以下看一首其所写西湖诗词，可见其对杭州和西湖的由衷喜爱之情。至于诗中所抒发古代文人常有的感怀身世、世事沧桑之感，虽未有多少新意，但因寓于景物描写之中，故依然感人至深：

和马传煦一同写序的还有时任浙江巡抚的陈士杰（1825—1893，字隽丞，清衡永郴桂道桂阳州人）。1881年，陈士杰升任浙江巡抚，在任期间极为重视教育，故有此序。一年后其改任山东巡抚，直至乞病归养。返回家乡后他也致力于创办书院，以振兴家乡教育为己任。总而言之，陈士杰也是一位始终有些"书呆子"气

1　转引自尚磊明：《绍兴碑刻文献研究》，浙江大学出版社，2021年。

的文人。这从其所写序文即可得知：

崇文课艺序　壬午

杭州山水甲天下，而天然图画尤推西湖。崇文在湖之东，多士早暮钻研经史，暇则散步湖上，以陶写其性情。故其为文清而不脆，廉而不刿，不夸多斗靡而词旨自觉隽永，将无山水清华之气使然与？信斯说也，则夫附居湖畔之樵夫、渔叟、村女、牧童，皆当工词章、解吟咏、雍容有儒雅之风矣！其能然乎？否乎？夫玉必追琢而后成，木必削而后就，多士之华实兼赅，其有资于讲学者陶淑之功、涵濡之力，知非一朝一夕之故也。时讲学为马君春阳，浙之积学而有宿望者。[1]

此序强调了山水对陶冶性情的作用，但更强调教育特别是教师的作用，也即"玉必追琢而后成，木必削而后就"，且教书育人是一件短期难见成效的事，"非一朝一夕之故也"。所谓"物以类聚，人以群分"，从崇文书院历史上看，几乎所有山长和彼时浙江、杭州的地方官员都保持有较好关系，其重要原因在于这些山长此前大都有仕宦经历，而这些官员也都是文人出身，其对书院、对教育有着发自内心的喜爱和亲近，故他们对书院的发展大都能给予力所能及的支持，并在和书院山长及师生的诗词唱和中拉近了彼此的距离，无论在职还是退隐，其最终都归于"杭州文人"这一群体。

晚年的马传煦，虽然远离政坛，但因其文坛地位，多少是一位新闻人物，《申报》就曾多次对其言行进行报道。如 1880 年 11 月 8 日的《申报》，以《老成俎谢》为题，登了一则新闻：

杭垣之学海堂，为孝廉月课之所。其地即在西湖苏公祠之侧，掌教者为会稽杜莲衢阁学。现悉已于本月初旬仙逝，故本月望课暂

1　陈士杰著，陈书良、陈树整理：《蕉云山馆诗文集》，民主与建设出版社，2018 年，第 48—49 页。

归谭中丞命题考试。闻继是席者为会稽之马春旸太史，但马公系崇文书院掌教，是否兼理尚在未定也。浙中巨绅如郑谱芗都转、夏子松侍郎，皆于夏秋间物故，老成凋谢，曷禁慨然！

由《申报》上多次出现有关马传煦的新闻报道，可见彼时马传煦在教育界的影响。此外，马传煦所在时代，西方近代教育已大举进入中国，传统的教育体制早已腐败不堪，书院、私塾等走向末路也就成为必然。不过马传旭并非保守之人，相反，他积极致力于教育变革。光绪二十八年（1902）春，绍兴的中西学堂迁到龙山书院，由马传煦先生任校长，并改名为绍兴府中学堂。据《浙江省立绍兴中学五十周年纪念册》："学生增至八十余人，仍分三级教学。初设博物科，而历史、地理亦脱离国学而分科。四月，本校创办人兼总董徐仲凡先生卒。始提绍属八邑公款为吾校经费，并拨入戴山书院财产之半焉。"

清光绪二十九年十二月（1904年1月），清政府颁布《奏定学堂章程》，即"癸卯学制"，各地办学始有章可循，绍兴府中学堂也迎来大发展。之后几经变迁，成为如今的绍兴市第一中学。

除了积极参与家乡教育变革，马传煦还为保护地方文物藏书和修建事宜尽心尽力。徐树兰建造的古越藏书楼，是近代中国第一个公共图书馆。其三十五卷藏目《古越藏书楼书目》就是由马传煦修撰的。徐树兰（1838—1902），字仲凡，号检庵，浙江绍兴人，马传煦好友。马传煦曾为徐树兰撰写《翰林院编修马传煦等呈文》，请朝廷嘉奖徐树兰："既据绅士翰林院编修马传煦等承请奏，蒙天恩，饰部给奖。"此外，马传煦的书法也很有名，光绪二十八年（1902）十二月，绍兴百姓集资重建五孔石拱桥，并立《重建大通桥记》碑铭，这碑铭就是由马传煦书写："国子监学士口归安县教谕会稽郦昌祁撰文，赐进士口口口翰林院编修会稽马传煦书丹。"

此外，马传煦还与徐树兰、许在衡、马廉等人联合修建义仓，以备荒年："窃树兰于光绪五年奉前府尊奇备文照会，经管义仓，坚不获辞，因添举马绅传煦、余绅恩照会办。""经理义仓绅董马传煦、徐树兰、许在衡、马廉呈。"此外，《申报》于1897年11月1日也曾对马传煦等人为"本邑征粮之累"以致百姓太苦事发声有专门报道，题目为《邑宰善政》，开头一句即"会稽县绅士翰修院编修马春旸等具呈奉县批示"，可见其言行彼时有较大社会影响。

令人遗憾的是，马传煦之晚年生活状况，因史料缺乏不得而知。至于其因何去世，临终时具体情况如何更是不知。为此也期待有心之人能为此再搜寻史料，让后人对这位大儒有更加全面的了解。

新蘅主人张景祁

一

"梦里寻君何处在。楼外青山，楼外青山外。" 这是和马传煦同时代的张景祁所写，据说他也曾掌崇文书院，但缺少确切史料，不过其曾在崇文书院任监院，是仅次于山长之人。鉴于他在文学史上的地位，特别是在清代词史上影响甚大，故在此简单评述。张景祁（1827一? ），原名左钺，字孝威，后改字蘩甫，号韵梅（一作蕴梅），又号新蘅主人，和谭廷献等同为薛时雨的得意弟子，清末文学家，浙江钱塘人。

张景祁是同治十三年（1874）进士，后担任翰林院庶吉士，在担任福建武平知县期间，因坐罪被免职。后前往台湾，两度担任淡水县知县。中日甲午之战后回到大陆，任福建连江县知县。民国时和郑孝胥、林寿图等遗老遗少结社唱和，有《筝雅堂集》、《新蘅词》九卷、《秦淮八咏》等行世。

张景祁在文学史上首先是以词名。叶衍兰(1823—1897)，清代官员、书画家、词人，为清代词坛"粤东三家"之一，人称"南词正宗"。他对张景祁之词评价甚高，称其词"选调必精，摛辞必炼，有石帚之清峭而不偏于劲，有梅溪之幽隽而不失之疏，有梦窗之绵丽而不病其秾，有玉田之婉约而不流于滑，寻声于清浊高下之别，审音于舌腭唇齿之分，剖析微茫，力追正始"（《新薇词序》）。至于好友谭廷献在为其词所写序中则称其"早饮香名，填词刻意姜、张，研声刊律，吾党六七人奉为导师"，"中年哀乐，登科已迟；又复屈承明之著作，走海国之靴板，不无黄钟瓦缶之伤；倚声日富，规制益高，骎骎乎北宋之坛宇；江东独秀，其在斯人乎？"虽有所夸大，但张景祁词作在彼时确实别为一家，也是事实。

张景祁在西湖边长大，自然对西湖美景百看不厌，其诗词中赞美西湖者数不胜数。兹选一二如下：

梦江南·西湖春游曲

春游好，最好段（断）桥旁。上冢船回油壁闹，踏青人过画裙香，何处有红墙。

春游好，最好里湖堤。山市茶香鸪鸪老，水村芹脆鲫鱼肥，画楫不须提。

至于其他题材之词，虽未脱婉约之调，不免哀艳感伤风格，但用语精妙，意蕴深刻，有宋人风致。下面这首《一枝春·落梅》即立意不凡。前人虽多咏梅，但写落梅者寥寥，而张景祁又能翻出新意，如"问东风、忍把高枝轻扫"之句，就很别致，非对人生况味有独到感受者不能写出：

一枝春·落梅

不管清寒，问东风、忍把高枝轻扫？瑶台梦杳，未许探芳重到。生涯惯冷，任篱落水边都好。谁会得、千种飘零，并入笛声凄调。

仙云甚时流照？叹珠尘半委，萼华空老。无言更苦，肯怨早春啼鸟？关山去也，又蹴损、马蹄多少？还盼取、点额人归，翠尊共倒。

谭廷献激赏该词，评曰："茵溷飘零，感均顽艳。"类似风格者还很多，如下面这首：

小重山

几点疏雅眷柳条。江南烟草绿，梦迢迢。十年旧约断琼箫。西楼下，何处玉骢骄？

酒醒又今宵。画屏残月上，篆香销。凭将心事记回潮。青溪水，流得到红桥。

虽系从苏轼等人词中翻出，但情感是独特而真挚的，且在情景交融方面堪称完美。

尤其值得一提的是，张景祁和叶衍兰等人，凭借对秦淮河历史的研究，选出八名最出色的秦淮才女。此八人为马湘兰、卡玉京、李香君、柳如是、董小宛、顾横波、寇白门和陈圆圆。这应该是第一次提出"金陵八艳"这一名称。之后，张景祁在 1892 年编纂出版了《秦淮八艳图》，叶衍兰刻印了《秦淮八艳图咏》，每人均对这八位才女作诗一首以表赞颂。张景祁所作关于柳如是的一首诗题为《疏影》：

秦淮旧月，有柳枝嫋嫋，罗带亲结。金屋春深，击钵分笺，蛾眉肯让诗杰。年光皖晚夸红豆，暗误却，银屏娇靥。甚寄情，山上靡芜，又兆镜鸾伤别。

犹记风凄北寺，撤环誓代主，鹃泪成血。绣佛窗前，犬伴维摩，未了花囊尘劫。芙蓉影里霜华重，料不遂、绛云明灭。向玉台、唤醒香魂，莫认渡江桃叶。

尽管他们议定"金陵八艳"之事多少流露出封建士大夫的空虚无聊趣味，但其诗作却不乏对这八位才女的真诚赞美和尊重，而张景祁之作尤其如此。这应该算是张景祁那一代文人对这八位才女的集体"颂红妆"之作，而开后世文人"颂红妆"之先河。至 20 世纪著名历史学家陈寅恪，更以《柳如是别传》《论再生缘》等论著，为中国历史上无数才华横溢却又命运多舛之才女大唱赞歌，令无数文人汗颜。

那么，这样的多情多愁之词人，在撰写制艺之文时又会怎样？应该也是不得不适应制艺之体，不得不极力写出符合科举要求的诗文，不然又怎能考中进士？

二

先看一段史料：

（张景祁）光绪二年（1876）散馆，谒选得福建武平知县，坐事落职。台湾布政使邵友濂与之有旧，坚邀其来权淡水。光绪十年（1884）、十七年（1891），两度担任台湾淡水县知县，政绩卓著。光绪二十一年（1895）清朝割台与日本，张景祁携家内渡。二十三年（1897）知福建连江县。民国建立后，与林寿图、郑孝胥等结社唱和。景祁弱冠即为著名词人，工诗，谭献称其渡台诸作，"笳吹频惊，苍凉词史，穷发一隅，增成故实"。其咏台湾及甲午战事诸作，最为人所称道。

查 1876 年 10 月 27 日《申报》，有张景祁任福建武平知县消息。1877 年 1 月 15 日《申报》有张景祁拜见浙江巡抚消息，但其拜见时间其实是在 1876 年："十一月十九日新选福建武平县张景祁禀见。"但到 1879 年 12 月 17 日《申报》就有"武平县知县张景祁准调补侯官县"之消息，由现任知县改为候补，等于是给了降职处分，但没有说明原因。

1883 年 9 月 6 日《申报》有"武平县知县张景祁，笃实勤明，任内并无承缉盗案，将届四参处分，堪以调署淡水县篆务"消息。在当时，由大陆调到台湾任职显然是贬。不过，台湾彼时还是属于福建管辖。故 1885 年 4 月 10 日《申报》在"闽事纪闻"栏有关于左宗棠视察贡院及张景祁等考官阅卷的消息："二月初十日，左爵帅亲临贡院扃试，正谊致用，鳌峰凤池。越山各书院举贡生监童生是日报名与试者，多至八千余人。四书题：诗云予怀明德不大声以色。诗题：赋得炎风朔雪天王地，得风字。委金别驾，治礼及阳，成章陈增。张景祁、饶世缨、罗均夏、冯兴猷诸大令分阅试卷。当此戎马倥偬之会，而仍不废弦歌，爵相诚心殷爱士哉！"事实上彼时张景祁仍任淡水知县。

1886 年 7 月 23 日《申报》："台湾淡水县知县张景祁，前在任内水土不服，请假内渡，应以晋江县汪兴祎互相调补。"1887 年 2 月，张景祁即已到任。

1891 年 10 月 18 日《申报》："光绪十七年正月二十六日，奉上谕，晋江县知县张景祁，学问尚优，吏治未甚讲求，着开缺。遇有相当缺出，酌量补用。"

在不太长的时间内，张景祁的官职和任职地点居然有多次变动，说明"坐罪获贬"之说大致为真，但究竟因何事而"坐罪"，则根据现有史料无法说明。不过，其任职多次变动，也说明有人想整他，也有人想保他。其实对张景祁而言，在哪里任职、做什么不是很重要，他只要自己问心无愧即可，何况他对仕宦生活也没有那么留恋。他宁可把不断变动的任职看作给自己更多了解各地百姓生活和熟悉当地风俗的大好机会。例如台湾，彼时一般官员很少有机会去任职，故张景祁既然到台湾淡水任知县，当然会趁此了解和熟悉台湾民众及驻军的情况，并以自己最擅长的词作表现出来。例如下面这首《望海潮》：

望海潮

（基隆为全台锁钥。春初，海警猝至，上游拨重兵堵守，突有法兰兵轮一艘，入口游弋，传是越南奔北之师，意存窥伺。越三日始扬帆去，我军亦不之诘也。）

插天翠壁，排山雪浪，雄关险扼东溟。沙屿布棋，飙轮测线，龙骧万斛难经。笳鼓正连营，听回潮夜半，添助军声。尚有楼船，鲨帆影里矗危旌。

追思燕颔勋名，问谁投健笔，更请长缨？警鹤唳空，狂鱼舞月，边愁暗入春城。玉帐坐谈兵，有僮花压酒，引剑风生。甚日炎洲洗甲，沧海浊波倾？[1]

该词写于光绪十年（1884）春。上片描绘基隆的地势险峻及重兵镇守情势，下片写台湾将帅大员沉溺酒色，海防松弛，文恬武嬉，对敌舰的窥伺不以为意。末以满怀迷惘之情，发出"甚日炎洲洗甲"的慨叹。

还有这首《秋霁·基隆秋感》：

盘岛浮螺，痛万里胡尘，海上吹落。锁甲烟销，大旗云掩，燕巢自惊危幕。乍闻唳鹤，健儿罢唱从军乐。念卫霍，谁是汉家图画壮麟阁？

遥望故垒，毳帐凌霜，月华当天，空想横槊。卷西风、寒鸦阵黑，青林凋尽怎栖托？归计未成情味恶。最断魂处，惟见莽莽神州，暮山衔照，数声哀角。[2]

词作于光绪十年（1884）秋，基隆一度失守，旋又收复时。放眼遥望，景色凉，心情惊恐不安，欲归不成，一片之情。显示了作者对台湾，也就是风雨飘摇的清王朝的前景的哀伤。

对此谭廷献《箧中词续》评曰："笳吹频惊，苍凉词史，穷发一隅，增成故实。"

---

1 徐中玉主编：《中国古典文学精品普及读本 近代诗词文》，广东人民出版社，2019 年，第 326 页。
2 徐中玉主编：《中国古典文学精品普及读本 近代诗词文》，广东人民出版社，2019 年，第 328 页。

对张景祁有关台湾的词作，同时代人也有很高评价，如郭则沄《十朝诗乘》云："台湾抚垦开山之议，创自沈文肃（葆桢）。自台北分设郡邑，民物繁庶，渐侔内地。台绅林时甫太仆维源，督办抚垦最力。当垦辟时，吴霁轩镇军通路至八同关。时方盛夏，严霜积岭，士皆衣皮。张蘩甫大令诗所谓'独怪严霜飞暑路，八同关外振师'还者也。……或谓安平险隘，基隆夷旷，以建治台北为失策。蘩甫以进士知县莅闽，尝宰淡水，有《台疆杂感》诗云：基隆形势逊安平，使节偏屯北府兵。筹海十年成铸错，东溟从此失金城。即论建治之失。"

总之，张景祁有关台湾的词作，填补了这方面的空白，在艺术性方面也多有创新，例如对海景、海防和台湾风景民俗的描写，都有所创新，也因此值得关注。出自杭州崇文书院的张景祁，以其杰出的词作和坎坷仕宦经历，为崇文书院增光添彩，确是崇文历代弟子中的佼佼者。

最后，看一篇张景祁的骈文，略可窥知这位大词人的才华确实是非同一般，即便在骈文这样限制性很强的文体中，依然是文思飞扬、才情横溢，妙词佳句，美不胜收：

鑫肩斗酒，风雨人归。茸帽金鞭，乡关岁晚。明月千里，凉雪一篷。招白鸥为主盟，辞朱组若脱屣。献唱互答，瑟波不秋。其宜城去官之年，季鹰归国之日乎？桑根夫子，大峡回澜，沧浪散发。绿波三尺，径挂朝绯；铁笛一枝，可换牙笏。烟萝小筑，愿傍醉翁之亭；书画轻装，独载米家之舫。大江东去，淮海南来。瓜步钟声，遥阁尘梦；秣陵镫火，平分古愁，携蜡屐叩通明所居，晚酒楼呼太白与饮。一叶荡水，万籁沉山。空波渺弥，微激凉吹。柔橹呕轧，如闻乡音。感伯鸾之五噫，发子野之三弄。断雁警夜，凄绝桓山之吟，哀蝉眷秋，渺矣团扇之曲。彭泽乞米，秫田已荒；杜陵诛茆，草堂孰构。厄骏马于折坂，号鸲鸡于枉渚，徒泛元真之宅，行牵思曼之船，于是郁纾乍宣，灵响毕会。峰催险句，翠落樽前。月荡寥情，秋生弦外。兰成以枯树见意，灵均以香草写忧。状身世只支离，吐胸襟之垒块。纵复长途置驿，郑庄迎宾，狂笑绝缨，齐髡促席。而中年哀乐，陶写谁知。老大沉沦，风尘同泣。菰叶横塘之梦，杨花小妓之弦。翠袖红巾，辛幼安能无凄咽；鬓丝禅榻，杜樊川辄用拊心。此又借镜绘神，拈花破涕者已。涉历既久，谣咏遂繁。效蘋洲笛谱之编，俪日湖渔唱之制，成江舟欸乃词一卷。流水今日，若听菰梁之吟；飞鸿远音，可跃方响之铁。大晟有作，皇雅奚愧。噫嘻乘风，鼓枻莫挽中流；击节叩弦，独唱小海里耳。何知白雪钓师，原是红衣今者。雁杪云高，鸥边滩静。帆随九面，湘波自遥。风引三山，蓬岛可接。歌玉局水调，愿留五马（指太守）于西湖；从成连（为伯牙的老师——引者注）浪游，敢抱孤琴于东海。[1]

其中有提及其师薛时雨并对其高雅情操极力赞美："桑根夫子，大峡回澜，沧浪散发。……烟萝小筑，愿傍醉翁之亭；书画轻装，独载米家之舫。"也有表白个人心迹、感慨人生之言："中年哀乐，陶写谁知。老大沉沦，风尘同泣。"结尾更是表示愿效仿古人，或浪迹天涯，或隐居于江湖。诚然，其基本格调和意蕴未超出前人，但因张景祁善用古典，加上精妙的语词修饰，使得全文神采飞扬又诗意盎然，把旧时读书人落寞不得意之情描写得十分真切，并能充分使读者感同身受。杭州崇文书院有这样的弟子固然与薛时雨的教诲有关，也说明即便是在为应试而开设的书院，也不能完全禁锢天才文人的才华与思想。

1　张鸣珂.《国朝骈体正宗续编》卷八，清光绪十四年寒松阁刻本。

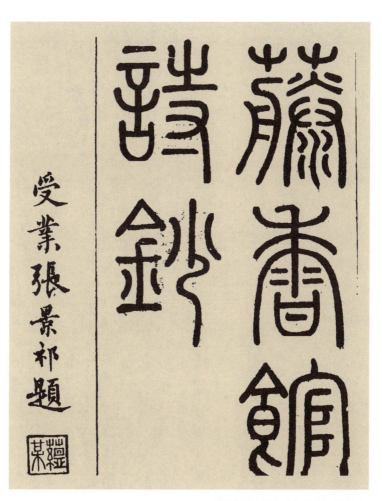

◎　张景祁题薛慰农著作《藤斋馆诗钞》

第五章、大隐隐书院

257

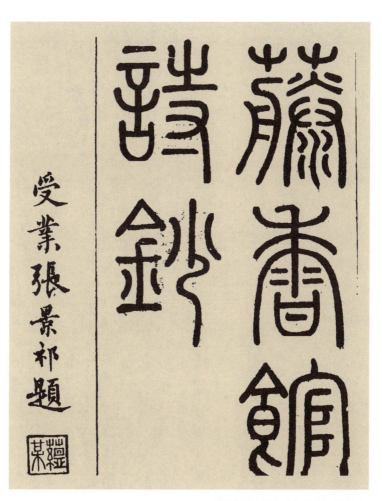

◎　张景祁题薛慰农著作《藤斋馆诗钞》

第五章、
大隐隐书院

257

第六章
名师出高徒

「浮生若梦，为欢几何」的沈复与海宁大儒王国维

「身行万里半天下，眼高四海空无人」的谭廷献

「不如归去」的姚光宪

从风流名士到革命志士的谢飞麟

由传统走向现代的崇文弟子杜亚泉

临终大悟的戴兰畴

"浮生若梦，为欢几何"的沈复

与海宁大儒王国维

一

提起《浮生六记》，很多读者可能很熟悉，即便没有读过也知道这是一部很有名的书，作者沈复更是因此书而扬名后世。

沈复（1763—？），字三白，号梅逸，江苏长洲人，清代文学家。《浮生六记》中"浮生"二字，出自李白《春夜宴从弟桃李园序》中"夫天地者，万物之逆旅也；光阴者，百代之过客也。而浮生若梦，为欢几何"。而李白之言又源自《庄子》中"其生若浮，其死若休"。李白之文写的是他和诸位堂弟在桃花园中聚会、赋诗之事，沈复以此"浮生"作为自己文章的题目，所透露出的就是对人生如梦的感慨以及对世俗爱情与亲情之美的留恋。李白写兄弟之情，而沈复侧重夫妻之情，且所写细节更为具体生动，也更为感人。《浮生六记》有六篇，分别为《闺房记乐》《闲情记趣》《坎坷记愁》《浪游记快》《中山记历》《养生记道》，其中后两篇当为伪作。沈复于清乾隆二十八年（1763）出生于姑苏城南畔一文人之家，未参加过科举考试，但有幕僚经历。他与妻子陈芸感情甚笃，后遭家庭变故，夫妻曾在外流浪多年。妻子死后，他去四川充当幕僚，后曾随清使节出使琉球，在四十七八岁退居故里，其间又有入私塾任教经历，后再次返回故乡，直至去世。

据《浮生六记》所记载，沈复流浪在外的 30 年间，几乎走遍祖国大江南北，用他自己的话说"天下所未到者，蜀中、黔中与流南耳"。由此，读书和游历就构成沈复人生的几乎全部，所谓"读万卷书，行万里路"在沈复这里得到最好的诠释，而《浮生六记》

就是其人生的总结和缩影。

　　沈复虽然一生没有参加科举考试，却有过参加书院考试的经历。不知读过《浮生六记》的读者可曾记得他在《浪游记快》中写他参加崇文书院入学考试的一段文字：

　　苏小墓在西泠桥侧。土人指示，初仅半丘黄土而已，乾隆庚子圣驾南巡，曾一询及。甲辰春，复举南巡盛典，则苏小墓已石筑其坟，作八角形，上立一碑，大书曰"钱塘苏小小之墓"。从此吊古骚人不须徘徊探访矣。余思古来烈魄忠魂湮没不传者，固不可胜数，即传而不久者亦不为少，小小一名妓耳，自南齐至今。尽人而知之，此殆灵气所钟，为湖山点缀耶？
　　桥北数武有崇文书院，余曾与同学赵缉之投考其中。时值长夏，起极早，出钱塘门，过昭庆寺，上断桥，坐石阑上。旭日将升，朝霞映于柳外，尽态极妍；白莲香里，清风徐来，令人心骨皆清。步至书院，题犹未出也。午后交卷。

　　从文中"苏小墓在西泠桥侧"及"桥北数武有崇文书院"之句看，沈复所言之崇文书院地址和今天人们所看到的书院遗址碑刻地点基本一致。不过，午后交卷的沈复没有耐心等待是否录取的通知，交卷后就和赵缉之一起到附近的紫云洞游玩去了。在沈复看来，去书院读书显然没有在湖边游玩自由快乐。也因此他写下了这样描述西湖的优美文字：

　　偕缉之纳凉于紫云洞，大可容数十人，石窍上透日光。有人设短几矮凳，卖酒于此。解衣小酌，尝鹿脯甚妙，佐以鲜菱雪藕，微醺出洞。缉之曰："上有朝阳台，颇高旷，盍往一游？"余亦兴发，奋勇登其巅，觉西湖如镜，杭城如丸，钱塘江如带，极目可数百里。此生平第一大观也。

　　遗憾的是，沈复在《浮生六记》中没有提及他是否被崇文书院录取，或者是录取而未入学。但可以肯定的是，崇文书院因此少了一位天才弟子，而没有入学的沈复从此成为一位文学大家，《浮生六记》也成为经典之作。

二

崇文书院历史上培养了很多人才，其中不乏文学大家和学术大家，而王国维既是文学大家，又是学术大家，更是 20 世纪中国文化大师级人物，也是中国知识分子的代表性人物之一。

让我们先从王国维去世说起。

1927 年 6 月 2 日，著名国学大师、清华国学院四大导师之一的王国维在颐和园昆明湖投水自尽，一时成为中国文化界的热点事件。时至今日，关于王国维自杀的原因仍多有争议，未有一个得到认同的解释。不过，一般认为王国维的自杀无关乎经济、无关乎个人恩怨，而是他对彼时中国社会发展的悲观、对中国文化演变到清末民初所呈现混乱衰败现象的绝望所致，对此解释最有影响的是与王国维同为清华国学院四大导师之一的好友陈寅恪所说：

士之读书治学，盖将以脱心志于俗谛之桎梏，真理因得以发扬。思想而不自由，毋宁死耳。斯古今仁圣所同殉之精义，夫岂庸鄙之敢望。先生以一死见其独立自由之意志，非所论于一人之恩怨，一姓之兴亡。[1]

王国维（1877—1927），初名国桢，字静安、伯隅，初号礼堂，

1　陈寅恪：《清华大学王观堂先生纪念碑铭》，《金明馆丛稿二编》，上海古籍出版社，1980 年。

晚号观堂，谥忠悫，浙江海宁人。这位 20 世纪著名国学大师、文化大师，基本通过自学在教育、哲学、文学、戏曲、美学、史学、古文学等方面均有重大成就，有《王国维全集》存世。王国维的名字对很多读者来说不算陌生，特别是其自杀结局更是流传甚广。不过，他当年曾入崇文书院读书之事可能就少有人知。事实上，王国维出身普通，故家人特别是其父亲希望他通过科举应试这条传统路径实现个人命运的转折，从而可以带领家族实现社会阶层的升迁。

　　据王国维年谱及陈鸿祥所著《王国维传》中有关记载，他大概是在 17 岁（1893）时先入杭州敷文书院："弱冠游庠，寻肆业杭州之敷文书院，两应乡举不售。"后乡试不中，次年再入崇文书院："住崇文书院，日三餐，素菜五十文，另令周六备荤，人三十文。"其父王乃誉日记中有"静儿作书院卷"等内容，大概此次王国维是为再次参加乡试做冲刺准备。至于"两应乡举不售"，即考了两次都未中。据王乃誉日记，王国维首试"不售"后，仅有"住崇文书院"的记载，时在甲午之年（1894），正是乡试"正科"之年。王国维于该年正月初三乘船赴杭州，王乃誉还亲自写了封信，让王国维带给一位叫沈宽夫的老友，"嘱其代考甄别，碑列秋试之卷"。由于当年七八月中日甲午之战爆发，他未能等到"秋试"就返回海宁。王国维再赴杭州在乙未年（1895）五月，仍住崇文书院。不过，此处的"代考"并非请人代替王国维考试之意。原来，清朝科举制度有一变通方法，府试未中者如考进官设书院，便可免除府试和院试而直接参加乡试。例如汪康年在中举之前数年间，就曾多次参加"杭城敷文、崇文、紫阳三书院，例于朔望试士子"的预备考试。所谓"代考甄别"，即指请人为王国维办理参加预备考试进入书院的手续。因此王国维"住书院"，就是在那里食宿以准备乡试，并不是为了在书院学习。彼时杭州敷文、崇文、紫阳、诂经精舍这四大书院，只有崇文书院尚有膳舍供来杭应试学子住读，而且住书院食宿费用也比较昂贵，每日三餐，都是素菜也要 50 文。所以王国维每次来杭州备考，多则一两月，少则十数天，终于可以参加丁酉年（1897）秋试。此时的王国维不但已经 20 岁，而且结婚成家，自然希望能够考中为家人增光。遗憾的是，这一次他还是失败而归。看来，即便如王国维这样的天才和文化大师，如果为文不能适应僵化的科举制度，无论考多少次，恐怕都很难得中，那么科举制度是否确实能选拔出真正的人才也就值得怀疑了。也许比较符合实际的说法是，科举制度可以选拔出一些人才，同时又会漏掉更多的人才，但在那个时代，不失为一个不是最好也不是最坏的人才选拔制度。只是在王国维所生活的清代末年，科举制度已经日趋腐朽，优秀人才被遗漏也就更为普遍。好在王国维凭借自学，最终成为著名清华国学院四大导师之一，其著作如《宋元戏曲史》《人间词话》等已成为经典之作，这对20世纪中国文化而言，还算一件幸事。

时运不济，王国维只好回家，为了生计，开始其塾师生涯，同时开始自学成才的历程。

王国维之后的经历无须多说，他在上海先入《时务报》馆接触新学，后入罗振玉所办东文学社，在此期间王国维已经撰写了不少教育方面的文章，并翻译了不少西方教育理论图书如《教育学教科书》等，显示出他在这方面的深入思考和对教育改革的殷切期望。之后他被罗振玉发现，在其资助下又去日本学习。回国后协助罗振玉编《教育世界》杂志，之后两人密切合作，学术成就不断，至民国初年，王国维已进入一流学术大师行列。

1924年清华大学（彼时还名为清华学校）筹办国学研究院，这是胡适提议的。他建议仿照中国古代书院和西方的大学研究院，设立以整理国故和研究国学为主的国学院。1925年3月，清华校务会议通过《清华学校研究院章程》，决定"延名师，招海内成学之士"，"研究方法"第一即为："本院略仿旧日书院及英国大学制度：研究之法，注重个人自修，教授专任指导，其分组不以学科而以教授个人为主，期使学员与教授关系异常密切，而学员在此短时期中于国学根底及研究方法，均能确有收获。"本来清华是要开设包含多个学科的研究院，但其他学科特别是理工科师资、设备等一时难以获得，遂决定先办国学研究院。对于研究院的教学，采取"导师制"，要求导师人选必须是国内一流大师。清华校长曹云祥为此请教胡适应该如何创办研究院，并邀请胡适担任国学研究院的导师。胡适的回答是"非第一流学者不配作研究院导师。我实在不敢当。你最好请梁任公、王静安、章太炎三位大师，方能把研究院办好"。胡适非常谦虚，也是有自知之明才说自己不够格，并转而推荐梁启超、王国维和章太炎等人。后来清华又聘请了留学美国的语言学家赵元任和历史学家陈寅恪，而章太炎则拒绝了聘任，理由是他不在任何官方开办的机构授学。如此国学院导师就是梁启超、王国维、赵元任和陈寅恪四人，后被称为"四大导师"。

不过，对这"四大导师"称号之由来，倒是可以多说几句。

所谓"四大导师"，应该就是一个约定俗成的称呼，对这四位大师的正式称呼，其实还是教授，但因为国学院实行的是导师制度，因此称"导师"也不错。此外，在那个时代，无论校方还是这几位学者本人，似乎对称号并不怎么在意。例如清华国学院虽是参照西方大学的导师制度和中国古代书院制度所创办的，但在宣传所聘请学者时确实有些"漫不经心"，例如在所刊登的招生广告中，不但没有称梁启超他们为"导师""教授"，甚至称他们为"讲师"，清华于1925年3月25日在《晨报》和4月1日在《益世报》所登广告就是如此。而且清华即便是在刊登图书出版广告时，也没有提及"四大导师"或"四大教授"的称号。

作为清华国学院的创办人，吴宓曾撰写有《清华学校研究院章程》等重要文件，其中对所聘请学者是这样说的："聘宏博精深、学有专长之学者数人，为专任教授。""对于某种学科素有研究之学者得由本院随时聘为特别讲师。"他在日记中对如何筹办国学院、如何说服曹云祥聘请陈寅恪及拜见王国维和梁启超等人、当面送聘书等事有详尽记录，但这些记录中未有"四大导师"或"四大教授"的说法，只是称其为"教授""先生"或直呼其名。

那么，如今广为流传的"四大导师"这一说法究竟起源于哪里？一般都归结为赵元任妻子杨步伟在其回忆录《杂记赵家》中的一段话："第二天张仲述和梅月涵两人坐汽车来接我们到清华园去，说，房子都预备好了，张说你们这四位大教授我们总特别伺候，梁任公、王国维都已搬进房子，现在就等元任和陈寅恪来。（上次刘寿民先生来还笑我说四大教授的名称，但是这个名称不是我们自诩的，这实在是张找元任时信上如此说，第一次见面也如此说，而校长曹云祥开会时也如此称呼的，刘先生或忘了，或没听见过。其实正式的名称是四位导师，其余的都是讲师或助教。时逢在那时还得了一个助教的名称呢，其实他缺的就是以后没好好地读完大学。）"张仲述即张彭春，当年与赵元任、胡适等人一同赴美留学。他是南开大学创办者张伯苓的胞弟，时任清华学校教务长。他和赵元任关系很好，赵元任被聘主要就缘于他的推荐。在杨步伟所引张彭春的那段话中，张所说的"你们这四位大教授"明显带有开玩笑的意味，但也说明了清华校方的重视。

看来，"教授"也好，"导师"也好，无论是清华校方还是这几位学者都是认同的，至于后来加上什么"四大"的前缀，则既有开玩笑成分，更出于人们对他们的高度敬重，毕竟这四位都是那个时代的一流学者。此外，"导师"一语较之教授还多少有些层次更高的含义，意思就是在学术和生活待遇上都高于普通的大学教授。学术水平如何可能人言人殊，但清华给予这四大导师的待遇确实很高，不但薪酬高于一般教授，而且在住房、设立专门的研究场地和配备助手等方面都远超一般教授待遇，如此说是"四大导师"或"四大教授"也就可以理解。其实，前面我们曾提及清华国学院的开办参考了西方大学研究院和中国古代书院制度，就国学院的层次而言高于一般大学本科，就设置"四大导师"这一点，则既符合西方大学的"导师"制度，又与古代书院的山长制度不谋而合，在某种意义上可以说这"四大导师"就是国学院的四大山长。当然，就资历和威望而言，梁启超应放在首位，仅凭他当年和康有为一起倡导变法并直接促成了"戊戌变法"这一点，就足以使他在"四大导师"

中名列首位。而那时的王国维还默默无闻，陈寅恪和赵元任更是晚辈。不过，就学术水平和成就而言，彼时的王国维当仁不让是四人中成就最大者，而梁启超对王国维也是极为尊重，凡事总是首先要和王国维商议，特别是有关教学和学术事宜总是要请王国维最后定夺。

且说王国维当年为了参加乡试，曾以诸生身份入书院，他一定不会想到后来会以导师身份成为清华大学的教授，造化弄人，有时是说不清的。也许冥冥之中，王国维一直和书院、大学有着无法说清的联系。例如他在1901年，曾为家乡海宁的崇正讲舍撰写一篇《崇正讲舍碑记略》。

崇正讲舍，在海宁元东乡诸桥村，清光绪十八年（1892）由邑人张宝华等人创建。光绪二十八年（1902）改设高等小学堂，光绪三十二年（1906）冬因费用短缺停办。光绪三十四年（1908）八月呈准改设初等小学堂。1901年，当地百姓为感谢张宝华等人筹资建崇正讲舍一事，决定竖碑记之，以让后人感念。为此请王国维撰写碑文，可见彼时王国维在家乡人心目中已是名人。且看这篇《崇正讲舍碑记略》的主要内容：

且夫学校之美善，非一人一校之力所能为也。必教育之系统完全无缺而后可，先有小学中学美善之豫教，不能有美善之大学，小学中学既美善矣，非有美善之大学，则好学之徒亦无由以进修高等之学问也。以力之不赡，人之不得，教学系统之未成，师资书籍之未备，故言兴学数十年，而完全无缺之学校，予盖未之见也。往者，邑人张宝华有志于学校之事，岁癸巳辟崇正讲舍于城东，制艺之外兼课士下经史大义及时事等，既而将大有兴作，会戊戌党锢事发未果……今崇正讲舍之建九年矣，邑人将树碑记其事，而以辞属国维，国维窃惟讲舍之成，张君之功为多，顾张君之志，宁遽如斯而已乎，以兴学之艰如彼，又以时与势之不至，而姑为此，亦张君之所不得已也。今天子下兴学之诏，时与势殆将至矣。兴学之艰虽不可避，然心诚求之当必有完全之一日者。后之君子有能继张君之志者乎？予将乐观其成焉……记在光绪二十七年，邑人王国维撰，德清俞樾篆额，邑人陈典常书。[1]

这里所说小学、中学和大学之关系，其实是清末民初新式教育兴起时国人的一个困惑，那就是在条件有限的情况下，究竟是先办小学还是先办大学或师范教育？从打好基础角度看，似乎应该先办好小学和幼儿园，但如果没有办好大学和师范，则师资又从何而来？如果说要先办好大学和师范，则小学都没有办好，又如何保证大学和师范会办好呢？此事后来竟然引起蔡元培和范源濂的争论，两人都是教育界权威，一个是教育总长，一个是次长，两人还是好朋友，也都极力赞成教育救国，但在先发展什么教育的问题上却有分歧。范源濂说："小学没有办好，怎么能有好中学？中学没有办好，怎么能有好大学？所以我们第一步，当先把小学整顿。"而蔡元培则认为："没有好大学，中学师资哪里来？没有好中学，小学师资哪里来？所以我们第一步，当先把大学整顿。"其实，双方都有道理，事实上既然是教育改革，就应该是全方位的全面改革，自下而上和自上而下应同步进行。

至于王国维在此文中所强调的是，无论办什么学校，首先要有校舍，为此他称赞张宝华等人出资兴建校舍之功德，并希望之后有人会"继张君之志"，继续支持家乡教育事业。此碑原立于讲舍内。

1927年6月2日，王国维在颐和园昆明湖投水自尽，一时学坛震动，人们在他自杀后看到了他留下的遗嘱：

五十之年，只欠一死，经此世变，义无再辱。我死后，当草草棺殓，即行藁葬于清华茔地。汝等不能南归，亦可暂于城内居住。

---

1 王国维：《静安文集续编》，《王国维遗书》，上海书店，1996年。

汝兄亦不必奔丧，固道路不通，渠又不曾出门故也。书籍可托陈、吴二先生处理，家人自有人料理，必不至不能南归。我虽无财产分文遗汝等，然苟谨慎勤俭，亦必不至饿死也。五月初二日父字。

落款"五月初二日"，即公历6月1日，可知王国维在去世前一天就写好了遗嘱，临行前装在自己的衣袋内。这份被昆明湖水浸染过的遗墨，毛笔手书，字迹清晰。由于湖水的浸染，可看到染在另一边依稀模糊的反字，还可见入封时的叠痕。据说，遗书发现于内衣口袋中，外有封，上书"送西院十八号王贞明先生收"（王贞明为王国维三子，当时在北京）。由此可见，王国维对自杀是提前计划好的，绝非临时起意。问题在于在王国维自杀的前一天，他的表现与平日一样，没有一点不正常。

据他人回忆，王国维自尽前一天参加了师生的叙别会，即今天的毕业联欢会，和往常一样与别人交谈。下午因为有学生要到他家中拜访，他即赶回家中，晚上熟睡如常。6月2日那天，王国维和往常一样早起，早饭后到学校办公室给毕业研究生评定成绩，随后和办公处主任商讨下学期的招生事宜，相谈许久，一切如常。之后王国维向湖南籍助教侯厚培借两块银圆，因侯厚培没有零钱，最后借给王国维五元纸币。这天十点左右，王国维雇一辆黄包车前往颐和园，在购买了一张六角钱的门票后，他走到昆明湖的鱼藻轩前，抽了一根烟，随后跳入昆明湖中。虽然很快被人救起，甚至连内衣也未湿透，但已无济于事。

至于其自杀原因，则至今也未有一个能够让大家都认同的理由。特别是其遗嘱中的"经此世变，义无再辱"一句，似乎让人认为他是不甘受辱才自尽的，但这"辱"具体是指什么，为何说是"再辱"，则有各种不同的解释。大致而言，主要有以下几种说法：

殉清说——辛亥革命之后，王国维因依然留着辫子以及对溥仪皇帝表现出的忠诚而被视为"遗老"，故他之自杀自然被认为是"殉清"之举。只是王国维自杀是在 1927 年，距离清王朝灭亡已经十几年，故"殉清"说很难成立。

殉文化说——此说以陈寅恪为代表，即他在《王观堂先生挽词并序》中所言："或问观堂先生所以死之故。应之曰：近人有东西文化之说，其区域划分之当否，固不必论，即所谓异同优劣，亦姑不具言；然而可得一假定之义焉。其义曰：凡一种文化值衰落之时，为此文化所化之人，必感苦痛，其表现此文化之程量愈宏，则其受之苦痛愈甚；迨既达极深之度，殆非出于自杀无以求一己之心安而义尽也。"从彼时中国文化界的反应和事后评价看，陈寅恪此说影响最大，也最有说服力。

罗振玉逼债致死说——此说大致源于两件事：一是王国维长子王潜明病逝后，罗振玉将其次女接回家中，在母家为夫守节，但令王国维每年拿出 2000 元给罗女作津贴。二是王国维在日本曾与罗振玉合作经商，王国维应得 1 万多元，仍存罗振玉处尚未支取。后罗振玉又邀王国维一起做生意，结果不但 1 万多元全部亏掉，还使王国维欠罗振玉不少债。这两件事逼得王国维"又惊又愤"，遂寻短见。溥仪所著《我的前半生》中则说内务府大臣绍英曾托王国维代售一批字画，罗振玉硬要为之代卖，但所得 1000 余元却由罗统统扣下，以抵王欠罗之债务。王无法答复绍英之催促，遂不得已而自杀。不过对此说有不少质疑，尤其罗氏后人。

惊惧绝望说——因北伐军北上，王国维害怕北伐军攻入北京后，自己如湖南士绅叶德辉那样遭受侮辱虐待而死，故提前自杀。

无论哪一种解释，迄今尚无法获得人们的一致认同，尤其是无法很好地解释所谓"义无再辱"的含义。陈寅恪的"殉文化"说虽然较有说服力也有助于塑造王国维的形象，但多少有些空泛，人们认为王国维自杀应该还有具体原因，也就是其自杀的导火索。

呜呼，斯人已逝，沧海桑田。清华国学院也好，杭州崇文书院也好，都已成为记忆中的事物，唯王国维之学术成就和精神依然不朽，"与天壤而同久，共三光而永光"。

"身行万里半天下，眼高四海空无人"的谭廷献

一

在崇文书院历代肄业诸生中，谭廷献毫无疑问是其中的佼佼者。谭廷献（1832—1901），又名谭献，字仲修，号复堂，浙江仁和人。同治六年举人，后屡赴进士试不第。曾入福建学使徐树铭藩幕，后署秀水县教谕。又历任安徽歙县、全椒、合肥、宿松等地知县。

谭廷献自幼父亲即去世，他自称"予早孤露，襁褓失怙"，由母亲抚养长大。虽家境贫寒，他却能刻苦读书，15 岁时入宗文义塾读书，16 岁即为童子师。不过当时私塾老师收入微薄，"岁修脯不及三十"，靠此养家还是不够，故其母就为人做针线活补贴家用。谭廷献晚年在《谕子书》中追忆道："尝力竭寒夜操作，龟手流血，予啜泣于旁。汝祖母训予曰：但汝得成立，读书识道理，无忘今夕可也，徒悲何益！"这样的童年经历给谭廷献留下深刻印象，也是他日后无论仕宦还是创作都能保持赤子之心的重要源泉。

谭廷献少与袁昶（1846—1900，原名振蟾，字爽秋，一字重黎，号浙西村人，浙江桐庐人，清末大臣、学者，晚清同光体诗人浙派代表人物）齐名，二人都是薛时雨的高足，被称为"浙水二佳士"。在崇文书院学习时，与山长薛时雨及杭州本地文人墨客交往密切。谭廷献屡试不第，备尝艰辛，后潜心经学，兼致力于诗词创作，尤以词长。他读书日有程课，凡所论著，都将其大概记入日记。谭廷献为文崇尚魏晋，诗则婉转优柔、恻然动人。又工词，其编选清代词作《箧中词》，一直为词学家推崇，如梁启超即曾向大学推荐此

◎ 谭廷献《箧中词》（上）

◎ 《复堂日记》封面（下）

选集。他与李慈铭、张之洞、梁鼎芬等晚清重臣交往甚密，常相唱和。晚年被张之洞聘为经心书院主讲，年余谢归，卒于家。又曾为章太炎老师。

诗词书画，谭廷献无所不精，书法尤为一绝。谭廷献尝为合肥明教寺书"一蒲团地"横额一方，遒劲绵密，堪称逸品。"一蒲团地"出自宋诗人释文礼的《偈颂五首》：

> 七尺单前，一蒲团地。
> 横亘十方，竖穷三际。

谭廷献虽也肄业于崇文书院，却对书院制艺教育之弊病有清醒认识，在其日记中有如下议论：

> 《国朝文录》，李祖陶所选，虽围行，墨未拔俗，然持论平实，既排简斋亦于望溪有微辞。予定是编在姚春木《文录》上，吴枚庵《文徵》下。明以来，文学士心光埋没于场屋殆尽，苟无摧廓之日，则江河日下，天可倚杵。予自知薄植，窃欲主张胡石庄、章实斋之书辅以容甫、定庵，略用挽救。而先以不分骈散为粗迹、为回澜。八荒寥寥，和者实希，中白谷成，其谓之何？畴人中所可哆口者，惟曰有实有用而已。（《复堂日记》）

故谭廷献在书院期间，并未一味死读书，而是重在扩大阅读面，看其日记可知其读书既杂又多，但重点仍在文学，特别是诗词方面。谭廷献非常喜爱和诸多师友交往，又是在西湖畔读书，故其文集、诗集和日记中多见文人雅集之记录：

> 过桑农师，同人咸在，遂同赴闲福居酒楼会饮。集者：薛师、仲英、芍洲、呈甫、子虞、蒙叔、颂芝、玉珊、朱亮生、许子曼与予十一人。酒酣，薛师题壁，首倡一诗，予和之曰："一倚危栏夕照秋，拂衣长啸此登楼。季鹰莫漫思归去，无浪无风且系舟。"于

是各一绝句。师又成一诗，予又和之曰："白苹风起渐成秋，无恙青袍共一楼。高悬玉镜青天外，遥忆美人江上舟。"诸君亦再和。先后共得一十八章。饮罢，谯楼析声已四起矣。（《复堂日记》）

姚季眉大令集江浙文士为湖舫文会，以慰农薛师为主。盟会者溧阳史鼎梅生、山阴周炳炎揽身、黄岩袁建荦星葩、归安费玉仑且泉、山阴沈荣少凤、嘉兴李宗庚子长、张鸣珂玉珊、钱塘钟受恬子珊、王麟书、松溪张预子虞、仁和董慎言仁甫、谭廷献仲修、陆召南子鸿、秀水沈景修蒙叔、仁和陈豪蓝洲十五人。（《复堂日记》）

谭廷献和薛时雨之交往及相关诗文，在本书第五章薛时雨那一部分已有涉及，故不再多叙述。此处要介绍的是他和书画大师吴昌硕的交往。吴昌硕（1844—1927），初名俊，又名俊卿，字昌硕，又署仓石、苍石，别号常见者有仓硕、老苍、老缶、苦铁、大聋、缶道人、石尊者等。浙江安吉人。他是晚清民国时期著名国画家、书法家和篆刻家，杭州西泠印社首任社长，并与任伯年、蒲华、虚谷合称为"清末海派四大家"。

据吴长邺《吴昌硕年谱简编》记载，26 岁前吴昌硕往杭州求学于诂经精舍，拜俞樾为师。吴昌硕 28 岁那年，又肄业于杭州崇文书院，对此另有佐证史料：

先子（徐恩绶）无谥号，在余姚时，惟艺花栽竹以自娱。吴昌硕丈乃言尝与先子对弈，时为同治十年。丈肄业杭州崇文书院，先子方里居。丈居崇文时，与其邑人施旭臣年丈浴升同室，从学诗，虽未称之为师，而服劳惟谨，日为之拭烟具，清夜潜。[1]

吴昌硕为学诗居然甘为他人奴仆，甚至愿意为其擦拭烟具和倒

<hr />

[1] 徐珂：《康居笔记汇函》，见浙江省书法家协会编：《吴昌硕与中国印学——安吉论坛学术研讨会论文集》，2016 年。

夜壶，这才是应了那句话："吃得苦中苦，方为人上人。"

至于谭廷献与吴昌硕何时相识，据吴昌硕《石交集》，是在光绪十三年（1887），当时谭廷献正从安徽来沪，已萌生去官专心著述之意。此后两人交往渐多，据林树中所编著《吴昌硕年谱》，光绪十五年（1889）谭廷献已为吴昌硕诗集题诗：

施溶升、谭献为先生诗集《缶庐诗》作序。施序略谓："吾友苍石，初为诗学王维，深入奥窔，既乃浩瀚恣肆，荡除畦珍，兴至攜笔，翰写胸臆，电激雷震，倏忽晦明，皓月在天，秋江千里，至忱深思，跃然简编。"谭献（复堂）题辞：老梅一树香一村，怪松化石何轮围？便从月小山高处，想见嵚崎历落人。

对于吴昌硕之诗作，谭廷献给予很高评价："安吉吴昌硕诗篇峻削，剥落凡语，有傅青主、吴野人之遗风，与故人洞庭秦散之分镳齐轨，足当衙官屈宋之目。"

之后两人交往渐多，多为诗画唱和，《烟柳斜阳填词图》即两人合作而成。图中疏柳数株，烟云掩映之下有一人坐于草堂之中，当为谭廷献在填词。此图吴昌硕先后有题款两段："烟柳斜阳填词图，复堂先生命写。庚寅（1890）二月，吴俊同客沪上。"接着又题诗一首：

复堂词料太凄迷，满眼蘼芜日影低。
茅屋设门空掩水，柳根穿壁势挐溪。
倚声才大推红友，问字车繁碾白堤。
最好西湖听按拍，撸声摇破碧玻璃。

对此首《击庐诗》，吴昌硕做了较大修改："太凄迷"作"何萧瑟"；"蘼芜"作"寒芜"；"才大"作"律细"；"车繁"作

"车多"；"橹声摇破"作"酒船撑破"；等等。可见吴昌硕对诗作要求极严。

正是在吴昌硕为其作填词图的庚寅年，59岁的谭廷献接受时任湖广总督的张之洞之请，担任江夏经心书院山长。大概就在此时，吴昌硕又为谭廷献赋诗一首，题为《赠谭复堂先生》：

> 种柳红尘隔，填词白屋温。天宽容故我，地僻闭闲门。
> 冷抱箧中集，凉开湖上尊。归来陶靖节，松菊想犹存。

此诗所写情景及时令，与吴昌硕为谭廷献作填词图基本吻合。诗中吴昌硕对谭廷献之人格给予高度评价，结尾"归来陶靖节，松菊想犹存"两句既是总结之语，也是对谭廷献退出官场、归隐山林致力于学术、创作之选择的赞赏。

光绪十七年（1891）三月十八日，谭廷献抵上海后吴昌硕即去拜访，并把自己最新的诗作给谭廷献，请他审定。光绪十九年（1893），吴昌硕《缶庐诗》刊行，果然有谭廷献之序。此序当作于光绪十五年（1889），因序中"与君别二年"之语，正与他们在光绪十三年（1887）初次见面的时间吻合。此外，谭廷献还为吴昌硕其他诗作写过序，如《石交集》就有谭廷献序，可见谭廷献对吴昌硕诗作确实欣赏。

且欣赏一下吴昌硕诗词中的佳句：

> 芳尘岁月掩青琴，钗落台阶何处寻。
> 花外春痕连夜雨，梦中款语少年心。
>
> 早从水畔忆楼头，只隔帘栊不隔愁。

二

至于谭廷献的 150 余首词作，则多为悲苦之音，绝少慷慨激昂之作，当与其少年经历有关。且无论具体写什么题材，都显露出作者的真挚深情和赤子之心。较之那些矫揉造作、无病呻吟之作，不知要高明多少。不妨看他的一些诗词佳作：

潮

天地无颜色，涛声上古台。秋风江水阔，落日暮潮来。

缥缈鱼龙气，艰难舟楫才。十年沧海思，何处问蓬莱。

渡江云

大江流日夜，空亭浪卷，千里起悲心。问花花不语，几度轻寒，恁处好登临？

春幡颤袅，怜旧时、人面难寻。浑不似、故山颜色，莺燕共沉吟。

销沉。六朝裙屐，百战旌旗，付渔樵高枕。何处有、藏鸦细柳，系马平林？

钓矶我亦垂纶手，看断云、飞过荒浔。天未暮，帘前只是阴阴。

故陈廷焯《白雨斋词话》对其评价甚高："复堂词品骨甚高，源委悉达，其胸中、眼中，下笔时匪独不屑为陈、朱，尽有不甘为梦窗、玉田处，所传虽不多，自是高境。"又叶恭绰《广箧中词》："仲修先生承常州派之绪，力尊词体，上溯风、骚，词之门庭，缘是益廓，遂开近三十年之风尚，论清词者，当在不祧之列。"如此评价，当为的论。至于谭廷献自己，对词与诗之区别及词应有之特色，其见解大致集中于以下文章：

复堂词录序

右录三百四十余人，词一千四十七首。叙曰："词为诗余，非徒诗之余，而乐府之余也。律吕废坠，则声音衰息。声音衰息，则风俗迁改。乐经亡而六艺不完，乐府之官废，而四始六义之遗，荡焉泯焉。夫音有抗对，故句有长短。声有抑扬，故韵有缓促。生今日而求乐之似，不得不有取于词矣。唐人乐府，多采五七言绝句。

自李太白创词调，比至宋初，慢词尚少。至大晟之署，应天长、瑞鹤仙之属，上荐郊庙，拓大厥宇，正变日备。愚谓词不必无颂，而大旨近雅。于雅不能大，然亦非小，殆雅之变者欤。其感人也尤捷，无有远近幽深，风之使来。是故比兴之义，升降之故，视诗较著，夫亦在于为之者矣。上之言志，永言次之。志洁行芳，而后洋洋乎会于风雅。雕琢曼辞，荡而不反，文焉而不物者，过矣靡矣，又岂词之本然也哉？献十有五而学诗，二十二旅病会稽，乃始为词，未尝深观之也。然喜寻其旨于人事，论作者之世，思作者之人。三十而后，审其流别，乃复得先正绪言以相启发。年逾四十，益明于古乐之似在乐府，乐府之余在词。昔云：礼失而求之野。其诸乐失，而求之词乎。然而靡曼荧眩，变本加厉，日出而不穷，因是以鄙夷焉，挥斥焉。又其为体，固不必与庄语也，而后侧出其言，旁通其情，触类以感，充类以尽。甚且作者之用心未必然，而读者之用心何必不然。言思拟议之穷，而喜怒哀乐之相发，响之未有得于诗者，今遂有得于词。如是者年至五十，其见始定。先是写本朝人词五卷，以相证明。复就二十二岁以来，审定由唐至明之词，始多所弃，中多所取，终则旋取旋弃，旋弃旋取，乃写定此千篇，为复堂词录。前集一卷，正集七卷，后集二卷。（珂谨按：书成于光绪八年九月，未刊行，师归道山矣。）其间字句不同，名氏互异，皆有据依，殊于流俗。其大意则折衷古今名人之论，而非敢逞一人之私言，故以论词一卷附焉。大雅之才三十六，小雅之才七十二，世有其人，则终以词为小道也，亦奚不可之有。

箧中词序

国朝二百余年，问学之业绝盛，固陋之习盖寡。自六书九数经训文辞篆隶之字，开方之图，推究于汉以后、唐以前者备矣。至于填词，仆少学焉，得本辄寻其所师，好其所未言，二十余年而后写定。就所睹记，题曰《箧中》。其事为大雅所笑，其旨与凡人或殊。容若、竹垞而后，且数变矣。论具卷中，不馈　缕也。李白、温岐，文士为之。昇元、靖康，君王为之。将相大臣，范仲淹、辛弃疾为之。文学侍从，苏轼、周邦彦为之。志士遗民，王沂孙、唐珏之徒，皆作者也。昔人之论赋曰："惩一而劝百。"又曰"曲终而奏雅"，丽淫丽则，辨于用心。无小非大，皆曰立言。惟词亦有然矣。

综合其观点，谭廷献认为，较之于诗，词在格式及音韵方面有独特之处，因其字句长短参差不齐，有特殊的音律和音韵变化之美，"是故比兴之义，升降之故，视诗较著，夫亦在于为之者矣"。此外，世人以词为小道而鄙视之，其实不然。词之意蕴较之风雅颂，并无差异，只是表现形式不同而已。谭廷献本人也是在人过中年后，才体会到"益明于古乐之似在乐府，乐府之余在词。昔云：礼失而求之野。其诸乐失，而求之词乎"这一道理。

此外，钱基博、钱锺书父子和谭廷献及作品关系值得一说。

据傅道彬著《古槐树下的钟声》序一文："在一九八四年四月，和几个同学带着石声淮的书信来到北京拜见钱锺书。石先生特地将一部清代著名学者谭献的日记手稿托他们带给了钱锺书。钱先生高兴地拿着手稿，大声招呼杨绛先生来欣赏。"石声淮是钱锺书的妹婿，一直随侍钱基博先生，在钱基博去世时受命处理老先生遗物。"谭献日记手稿"或即其中之一，由此可见钱氏父子对谭廷献及其作品的喜爱。此外，谭廷献去世是在1901年，范旭仑、牟晓朋在《复堂日记》整理后记中提到"复堂图籍尽余亦归钱府宝藏"，杨绛也在《杂忆与杂写：一九九二—二〇一三》中提到了钱锺书收藏的《复堂师友手札精华》"手札若干纸失窃启示"，说明钱基博、钱锺书父子确曾收藏过谭廷献的书信。谭廷献和袁昶为好友，当年谭廷献之子谭紫镏曾托人请钱基博为袁昶夫人作寿文一篇，钱基博应命为文，却不收润笔，谭紫镏即以家藏《复堂师友存札》相酬。存札涉及100多人，500余封，1000多页，涉大多是谭廷献中晚年所交之友，如戴望、许增、陈豪、袁昶、梁鼎芬、陈三立等，信札内容包括评议时政、论文论学及生活杂事等，是了解彼时文人政客交往的宝贵史料。后杨绛将此捐赠，并允许人民文学出版社出版，此即钱氏一家和谭廷献关系的写照。

1931 年，徐彦宽（1886—1930，原名泰来，字薇生，号夷吾，无锡盛巷人）辑刊《念劬庐丛刻》，收有《复堂日记补录》《复堂日记续录》等，钱基博为其撰跋，文中说章太炎“自命其学出德清俞樾曲园，然文章之称晋宋，问学之究流别，其意则本诸复堂者为多。余诵复堂书，其辙迹固有可寻者，而记于章氏，前后六见”。钱基博还特地从谭廷献著述日记中找出六条证据，说明章太炎早年曾问学于谭廷献，如“首署夫子，自称受业”等等，而这些后来在《太炎文录》中却“遍检不得影迹”。不仅如此，谭廷献去世后，章太炎在《与人论国学书》中径以“乡先生”称之。对此，钱基博怒斥说：“夫尊其生而畔其死，是敬其有知而慢其无知也，是奸人之道而背畔之心也。於戏！师弟徒以死生，势能施于问学。不图逢蒙，乃在大儒，白圭之玷，吾于章君无取尔。”钱基博撰文用语一般较为温文尔雅，此处却对章太炎此举满腔激愤。可以想见，谭廷献将治学心得、文学观等传授给章太炎，而章太炎功成名就后却掩饰甚至试图抹去师生关系，故钱基博才对章太炎大加痛斥。其实对于章太炎和谭廷献的师生关系，周作人也有褒贬之语：“太炎的学问是不成问题的，只是太谨严，也即是守旧一点，气象恢弘不及他的两位老师俞曲园与谭复堂。”[1]

　　事实上章太炎在诂经精舍期间，不仅在撰写《春秋左传读》的时候经常向时为监院的谭廷献讨教，而且他的文风也来自谭廷献，他在《致谭献书》中坦言：“少治经术，渐游文苑。既嗜味小学，亢思相如、子云，文多奇字，危侧趋诡，遂近伪体。吾师愍其惛暗，俯赐救疗，自审受药阳、扁，正音夔、旷，惭恨向作，悉畀游光，寻究斯恉，则宋季孟传已发之。”现存章太炎写给谭廷献的信有三封，其中一封完整，开头章太炎称谭廷献为“夫子大人函丈”，结尾署名为“受业制章炳麟敬上”，[2] 显然是以弟子自居，则日后他

──────────

1　张伯存：《青灯的趣味》，上海人民出版社，2016 年，第 101 页。

2　马勇编：《章太炎书信集》，河北人民出版社，2003 年，第 3—4 页。

否认与谭廷献的师生关系就有些不可思议了。

钱基博曾在《复堂日记补录》序中道："谭氏论文章以有用为体、有余为诣、有我为归，不尚桐城方、姚之论，而主张胡承诺、章学诚之书，辅以容甫（汪中）、定庵（龚自珍），于绮丽丰缛之中，存简质清刚之制，取华落实，弗落唐以后窠臼，而先以不分骈散为粗迹、为回澜。五十年来遂成风气，而余杭章炳麟太炎应运起以有大名。故其论文以澹雅为宗，皈依晋宋，章炳麟文之所自出也。"概括精要、凝练，特别是点明了章太炎文论文风的源头。

而钱锺书与谭廷献的关系，则源于他 19 岁那年为《复堂日记续录》所写序言，此外他在《谈艺录》等书中也有对谭廷献的评论。钱基博有位好友叫徐彦宽，是一位喜欢抄书、校书的旧式学者，《念劬庐丛刻》就是他辑抄的结果。他去世一年后，《念劬庐丛刻》由钱基博等人出钱印刷。钱锺书为该丛刻中《复堂日记续录》所作之序则完成于 1930 年。在序文中，钱锺书将曾国藩、翁同龢、李慈铭、王闿运、谭廷献五家的日记予以综合比较，进而探究各家治学异同。他认为谭廷献虽为浙江人，却倾倒于江苏常州庄存与的今文经学，并信奉古文经学的六经皆史之说，推崇章学诚的《文史通义》，以为能洞究六经之由。认为谭廷献于古人褒多贬少，微词申旨，未尝逸口。就文笔而论，钱锺书认为李慈铭与谭廷献虽同归雅令，但李则祈向齐梁，虑周藻密；谭却志尚魏晋，辞隐情繁。其基本观点与其父钱基博相同，不过他们父子究竟谁影响谁，其实说不清楚，因为钱锺书很早就曾代替父亲为他人写序，甚至连钱穆的书之序也是由他来写，但署名却是钱基博。

"不如归去"的姚光宪

在崇文书院历代诸生中，有很多虽然没有中式，或虽中式但仕途不顺者，却以在某方面的特长或才华或奇特人生经历引起世人瞩目，他们的诗文因此得以流传后世，在某种意义上也是为崇文书院增光添彩。本部分所叙述的这些人物，即属于此类。

第一个值得介绍的，是姚光宪。

姚光宪，字莲石，浙江仁和人，工词章，善画山水。生卒年不详，但嘉庆年间在世，与戴熙为同时代人。有《登高赋》《集古今圣贤家诫为屏风赋》等。事见《清画家诗史》己下。这就是从数据库得到的有关其生平的介绍，历史过于吝啬，给一个天才作家和画家只留下这样几行文字。

不过，姚光宪之所以作为崇文书院诸生代表人物之一被介绍，最重要的是他写有一组关于科举考试的诗词并被收入《敬修堂课钞》，这就是《场屋十二咏》。所谓"场屋"就是科举试的考场，也称科场。一般每人一个小格子，宽一米多，深也是差不多，考生整个考试期间都要待在这样狭小的空间里。例如参加乡试的考生一共要考三场，需要整整九天。从开考那一刻开始，考生就被锁在场屋里，吃饭休息都是在里面，直到考试结束才能被放出来。也因此参加科举考试不仅仅是对智力的考验，更是对体力的考验，很多考生因为无法坚持到底而被迫退出，留下一生的遗憾。也因此，姚光

◎ 科举考试场屋图

宪的《场屋十二咏》[1]对整个考试过程和环境以及考生心理等给予全方位的描写，故很容易引起书院诸生的共鸣，而这组诗也确实很有特色：

《号灯》：

照来明白望来遥，接屋枝枝绛蜡烧。远近星光攒万点，东西虹彩跨双条。

匀排一桁如绳直，高挂千文有字标。毕竟眼花迷五色，指迷深喜故人招。

注：号灯，即科举考场用的灯具。

《题纸》：

报道明灯众所哗，隔墙传说听还差。贴因违式须遵尔，割不成

---

1 王国平总编：《杭州文献集成》第 28 册，浙江人民出版社，2014 年，第 42 页

题请试他。

故纸钻来真我惯，寒村持去有人夸。满堂尽是科名选，为问天鸡对得耶？

注：题纸，即写有考题的试卷。

《散饭》：

梦悟炊梁足解纷，饭抄依旧自如云。千营别队埋锅造，万斛施斋计盏分。

赵将饱余还示武，葛仙喷出按成文。红绫饼馅黄封酒，佳兆先呈说与君。

注：科举考试时，考生一般自己准备考试期间的饮食，有时官府也提供。

《放牌》：

层楼日上已三竿，院外千人鹄立看。如鹤迅飞争道倦，作龙跳险过门难。

风云气涌成文海，鼓角声催下将坛。何似金闺早通籍，牙牌声佩韵珊珊。

注：放牌，指放考生出考场。

《受卷》：

缴当清晓立当檐，入式权操自外帘。白展银光三尺案，红分花影一枝签。

骤如风雨连番集，灿若云霞取次拈。疵缪些些君可怨，例须宽假莫从严。

注：考生答完试卷后要自行交给受卷官，受卷官检验后发给考生一牌，凭此才能离开考场。

《糊名》：

编号何妨作替身，暗中摸索早如神。僧察笼罩纱痕暗，官局模糊锦样新。

但使品题邀法眼，不劳名姓呼斯人。层看蕊榜高题处，始识庐山面目真。

注：科举考试中，为公平起见，把考生名字遮盖后再改卷，称为糊名。

《誊录》：

敏捷人皆写韵夸，败楮通透案欹斜。来留粉本千行墨，浓散毫端一片霞。

事类胥抄矜倚马，书同符录笑涂鸦。不知画就葫芦后，是否仍然旧样花。

注：为防止阅卷官认出考生笔迹，考卷要由专人誊录后，才能批改。

《校对》：

夜雨凉窗费校雠，文虽加点义无求。偏旁莫认金根误，残缺须凭月斧修。

一握青藤燃待勘，千番落叶扫仍留。看朱成碧由来恨，可许雌黄妄下不？

注：在誊写完毕之后还要“对读”，就是今天的校对，即将考生的原卷和誊录的“朱卷”一起交给对读人员，校对无误后，对读官要在试卷上盖上章，才能进入阅卷环节。

《呈荐》：

一律千篇堕白窠，黄茅白苇览经过。眼明欣赏拿云笔，心许飞腾破壁梭。

已是鲸从沧海挈，可堪风卷落花多。斧柯操自他人手，买椟还珠奈尔何。

注：清代科举考试规定，试卷由各房考官随分随阅，随阅随呈送主考官，最终录取权力在主考手中，各房考官没有权力录取，只有呈送推荐之权。

《取中》：

玉尺平量藻鉴开，黄金招骏筑燕台。绣丝外岂皆庸品，勒帛中还失隽才。

无分尽随沟水去，有缘重入药笼来。果操何术铨衡审，预卜功名到鼎台。

注：取中，就是录取。

《拨房》：

本同桃李列门墙，又逐春风作嫁娘。比似琵琶成别抱，笑他蝴蝶为谁忙。

阶前樲树原分荫，花底蜂巢竟各房。知己感深名分在，陆庄深愿两无荒。

注：所谓"拨房"，就是把本房录取的考卷拨入他房，即占用他房录取名额。乡试时因每房名额有定数，而每房试卷好坏不一，往往造成各房待录取者多寡不均，因此就要将超额房内的试卷拨入还有名额的房内，通过该房推荐录取。

《填榜》：

博得当头一点红，银花双炬鼓三通。数行淡墨题成后，千佛名经选在中。

夜月重辕张处速，晓风深巷卖来同。他年刊作登科记，可有人传似晦翁？

注：科举时代将考试录取者的姓名写在榜上，谓之填榜。

此外，姚光宪留给后人较有名的文章有《集古今圣贤家诫为屏风赋》和《登高赋》，其中前者开头有一小注："以留意于此足以保躬为韵。"这一句出自《新唐书》："房玄龄为唐名相，治家有法度，常恐诸人骄侈，仗势凌人，乃集古今家诫，书为屏风，令各取一具，曰：'留意于此，足以保躬矣！'"此段大意是：房玄龄担心家人仗势欺人，就收集古今各类家诫，写在屏风上，让家人各取一面，告诉他们说，只要留意这些，就足以无忧。所谓"保躬"

就是保护自己之意。故姚光宪以此为题，也是有意为之，且看此赋：

屏风九叠，金鉴千秋。杖策曾为国计，齐家即是身谋。集成腋而丹青勿尚，诚乃心而翰墨长留。相业攸隆，已借前筹于幕府；家声不坠，在遵高躅于瀛洲。低回往日之功名，惟偕一杜；顾盼后来之似续，愿冠诸刘。昔房文昭之佐唐也，开国元勋，逢时伟器。贻燕情深，误蝇怀寄。谓保家之主难期，由怙势之风日炽。爰张绢素于新屏，遍辑圣贤之故事。以为王粲则论著安身，张华则诗传励志。崔子玉铭标于座，有温恭谨慎之思；马伏波书诫其儿，得警觉提撕之意。由是探载籍，列群书。异翡翠而光明用纸，似璇玑而参错成图。即古训借为贻厥，俾儿辈得所依于。旨酒垂谟，观久而悔心自起；春风被化，坐深而妄念都除。任他座膈分荣，几生修到；只我家修克俭，一室稽居。遂令各启乃心，同提斯耳。景仰前贤，追随彼美。衣冠之法则非遥，几杖之铭言即此。姓投瓶而有兆，或可心维；名题柱以飞声，何难踵企。纵异辉扬彤管，披陈列女之篇；要知画敞丹墀，载录名臣之轨。几幅嘉猷，一番忠告。敢云惜墨如金，所谓伊人如玉。虽致富之无由，却亢宗而已足。非缘好色，见袁宏而诅假箴规；亦可遮风，当满甫而奚烦踯躅。洵是保身至计，尽使眸回；若教谤世多言，不妨头触。殆由教以义方，冀得家传令子。布衣浣而弥臧，忍字图而足喜。麟梦堪征，凤毛有以。岂必水精琢去，平分四合清光；未须云母裁来，高拥半围丽绮。监人监水，重标欹器之铭；闻礼闻诗，复衍过庭之旨。是以书牖同钦，铭盘并宝。起居定协于时中，坐卧皆凝夫至道。门高而驷马堪容，世贵而家珍可保。芝兰有种，即为瑞应之冈；经艺纷陈，弥重春秋之藻。树来楣畔，居然六曲春晖；书向宫中，不让十联句好。所愿留青自爱，飞白同工。各心仪于至教，无志忝乎清风。于以陟世，于以持躬。驰千里而昂昂，桓驹足贵；立一群而矫矫，稽鹤称雄。噫唏，口敦金人，所愿广闻于孔氏；阶生玉树，何忧见哂于英公。

姚光宪还有一篇很有名的《登高赋》，赋前小注为："以登高能赋可为大夫为韵。"此句出自《诗经》，《诗经·鄘风·定之方中》

有"终然允臧"。毛亨传："升高能赋……可以为大夫。"且看此赋：

仰高山而翔步兮，快云路之先登。磴千盘而径仄，梯百仞以阶升。因岫岭之绵远，遵途径于峻嶒。松风势劲，石涧流潋。旷观宇宙，俯瞰畦塍。斯拾级之累累兮，异临渊之兢兢。人传习射，序记题糕。雨千山而暮洗兮，风万树以晨挠。猿泪则啼穿三峡，鹤声则唳出九皋。枫丹焕其夺帔，萝翠蔚而如袍。继轨龙沙之盛，追踪凤岭之豪。殆朱颜之足逞兮，何白首之频搔。岚光折而莲峰影矗，月魄浮而桂树轮高。于是才人雾集兮，名士云兴。绣毂车击兮，金鞍马腾。或联步类江天之雁，或孤盘如沙漠之鹰。或远据危楼之百尺，或上凌梵塔之七层。至若晨光扑空而日淡，夜气冲瓦而霜凝。野草迷离乎兔窟，烟波冷落于鱼罾。又皆可侔色揣称，而各奏其能。乃眷良辰，翔芳步。意态容与，心神驰骛。其始也，陟层岩，坐茂树。映日临风，博烟霞之趣。其继也，陈佳肴，列美酤。度曲飞觞兮，惬襟期之素。然后登阁濡毫，当筵作赋。摛妙舞之瑶章，写新花之丽句。胥缱绻于林谷兮，曾不知其朝暮。别有旅客羁愁，伤其坎坷。美媛低回，扬其婀娜。嗟九井之不逢兮，致慨夫簪缨之裔。美文峰之在望兮，漫惜夫钗钿之堕。水共天碧，花偕柳鲜。分射覆于樽前，较藏钩于座左。或咏或觞，或行或坐。泃浅酌与低吟，而无一之不可。将见投袂以起，望尘而驰。参军落帽而有度兮，邻女授衣而多姿。秀橘恣其香冶兮，蓬饵佐其新奇。桓汝南则举家避祸，萧子显则走笔成辞。高阁衍子安之序，满城补邻老之诗。盖莫不以一时雅集，媲美古人之为也。若夫畋游沙苑之间，赐宴曲江之濒。商飙有馆而鸣銮，戏马留台而树斾。天上瑶觞，人间云籁。卉旭照于有截，祥风扇于无外。纵目八极，驰情四大。斯固皝皝焉，蔼蔼焉，为帝王之游观，而非学士之期会也。然而花糕秀丽，菊本清腴。人送白衣之酒，带悬赤实之符。亦足击檀板，倾玉壶，回舞袖，动吹竽。想象龙山之浏览，追随马射之驰驱。客故诩凌云之健概，而嗤脱颖之非夫。乃为之系曰：振千仞兮谁与俱，绾彩囊兮佩茱萸。怅悲秋兮非吾徒。凌绝顶，捻吟须。谓此日之摛藻，胜当时之清娱。[1]

此赋多用典故，对现代读者而言，阅读难度很大，不过此处也没有必要多加注释，只需知道姚光宪确实很有才华，此赋艺术水平很高，也就足矣。可惜，他空有满腹才华，却无有施展之处，不仅其生平少有人知，而且连其晚年生活如何及如何逝去也是几乎无人知晓。如今人们只知道他在临终时忽作画廿纸，第七幅题词为"江天自辽阔，归席莫纤徐"。是的，所有人最后的结局就是一个字"归"，姚光宪当是在此时悟到这一点，然后从容归去。这令我们想到美国著名女诗人狄金森的绝笔诗"Called back"，翻译为汉语就是"归"或者"召回"。在对人生归宿的认识方面，中美两位天才诗人达到了惊人的契合。

据说，他和戴熙为同时代人，故戴熙曾以诗记其事，后收入《清画家诗史》，这大概是戴熙作为山长对书院弟子的最好纪念吧。此诗如下：

题姚莲石遗墨

自怡道人古奇士，出奇于画颇自喜，常时人乞多所否。

一日忽画二十纸，标题十幅蹶然起。谓天召我不移晷，

江天辽阔归席驶。空山无人掷笔逝，以画得仙有仙理。（第七帧题句有"江天自辽阔，归席莫纤徐"之句，十一帧作空山无人，则不复题矣。）

看君丘壑清且美，勃勃生气殊未已。那信官行神反止，如月在天影在水，吁嗟乎，道人盖不死。[2]

对于姚光宪的"江天自辽阔，归席莫纤徐"之句，同为画家又

1　马积高、叶幼明主编：《历代词赋总汇（清代卷）》第16册，湖南文艺出版社，2014年，第15364—15365页。

2　戴熙：《习苦斋集》诗集卷五，清同治五年刻本。

兼为诗人的戴熙显然是懂得其中的悲伤与惆怅的，人生不过如此，所有人都将归去，只是有些令人怀念，有些很快就被遗忘。所以戴熙说姚光宪虽然逝去，但只要有其画在，其精神就常在，"如月在天影在水"，艺术家也因此获得永生。

从风流名士到革命志士的谢飞麟

在崇文书院诸生中，谢飞麟是值得格外关注的一位——他是由风流才子到革命志士的代表性人物，崇文书院之历史因他而更有研究价值。谢飞麟（1867—1923），名震，号显雷，别号侠佛，浙江嵊县江夏村人。他是辛亥革命前后活跃于浙沪两地的革命家，一生办学办报，从军从政，为革命奔走，最终以身殉志。

在正确选择自己的人生之路，让自己的短暂人生更加灿烂辉煌上，谢飞麟堪称典范。他幼年在私塾读书，之后限于家境，只好自学文史，17岁为生计开始设馆教学。20岁那年，谢飞麟游学于杭州崇文书院，目的不是应科举试，而是谋生。彼时的书院诸生只要是有文采有能力，仅仅参加书院定期举办的各种课艺考试足以生活甚至养家，谢飞麟即是如此。每遇府院考试，他常替他人捉笔，所得酬金除用以养家外，还常用以接济穷人。此外，谢飞麟文武双全，六七岁时就喜欢拳法，遇见武术高明者就前去拜师学艺。到此为止，可以说谢飞麟的人生没有多少特别之处，在那个时代，类似的人生轨迹不知有多少人都在重复。不过，联系后来谢飞麟的革命生涯，再看其早年经历，人们会恍然大悟，原来谢飞麟在青年时代就有意无意间为日后参加革命提前做好了各种准备。

19世纪与20世纪之交的中国，正处于大变动之中，外来文化思想及各种社会思潮纷纷涌入，谢飞麟自然也受到影响。1901年，他任教于绍兴东湖通艺学堂，虽然还会讲授旧学，但他自己却已开始学习日语、体操和美术，并在讲学中传播爱国主义和民族独立思想。之后的谢飞麟在革命道路上如同"开挂"一样急速飞奔：1903年他回嵊县主持东乡公学校务。1904年他与王金发、胡士俊等创办大同学社，以学术团体为掩护，鼓吹推翻清朝。1905年，他在嵊州创办爱华女校，提倡女子教育，宣传妇女解放，主张"要强国必先强民之母，要文明必先国民之母有文明"，既开浙东女子教育风气之先，也为日后和秋瑾的革命友谊打下坚固基础。1906年对于谢飞麟是一个重要时间点，这一年他任绍兴东湖通艺学堂监督，彼时嵊县人在绍兴学习者众多，谢飞麟遂得以与王金发、秋瑾、姚定生、竺绍康等密切交往。1909年，谢飞麟赴上海任《女报》主笔。1910年他在嵊县普安寺开办僧学堂，在僧众中普及教育，宣传革命。由于他在嵊县革命党人中年纪最大，早年又当过私塾教师，不少革命党人都是他的弟子，因此他在绍兴、嵊县一带有很高威望。他们不但一起从事革命事业，而且在生活上互相帮助，其中他和秋瑾一起为王金发说媒一事，在民间也是广为流传。

那是在辛亥革命之前，和谢飞麟、秋瑾一起从事革命工作的王金发，由于没有时间照顾家人，引起其妻子徐桂姑的不满，最终两人的婚姻走向破裂。谢飞麟和秋瑾看在眼里，就想再为王金发介绍一位姑娘，而他们首先想到的，就是秋瑾的一位学生沈雄卿（1883—1957）。说起来这沈雄卿和王金发确实有缘，因为在一次清朝官兵追捕王金发时，正是沈雄卿与之偶然相遇，然后机智地帮助王金发摆脱了追捕。

于是在民间传说中，有了下面的情节。

王金发一进门，见到一个熟悉的倩影。"你——"王金发怔住了，意外的相遇使他异常兴奋，他激动地告诉同来的秋瑾说："那次在香烛店救我的就是她！"其实秋瑾对此事早就知晓，她一把搂住沈雄卿，自豪地对王金发说："你肯定没想到吧，她是我的得意门生！"

"怪不得能这样临危不惧，原来是你教导得好！"王金发虽然是在赞扬秋瑾，但眼睛却一直看着沈雄卿，目光中流露出感激、钦佩，还有几丝柔情。

姑娘一时有些害羞，不好意思地低下了头。从此王金发与沈雄卿有了更多的接触，他们开始恋爱了。

秋瑾看到这一状况，就跟谢飞麟商量，由他俩做月老，成全这对有情人。君子成人之美，谢飞麟当然满口答应。于是，两人约定一起登门看望王金发的母亲，其实就是上门说亲。

"王伯母，我和谢师给金发做个媒可好？"秋瑾问。

"那当然好！可是哪会有姑娘愿意跟着金发遭这份罪？只怕是还没有这个福分呢！"王金发母亲叹息道。

"要是真有呢？"谢飞麟问道。

老太太看了看秋瑾，又看看谢飞麟，激动地问："难道真有这样一位好姑娘？"

"哈哈哈！"秋瑾大笑起来，"当然有，她还是我的学生呢！"

老太太急忙问谢飞麟："金发知道了吗？"

"知道了，而且是他自己看上的。"谢飞麟说道，"姑娘是秋瑾女士的弟子，人很漂亮，还救过金发的命呢！"

"该不是香烛店那个姑娘吧？"老太太想起儿子对她说过的那次虎口脱险，高兴地说。

"就是她。"秋瑾接着说，"我们革命党人不讲什么黄道吉日，只要您老喜欢，我马上叫金发办了婚事。"

秋瑾和谢飞麟回去后，马上找来王金发和沈雄卿，征求两人的意见。王金发当然是满口答应，沈雄卿却低头不吭声。秋瑾知道她不好意思，而且也担心家里父母不会同意，就说道："你放心，你双亲那里谢师已经说通了。"

"真的？"沈雄卿这才点了点头。

几天后，沈雄卿就嫁到了王家，而王金发为了革命，却不得不匆匆与家人告别。

民间传说可能有些是虚构的，但谢飞麟、秋瑾和王金发等为了推翻清朝，夜以继日地奔走于各地，从事秘密革命工作确是事实。就谢飞麟而言，他彼时主要奔走于上海和江浙一带，对于组织光复军亦有参与。后来，当秋瑾在绍兴遇难后，谢飞麟不得不暂时在上海避难，但还是与王金发等人一起加入同盟会，继续从事反清活动。

1911 年武昌起义后，谢飞麟奉上海同盟会之令，在宁波、绍兴一带筹募款项，并参与光复杭州的策划。浙江光复后，他随王金发到绍兴，任绍兴军政分府总参议兼秘书长及部队参谋长，时王金发常在上海，实质上就是谢飞麟主持绍兴的日常工作。1913 年 3 月，谢飞麟在上海医院养病时惊闻宋教仁被刺，遂起草讨袁檄文，疾呼："吾民党一误于汉阳稍挫而遽议和，再误于希统一之美名而即释兵柄。今宋公生命已被断送，且证据确凿如此，犹惑于调和之说，虚与委蛇，岂断送宋公一人为不足，必欲三误以断送我民党中无数之生命，并断送我中华民国乎？"后谢飞麟返回浙江，试图组织旧部反袁，不料被人告密，他差点被捕，只好再次回到上海。"二次革命"失败后，谢飞麟的反袁活动仍未停止，等到袁世凯称帝时，他更为活跃，准备在浙东大举起事。1916 年春，谢飞麟集结民军 3000 余人，在嵊东清隐寺成立浙东护国讨袁军总司令部，自任总司令。在此期间，谢飞麟几度遇难濒死，但总能免祸。尽管他在讨伐袁世凯的过程中立下大功，但袁世凯死后他却立即遣散部队，再次到上海医院养病。在沪期间，谢飞麟为挚友王金发撰写《王季高君行述》，并陪伴王金发家人到北京，为王金发平反昭雪一事四处奔走。

谢飞麟就是这样一位疾恶如仇但对战友又可以坦诚相待的人。五四运动期间，谢飞麟挺身而出，在上海《救国日报》等报纸上发表政论，支持学生的爱国行动，并发电报给巴黎和会的中国代表要求拒绝签字。谢飞麟的爱国主义言行，自然遭到那些居心叵测的军阀仇视。例如对浙江总督卢永祥的野心与罪恶，谢飞麟重点加以批判和揭露，卢永祥自然极为嫉恨，必欲除之。为了抓住谢飞麟，卢永祥所出赏金居然高达 5000 元。当时有一个叫徐鸿飞的人，和谢飞麟是同乡且很早就相识，卢永祥即让他约谢飞麟到上海福州路的吉茂源酒店喝酒。谢飞麟以为是老乡聚会，即按时赴约。不料刚喝一会，即被三名特务抓走，并连夜秘密押解至杭州。谢飞麟的亲友闻讯后，立刻展开营救，于右任、黄白、蒋智由等人以及浙籍国会议员、浙江旅京同乡会等，均曾致电卢永祥，请他立即释放谢飞麟，蒋百器等人还推选代表至杭州营救。卢永祥看到社会上有多方面力量在营救谢飞麟，担心夜长梦多。仅仅一周后的 2 月 15 日，谢飞麟被杀害于杭州陆军监狱，终年 57 岁。

谢飞麟之因叛徒告密被害，引起舆论关注，著名的《申报》于1923 年 2 月 25 日为此特发报道，题目为《浙江冤杀宿儒》，报道中明言"去年旧历除夕，浙江枪毙谢飞麟一案，闻者咸为哽咽"。题目中一个"冤"字，其同情惋惜谢飞麟之立场昭然。

谢飞麟很早就对佛教产生兴趣，据说他 6 岁时进私塾念书，只要是听到旁边寺院的念经声，就放下书本倾听，且表现出好像有所感悟的样子。长大后更是日益迷恋佛教，曾拜于谛闲法师（1858—1932）门下，崇尚华严、法相二宗。谢飞麟有这样一个座右铭："我不愿享人间福，但愿作福在人间。"终其一生，谢飞麟为了推翻帝制，为了革命，无怨无悔，百折不挠，真正践行了他的座右铭。

此外，长期紧张、危险的革命生涯，不时袭来的生死考验，也让谢飞麟对人生之意义有过困惑甚至悲观。他曾在《谢飞麟自序》中有过些许流露："辛亥光复后之第二年，予曾自述生平，作《半梦记》一篇，留诸稽勋局。癸丑二次革命起，予亦入旋涡中，辛苦颠顿莫可名状。越甲寅、乙卯，帝制发生，滇黔举义，予潜回里，谋率旧部应之，因之费俄延，浙江已宣告独立，迫令解散，予濒于死者屡。今民国重光，共和复活，予皆友北上旅京两月余矣。政潮变幻，无事可为，因思将数年来经过之历史，与死事诸同志行略，汇而编之，以为《半梦记》之续，聊备他日考查。"

这《半梦记》之题目，体现出谢飞麟内心矛盾的一面以及他所受佛教、道教之深刻影响。面对人生之坎坷、革命之艰险，任何人都会有困惑、有悲观。早年的《半梦记》他已找不到，于是谢飞麟在那短暂的休憩期间，再次撰写自传，也算是为自己做一个总结。这是一份十分珍贵的史料，不仅可见谢飞麟和战友一起奋斗的具体过程，更可见谢飞麟面对生死时内心的真实写照。请看其中一段。

显雷曰：天下事有果必有因，有因斯有果。虽或有因与果适相反者，然安知夫造善因之前不早有恶子乎？安知夫现恶果之后不终有善果乎？又安知夫我所见为善因者未必非即为恶因乎？安知夫我所见为恶果者未必非即为善果乎？梦饮酒者旦而哭泣，梦哭泣者旦而田猎，梦中占梦，然乎不然，是耶非邪，莫可究诘，惟有足以自信者听诸天已耳。假使我蛰居乡塾，半读半耕，与里老村农话桑麻，课晴雨，岁时伏腊，斗酒自劳，乐何如之。自游学之心一动，而半生艰苦即基于此矣，岂非天乎？生平交友泛泛者多，若不论穷达利害，生死能相守无变更者，或早已死去，或一身未遇。只身飘流，寒灯旅馆，细想往事，悬想前途，不禁凄然泪下矣，惟体力与脑力殊未减，体力且加强焉，意者罪孽未满，犹当留此顽躯，以供社会之役使耶。情绪无聊，借酒自解，故风湿之疾难瘳，手口有时颤动，但亦无妨。犹忆在绍兴东湖时有句云：　我不愿享人间福，但愿作福在人间。抑知享福固难，作福尤不易，其非从实业上着想不可，然而又有大难处，则毋宁与社会永辞，自去寻师学道乎！

中华民国六年丙辰十二月□日

　　"显雷"是谢飞麟学佛后为自己所取的号。显然此文表达了谢飞麟对自己平生所为的反思，特别是对所从事革命事业的深度思考。字里行间，俨然有几分看破红尘之意。此外，这一段文字显示出谢飞麟受道家影响也很深，那两句"梦饮酒者旦而哭泣，梦哭泣者旦而田猎"就出自《庄子·齐物论》，意思是梦中饮酒的人，天亮了以后在哭泣，梦中哭泣的人，天亮了以后去狩猎。其实《庄子·齐物论》在这两句后还有几句："方其梦也，不知其梦也。梦之中又占其梦焉，觉而后知其梦也。且有大觉而后知此其大梦也，而愚者自以为觉，窃窃然知之。"这几句大意是：人们在做梦的时候，不知道是在梦中。梦中还会占卜梦的好坏，醒来后才知道是做梦。人们在最清醒的时候才知道他的人生也不过是一场大梦，只有愚蠢的人才自以为清醒，以为自己什么都知道。纵观《齐物论》的主旨，就是"天地与我并生，而万物与我为一"。既不要自我封闭，也不要以人类为中心，天地之间众生平等，是为"齐物"。庄子的人生如梦观自然是悲观虚无主义的鼻祖，人醒是梦，人睡也是梦，生是梦，死亦是梦。庄子这样说，即体现出他对人生的大彻大悟。而他见妻子去世却"鼓盆而歌"以及此文结尾的"庄周梦蝶"的故事，都揭示了庄子哲学的核心就是消极避世——既然人生如梦，则从事任何事情其实都没有意义，因为谁也不知道，这件事成功的欣喜是否会成为下一件事悲伤的源头，梦中的欢欣其实正预示着现实中的绝望。诚如是，则人生必然是无意义无价值的虚无。

　　谢飞麟在其自传的结尾引用《庄子》，并联系佛教的因果观念，正说明他在经历了现实的挫折后，对自己所从事的一切是否有意义产生了深深的怀疑——这不仅是他个人的怀疑，也是他那个时代很多志士仁人的怀疑，这既是时代赋予他们的局限，更是人的本性使然。

但这是在时过境迁之后，假如历史重演，按照谢飞麟的个性和思想，他还是会毫不犹豫地投入革命事业之中。后世的研究者对此没有任何怀疑。

由传统走向现代的崇文弟子杜亚泉

如果说谢飞麟是崇文诸生中投身革命并为之牺牲的勇士，则杜亚泉就是崇文诸生中涌现的启蒙思想家，一位由传统走向现代的崇文弟子和清醒的革命战士，只是他的武器不是枪而是笔。杜亚泉（1873—1933），原名炜孙，字秋帆，号亚泉，又署伧父、高劳，浙江会稽人，著名翻译家、科普出版家、学者，20世纪初传播西方科学技术的主要人物之一。他自幼聪慧好学，他父亲十分重视培养他读书，盼望他走"学而优则仕"的道路。他起初致力于训诂和清初大家之文。夏夜在院内挑灯夜读，冬日则在屋内掩窗苦读，常被人看成是书呆子。他于1889年考中秀才，1894年入崇文书院学

◎ 杜亚泉像

习，同年受甲午战败之刺激，毅然弃科举转学自然科学。1898 年，他应蔡元培之邀，任绍兴中西学堂教员。以教育启蒙，这是彼时很多志士仁人的选择。

不过杜亚泉之所以值得被怀念，还在于他的编辑生涯。他于1900 年赴上海，创办了有名的《亚泉杂志》，这是中国人创办的第一种自然科学杂志，仅此一点，杜亚泉已经足以在中国近代历史上留下自己的名字。杂志以自己的姓名命名，似乎不够谦虚，其实正相反，因为"亚泉"二字为氩、线（線）之省笔，氩是一种惰性化学元素，线在几何学上无体无面，用这两个字是自谦之意。1904 年，他加入大名鼎鼎的商务印书馆编译所，任理化部主任，编写或主持编写多种中小学和师范学校的自然科学教科书，并参与编写了《植物学大辞典》《动物学大辞典》等著名的科普辞书，为中国的科学普及事业做出巨大贡献。尤其值得介绍的是他于 1911年至 1920 年，兼任《东方杂志》主编，对杂志进行了重大革新，开始介绍新知识、新学说以及新的科学理论。就在他担任《东方杂志》主编之时，他直接引起并参与了在 20 世纪中国文化史上有名的"东西方文化论战"，而他的对手，就是《新青年》主编陈独秀等新文化运动和五四运动的领袖人物。而论战发生之缘由，正是陈独秀所发表的三篇批判《东方杂志》的文章，对此杜亚泉给予驳斥，双方遂开始论战。这场论战第一次对中西文化进行了比较研究，对两种文化传统作了科学的剖析，对中西文化的交流提出了各自不同的看法，实开我国文化研究之先河。以后文化研究中诸重大问题及对这些问题所持观点，几乎均可从这次论战中见其端倪。当时，以陈独秀为代表的《新青年》同人，因提倡新文化风头正劲，杜亚泉作为反对陈独秀观点的代表人物，自然承受了很大压力，不得不于1920 年辞去主编职务，同时也不再为杂志撰稿。而《东方杂志》两年后负债数千元，终因经费告绌而停办。后来，"一·二八"淞沪抗战爆发，商务印书馆毁于日军炮火。杜亚泉只好避难回乡。次年因患肋膜炎，于 1933 年 12 月 6 日逝世，享年 61 岁。他病重时无钱医治，下葬时竟然借棺入殓，身后如此萧条，令人倍觉凄凉。

杜亚泉去世后，蔡元培曾为其撰写《杜亚泉先生遗事》，其著作有《人生哲学》《杜亚泉文选》《博史》等。此外，其友人兼同乡张梓生（1892—1967，又名森，字君朔、子乔、朔一，浙江绍兴人，民国时期编辑、记者、出版家）撰文以示哀悼，字里行间流露出惋惜伤感之意："国人对于人物之崇仰，久失其正鹄。当曲园之死，举国淡然，时王静安已有所感。近则时局变幻，人心愈趋卑下，对数政客官僚之死亡，报纸争载，市巷纷谈；而对于品格崇高，行足讽世之学人之逝世，除三数熟友外，类皆无所感怀。"张梓生确实是有感而发，彼时社会舆论界对所谓的政治家等风流人物之活动倍感兴趣，热衷于报道其活动足迹，而对真正的学者、思想家却不屑一顾，以致俞樾、王国维和杜亚泉等去世后，基本上没有引起大众注意，王国维虽因自杀多少引起关注，但大众所关注的不过是其自杀原因，而对于王国维之学说、理论却不会了解也不可能了解，这才是令张梓生感慨的原因。其实，类似感慨彼时并不少见，早在俞樾去世后王国维也有过，他在《教育小言十则》中就这样写道："德清俞氏之殁几半年矣。俞氏之于学问，固非有所心得，然其为学之敏，与著书之勤，至耄而不衰，固今日学者之好模范也。然于其死也，社会上无铺张之者，亦无致哀悼之词者，计其价值，乃不如以脑病蹈海之留学生。吾国人对学问之兴味如何，亦可于此观之矣。"

不过，俞樾也好，王国维、杜亚泉也好，他们的学说并未因世人的冷漠而被忘却。仅就杜亚泉而言，尽管他去世后学术界对其思想学说几乎未置一词，仅有的几篇文章在提及他时也是毁多誉少，有的甚至把他视为落伍者给予批判，但在20世纪90年代，终于有一位大思想家对其做出实事求是的高度评价，这位思想家就是王元化（1920—2008，祖籍江陵，生于湖北武昌，著名学者、思想家、文艺理论家），他为此而写的长文《杜亚泉与东西文化问题论战》也已成为总结这场论战的权威之作。

陈独秀所指责的《东方杂志》的三篇文章，均发表于1918年。它们是杜亚泉的《迷乱之现代人心》、钱智修的《功利主义与学术》、平佚编译的《中西文明之评判》。当时正是第一次世界大战之后，杜亚泉在《战后东西文明之调和》中说此次大战使西洋文明露明显之破绽，这在当时是相当普遍的意见，如梁启超等也持如此看法。杜亚泉认为 19 世纪科学勃兴，物质主义大炽，更由达尔文之生存竞争说，与叔本华之意志论，推而演之，为强权主义。……其尤甚者，则有托拉邱克及般哈提之战争万能主义。不但宗教本位之希伯来思想被其破坏，即理性本位之希腊思想亦蔑弃无遗。现代之道德观念，竟以权力或意志为本位，而判定是否道德，则在力不在理。战争责任不归咎于强国之凭陵，而诿罪于弱国之存在，于是弱者劣者为人类罪恶之魁。就是在这种背景下，他提出了中西文化调和论。按照王元化的观点，杜亚泉和陈独秀的分歧在于对中西文化的整体认识方面，陈独秀彼时是彻底而激进的全盘西化论者，认为中国文化有很多弊病，不仅远不如西方文化，更不能适应西方文化进入中土后的社会变化，中国如要改变落后面貌就要全盘西化。而杜亚泉承认中国文化有弱点，必须向西方学习，但不能简单走全盘西化的道路，而是要中西调和、取长补短。这种实事求是的态度在五四时期自然容易被认为是保守派、守旧派而遭受批判，被陈独秀斥为"人类惰性的恶德"。王元化对此分析说：

> 陈独秀持急进彻底态度的原因，可用他在《调和论与旧道德》中的几句话来说明："譬如货物买卖，讨价十元，还价三元，最后结果是五元。讨价若是五元，最后的结果，不过二元五角。社会上的惰性作用也是如此。"《新青年》同人中也有人说过类似讨价还价的话。这种要求彻底的态度一直延续到数十年后的政治批判运动中。由于矫枉必须过正，以致形成以偏纠偏，越来越激烈，越来越趋于极端。

王元化进一步指出：

> 这场论战所争论的问题核心在杜亚泉的调和论中有关传统伦理道德观念。论战前，一九一六年，杜亚泉就已撰写了《静的文明与

动的文明》一文。内称，西方重人为，中国重自然。西方是外向的，中国是内向的。西方尚竞争，中国尚和平，等等。他将西方归为动的文明，东方归为静的文明。他认为动静应当互补，各取对方之长，以补自己之短。杜亚泉虽未言明其动静说出处，但细绎其旨，便可领悟其说本之宋儒对《周易》的解释。朱子解周敦颐《太极图说》云："太极有动静是天命之流行也"，故"动极而静，静极复动"。……杜以内向外向来区分东西文化，这一内在超越的概念现已普遍为讨论中国传统文化的海内外学人所接受，他以前尚无人用过这一说法，他要算是最早提出此说的人了。杜亚泉的动静说是他的东西文化调和论的主要根据。动静互为其根，所以东西文化也缺一不可。

……

中西文化的分野是内在超越者必重道德而轻法律，外在超越者必重法律而轻道德。这是两种不同模式的文化。如何使之融合，是十分困难的。

很难想象在一个多世纪之前，在新文化运动和五四运动如火如荼时期，会有杜亚泉这样的学者对中西文化特征及命运有如此深刻和清醒的思考。诚然，陈独秀、胡适等在当时坚持"全盘西化"的激进理论有其一定的历史合理性，但其弊病已经被历史证实。而杜亚泉等人的渐进主义和中西文化调和论，经过20世纪以来的时间考验，其深刻和富有远见已经越来越得到证明。今天我们重新强调对中华优秀传统文化的继承和发扬，在某种程度上也是继承和发展了杜亚泉的学说。也因此，一位从旧书院走出的书生，最后却成为见解超前的思想家和理论家，杜亚泉可以说是崇文书院的骄傲。

杜亚泉曾有诗句云："鞠躬尽瘁寻常事，动植犹然而况人。"嗟乎，斯人已逝，笔至此处，缅怀无限，抚今追昔，唯有叹息而已！

临终大悟的戴兰畴

一

　　人之一生，不要说很早，即便是在临终时能够做到参透生死并有所感悟者，也算是大彻大悟的奇人了。在崇文书院历代诸生中，戴兰畴可能就是这样一位奇人。戴兰畴（1814—1893），字介村，号畹香（今人误以为其字为畹香，号介村，现据浦江县志更正），浙江浦江人。关于他的个人经历，史书基本没有记载，只知道他是道光十七年（1837）拔贡。[1] 此外，戴兰畴除了在杭州崇文书院肄业，还曾在诸暨毓秀书院担任过山长一职。据史载他任山长数年间，问字之车常满户外，而其性格温和，为人和气谦虚。但如见他人过失或遇不平之事，即如鲠在喉，不吐不快。生平好友不多，一旦为好友则不离不弃。中州刘芥州司马在浙江任职时，和戴兰畴交谊最深。他去世后正是戴兰畴为其操办丧事并扶柩归葬，为此博得世人赞美。

　　1837 年是道光十七年，这一年对戴兰畴而言是其人生的关键之年，因为他此年成为拔贡。拔贡是清代沿袭明代而选举贡生的制度，由各省学臣于通省生员内进行考试，在考取一、二等之生员内遴选文行兼优者拔入太学，送国子监，称之拔贡。一般每十二年（初期每六年）才举办一次，戴兰畴参加的就是每十二年才举行一次的考试，而且还要分初试和复试，所以难度极高。此外，拔贡相当于一种人才保送制度，一般每个省份也就几个名额，也因此拔贡考试难度远远高于乡试，拔贡的地位自然也高于一般的举人。尽管此后

1　现有学者认为戴兰畴为举人，误。实为拔贡，现据戴氏当年拔贡卷确认，且拔贡与举人其实有很大区别。

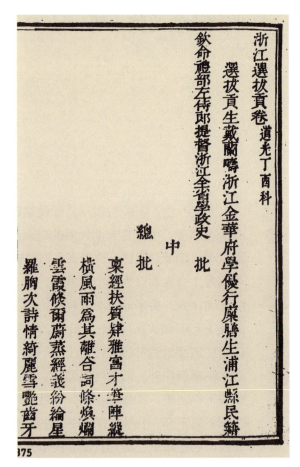

浙江选拔貢卷 道光丁酉科

選拔貢生戴蘭疇浙江金華府學優行廩膳生浦江縣民籍

欽命禮部左侍郎提督浙江全省學政史 批

中

總批

棄經扶質肆雅富才華陣緯

横風雨爲其離合詞條燠爢

雲霞候爾蔚燕經義紛綸星

羅胸次詩情綺麗雪艷齒牙

375

◎ 戴兰畴拔贡卷影印

戴兰畴在科举路上没有再进一步，诸如进士乃至状元、探花等名誉和他更没有关系，但成为拔贡，对于绝大多数旧时代文人而言已经是巨大的成功，意味着已经进入统治阶级，对此只要想一下《儒林外史》中那有名的范进中举情节即可明白。既然被推荐参加拔贡试如此重要，不妨看一下戴兰畴此次拔贡考试试卷及考官对其试卷的评价。

现存戴兰畴的拔贡试卷有两篇文章，题目分别为《务民之义》和《贤者在位能者在职》。前者出自《论语·雍也》："樊迟问知，子曰：'务民之义，敬鬼神而远之，可谓知矣。'"大意是，使老百姓懂得道德和道义，尊敬鬼神但要远离它，就可以说是智了。后者出自《孟子·公孙丑上》："贤者在位，能者在职；国家闲暇，及是时，明其政刑，虽大国必畏之矣。"大意是，有贤德的人居于掌权的地位，有才能的人担当合适的职务；一个国家在和平的年代将廉政法治建好，那么其他再厉害的国家也不会小瞧它。

这两个题目讲的都是如何治理国家和教育民众的方法，是孔子和孟子为统治阶级如何维护其统治而出谋划策。这样的论题对于古代书院诸生而言，应该是非常熟悉的，但如何论述得深刻而精彩，从而博得阅卷考官的好评，其实很难。且看戴兰畴第一篇文章的开头：

> 人道无异能，贵审其用力之端已。夫知者无不知，舍民义无由也。惟此之务，不贵审之于先乎！
> 且夫人心之灵也，不可以两涉其途。人事之赜也，惟求其一衷诸是。
> 是故心之纷而旁骛者，皆其见之淆于外者也。事之杂而寡要者，皆其理之汩于中者也。

此开头大意为，管理和统治民众的方法没有什么奇特的，关键看用力在何处。所谓智者，就是懂得如何让民众遵从道德，除此没有其他要做的，因此这一点总是要优先考虑。然后戴兰畴逐步展开论述，说人的心灵非常深奥复杂，必须向正确的方向思考，而不能心有旁骛。那些心思繁杂多变的人，很容易被看到其言行的混乱。而那些事情虽杂但能抓住要点的人，都是其内心有正确的道理在支撑着。

根据以上的立论，戴兰畴继续深入剖析，逻辑严密，丝丝入扣，其论述不时博得考官的好评，诸如"处处逆探，识高于顶""刊落一切，百炼钢化为绕指柔"之类的佳评随处可见。此文不到800字，考官所写评语竟然多达 12 处，且都是好评，可见此文如何深得考官之心。

再看其结尾：

古王者盛德，所感事且可与阴阳相召。而当其务之急，惟知敷锡。夫会极归极，罔敢勿尊其路，亦以谓民之义则然耳。所务若此，幽明隐显，一以贯之，尚何鬼神之渎哉！

所谓"敷锡"，即施赐之意。对这一结尾，考官的评价是："语奇而理确。"而对于整篇文章，有两个批语，一为"原评"，当为初评考官所写："根上注下，语无泛设。识力兼到，气骨坚凝。"一为周未庵夫子所评："浸淫理窟，切响坚光。肤浅者无其精能，艰深者逊其高朗。"

限于篇幅，此处不再抄录戴兰畴第二篇文章（同样是多达 12 条眉批，均为佳评），只把考官对其人其文的两则总评列出：

禀经扶质，肄雅富才。笔阵纵横，风雨为其离合。词条焕烂，云霞倏尔蔚蒸。经义纷纶，星罗胸次，诗情绮丽，雪艳齿牙。

策则贾茂董醇，论则韩潮苏海。试竟来谒，询其门阀，厥有渊源。学绍九灵，家藏万卷，登巍科者三世，联步蓬瀛，萃选拔于一门，已周花甲。洵书香之有自，幸藻鉴之非虚。隐雾奇文，拂拭而俪圭璋之器。追风逸足，腾骏而骋翰墨之林，于生有厚望焉。

如此高度评价和如此溢美之词，足见诸位考官对戴兰畴此人此文的欣喜之情。而在总共四位阅卷官中，就有两位书院山长，即崇文书院山长胡敬（书农）和敷文书院山长陈钟麟（厚甫）。另外两位均姓周——周未庵和周地山，一为进士，一为邑庠生。各考官名气虽有大小，对于戴兰畴的认可却一致。

其实，戴兰畴不仅精于课艺之文和古诗词，其对篆刻也有较深造诣，钟权（1818—1886，字石帆，浙江诸暨人）所编之《漱石轩印集》即收录有戴兰畴为此印集所写题词，以下即其片段：

石帆钟君多艺能，平生癖好惟管城[1]。真行草隶挥不停，尤于篆刻殚经营。青毡兀坐矮几凭，运刀如笔何通灵。
……
草昧开关人文兴，天锡图书代结绳，粟飞鬼哭苞符萌，鱼纹鸟迹纷殊形。嗣此书法递变更，史籍有作垂西京，六文八体风会乘，增损大篆始秦廷。玺书幡信符定程，古文遗意渺难寻，下逮汉魏模范仍，官私摹勒交夸矜，方寸之广系肘轻。镌刻爵号并姓名，封章移檄照汗青。

戴兰畴的作品存世不多，除上引者外现能查到的尚有其信札一封，大致可见其才情：

答宋白楼书

独弦息羽，曾读温柔敦厚之诗；霁月光风，忽颂俊逸清新之什。低徊朗诵，鼓舞轩发。诚推词苑仙才，不愧骚坛作手。自非三昧，讵能杜老希踪；恨各一方，未获荆州识面。弟徒矜萤耀，久仰鸿名，特嘱敝徒，恳求佳构。曩既饱观大作，健笔深钦；今复不鄙恶诗，雅音遥和。临风拜既，浃日怀惭。所呈感怀四律，缘思广乞瑶章，藉以抛砖引玉；乃竟过蒙藻饰，酬之合璧流珠。顿生色于寒毡，倍增辉于暮岁。林泉著作，正君自写其渊襟；文字因缘，幸我得缔乎逸契。况传追七世，本支同出商丘；且时阅四科，谱谊还联萃榜。

---

1 管城，指毛笔，代指书法艺术。韩愈曾在《毛颖传》中塑造了毛笔的拟人化形象："聚其族而加束缚焉，秦皇帝使恬赐之汤沐，而封诸管城，号曰管城子。"从此毛笔即称为"管城子"或"管城侯"。

虽良观怪于半面，欣前因订自三生。芳讯有通，神交斯在。从此赋梅词杏，长萦剑水之老怀；何时摘艳熏香，快晤阜湖之贤友。曷禁心佩，不胜神驰。[1]

　　这收信者宋白楼值得一提。宋白楼，名宋棠，其父名宋璇。据浙江绍兴宋姓家谱载宋棠世系云："庆二十，拔贡生，重游泮宫，受直隶州州判职，讳棠，字枋舟，改字赠之，号白楼。生清道光元年十月廿五，卒清光绪廿七年五月十三，寿八十一岁。"民国初年，浙江天台有一位叫作褚传诰的学者，曾编撰过《天台县志稿》，是宋白楼之子宋崇义的中学同学，民国五年（1916）应宋崇义之请，特撰《宋白楼先生传》。此外，宋白楼大概还不满意外人为自己写传，干脆自己动笔，"自撰年谱，及自寿、自挽、自祭、自为像赞等作"，其性格狂放不羁可见一斑。不过，宋白楼之子和鲁迅的关系尤其值得一说，由此可见绍兴自古以来就是人文荟萃之胜地。

　　据说大文豪鲁迅一生写有数千封书信，现存尚有1000多封。平均下来，鲁迅每年要写几十封。不过，在1920年他所写书信中迄今只有一封存世，这就是《致宋崇义》。显而易见，这是对了解鲁迅在1920年的思想变化极为重要的一件史料，最关键的是，鲁迅写此信的时间是1920年5月4日，恰恰是五四运动发生一周年。与一般读者想象的不同，鲁迅对于五四运动没有什么评价。查看1919年5月4日的鲁迅日记，那一天的记录竟然是："四日　昙。星期休息。徐吉轩为父设奠，上午赴吊并赙三元。下午孙福源（即孙伏园——引者注）君来。刘半农来，交与书籍二册，是丸善寄来者。"只字不提学生游行之事。如果说鲁迅可能来不及记录当天发生之事，则数日后的日记仍然对有关学生事置之不理："七日　晴。下午董世乾来，旧中校生。晚铭伯先生贻肴二种。风一阵。""八日　昙。上午得三弟信，四日发（三十五）。下午往留黎厂。晚微雨。"

1　上海图书馆编，陈建华、王鹤鸣主编，梁颖整理：《中国家谱资料选编·诗文卷》（中），上海古籍出版社，2013年。

此后很长一段时间，鲁迅日记和书信中几乎没有关于学生运动的记录和评价，这其实体现了鲁迅的一种态度以及彼时鲁迅思想上的迷惘。对于五四运动以及之后中国社会的巨大变动，鲁迅其实一直在深入思考。也正因如此，他在一年后写给宋崇义的这封信就极为重要，因为他终于对五四时期的学生运动有所评价了："谓之志士固过誉，谓之乱萌，亦甚冤也。"看起来这评价不偏不倚甚至有些和稀泥，其实正反映了鲁迅的深刻，以及贯穿其一生的悲观甚至绝望。

至于戴兰畴之死，据说他自己临终前也有预感，故书有"天机变动近黄昏"之绝笔，此事说来有些神秘，但其实不然，因为如戴兰畴这样的文人，晚年一旦身体不佳，便在撰写诗文时有意无意表现出颓唐悲观之意，如之后不久去世，即被视为有所预兆之作，如俞樾临终前所写组诗即如此，前面我们所介绍的姚光宪临终前于画上题词也是如此。好在戴兰畴去世时已八十高龄，在那个时代得以寿终正寝，其实已经是很幸运的了。

二

古人认为文字是神圣和崇高的，能读书识字是不容易的事，《颜氏家训》说文字是"古圣贤心迹"，故有"敬惜字纸"之语。由此引申开来，就是对一切带有文字的东西都要敬重，尤其是写有文字的纸张："敬字如敬圣，惜字如惜金，惜字能得福，终身惜字者，其福无量。"不仅如此，古代各地还多有"惜字局"这样的地方组织和"惜字亭"等建筑，其目的就是告诫世人要尊重知识、尊重文人，以及尊重和珍惜一切写有文字的东西。即便是要焚毁废纸，也要在专门的地方，那就是惜字亭。即便是在皇室和上流社会，也有此类尊重文字之习惯，如清朝皇帝就重视惜字，康熙帝曾训子言："故凡读书者，一见字纸，必当收而归于箧笥，异日投诸水火，使人不得作践可也。尔等切记。"雍正十三年（1735）七月有上谕称："凡字纸俱要敬惜，无知小人竟掷在污秽之处，尔等严传，再有抛弃字纸者，经朕看见，定行责处。"各级官员也积极提倡惜字，不少惜字机构就是直接由官员创设的。有的官员还颁布文告，在辖区积极推广惜字。如康熙四十年（1701）浙江布政使赵申乔便发布《敬惜字纸示》，禁止亵渎文字，倡立惜字会等社会组织。

在戴兰畴的家乡诸暨一带，此类风俗也是源远流长。在应店街镇道地村中，就有一个名为"聚善堂"的惜字局旧址，其实最早还有个尖塔式的惜字亭，但早已被毁坏。据说当地村民会主动将家中废旧纸张送到惜字局，也常常看到老人挑着贴有"敬惜字纸"的箩筐，手持火钳，走街串巷，甚至到次坞等周边村镇去收集废纸，等到纸篓装满后，便迈着蹒跚的步伐，回到这座尖塔式的惜字亭旁，将纸篓里的字纸放入炉中焚烧。

在民间，也有不少关于惜字消灾的传说，诸如下面这一例：

榆王者香字筱兰，青囊济世。贫者施以药，活人无数。创立惜字社，砌造字纸库。收买焚化，灰送长流。一朝四邻失慎，独王宅未遭回禄。后匪过王宅数次，亦无损失。有人告王曰："火起之时，见火上有人执旗保护君宅。又匪过时听匪令曰，毋许损害。此乃先生惜字之功。所以神钦人服。"其人欲入惜字社，王许之，并曰："小善报近，大善报远，施不望报。请勿多言。"其后王寿九十。子孙俱显。同社之家，皆兴盛焉。

中国老百姓对这类故事本就容易相信，因为它多少还符合所谓的"善有善报、恶有恶报"的因果报应理论，所以一旦有类似传说出现，其流传之广、影响之深远，都远胜那些枯燥乏味的说教。

令人欣慰的是道地村还保存着两本有关惜字局的书，其中一本叫《聚善堂》，全书40多页，为光绪二十八年（1902）活字本，记载了古人爱惜字纸和糟蹋字纸所经历的不同遭遇，以警示后人。

◎ 惜字亭

在古代，"惜字"不仅是珍惜文化之举，更被视为善举，因此有些慈善组织将"惜字"也当作一项工作，除了每日雇人沿街收取废纸，还定期收买各种废纸、旧书，最后集中焚烧。所谓聚善堂就是当时的一个慈善组织，其一个重要使命就是劝人们爱惜字纸。另一本书为《城内聚善堂惜字局征信录》，为民国年间的活字本，由乡贤傅振海作序，另有戴兰畴、蒋鸿藻、杨鸿鼎等人所撰的碑序和碑记。书内还详细记载了聚善堂惜字会的章程、董事姓名录、发起人姓名录、捐款名录和数额及收支情况等事项，是后人研究"惜字"这一民间风俗的珍贵史料。

第七章

传统是一条河

既竞争亦合作
虽同名不同源

既竞争亦合作

　　杭州所谓"四大书院"，在诂经精舍创办之前其实是三大书院，其中敷文书院因为是会城书院，故其地位最高，而崇文书院和紫阳书院因其创办均与盐商有关，二者联系交往更多。虽二者最初只招收盐商子弟，但后来有所改变，其实也等于是会城书院。此可通过下面史料说明：

　　敷文、崇文、紫阳三大书院，统定于二月初二日由三大宪甄别录。是日刘仲良中丞辰刻出辕至万松岭，亲临敷义书院点名散卷，投考生童计一千七百余名。崇文书院向归藩宪主试，是日生童投考者计一千三百有零。紫阳书院则由署臬宪丰云鹏观察甄别，投考者二千有余。盖省中三书院惟紫阳则近在城内，故考者咸贪近便而投卷较多也。[1]

　　通常，杭省三大书院以敷文为首，崇文、紫阳次之。每年于二月初二日甄别，归三大宪亲试。今年是日适值天晴，护抚宪德晓峰方伯于八点钟时出凤山门，亲至敷文书院，点名散卷，与考生童约一千一百余名。生员题"克伐怨欲至可以为难矣"，童题"汤之盘铭曰"，诗题"中和节进农书"得书字。是日，崇文书院为署藩宪瑞观察亲到，与考生童约一千一百余名，生员题"文莫吾犹人也　一节"，童题"夫子之言性"，生诗题"铜似士行得铜字"，童诗题"松栢有本性得松字"。是日紫阳书院为署臬宪唐观察考试，亦系亲调，与考生童约千四百名，生员题"于张问仁于孔子　一章"，

1　据 1884 年 3 月 6 日《申报》。

诗题"花径不曾缘客扫得春字"，童题"使者出使乎使乎"，诗题"晴窗检点白云篇得晴字"。[1]

　　由上可知敷文书院地位最高，故要巡抚亲至，其次为崇文书院，由布政使主持，而紫阳书院则由按察使负责。其实布政使和按察使官职相同，但前者权力稍大，由此可见崇文和紫阳地位之微妙差异。大致因崇文书院创办早于紫阳书院，故其地位稍稍高一些。

　　此外，除却诂经精舍其创办主旨就是学术研究外，其余三所书院均为应试科举而设，但由于地理位置不同，其学风也有微妙差异，对此古人也有察觉。曾任浙江巡抚的梅启照在为《敷文书院课艺二集》所写序言中，就注意到三所书院因风光不同而存在的文风差异：

　　敷文居于山，崇文俯于湖，紫阳虽处阓阛，而特近山，有城市山林之致。故肄业于敷文者，其文多深秀峻拔，坚实浑成，刊浮华而标真谛。如山石之嶙峋，一空依傍；山容之厚重，不作肤词；山气之静穆，不为轻剽者。崇文临烟波之浩渺，览花柳之绚闹，故其文华美典则，如锦之成，如采之缋。紫阳得一丘一壑之胜，山泉云脚，时注于庭，故文辄悠然意远，得抑扬宛转之神。

　　从地理位置看，敷文、崇文和诂经精舍三所书院均在西湖畔，只有紫阳位于城内，故感觉更接地气，烟火气更浓，而其他三所则似乎更加清高脱俗一点——这也是大致而言，因为四所书院无论是山长、教师还是生徒，都处于相对流动状态，今天在这所书院，明天可能就去了另一所书院，其实没有真正的地位高低之分，其口碑也大致相同。

　　至于诂经精舍，为阮元于1801年创办，目的是"选两浙诸生

1　据1883年3月19日《申报》。

学古者读书其中"。阮元为此费尽心血，且"亲择其中诗文之尤者以为集"，次年就刻成《诂经精舍文集》，培育出数以百计的浙江文人。由于其不是为了科举应试而是致力于经史等学术研究，故地位高于其他三所书院，其水平大致相当于今天的研究生院，而其他三所充其量算是本科，或者更准确的说法是预科。诚如当代学者马晓春所说："相当于研究生院程度的书院，这类书院在全国也较少见，诂经精舍即为其一。……随着诂经精舍声名远播，精舍规定入书院学习的生徒须经敷文、崇文、紫阳三书院选送，金华钱孔福便因月课超等由敷文书院转送诂经精舍肄业，李福简、张廷瑞、龚启芝原为紫阳生徒，蔡汝霖原为敷文、崇文生徒，后皆入精舍学习。同城书院间这种上下相属、递相升进的情况也是清代前中期杭州书院普及发展的一个重要表现。"[1]

就书院行政地位而言，敷文书院是会城也即省城书院，后来诂经精舍也成为会城书院，而崇文和紫阳不是，故所谓的"行政"地位低于敷文和诂经。不过，四所书院中只有敷文书院和崇文书院得到过帝王的题字，因此它们也就具有了某种官方甚至皇家色彩。从书院最初的成立动机看，崇文和紫阳都是由盐商资助，目的是提高在杭盐商子弟的教育水平和增加科举考试名额，显然属于那时的"外来务工子弟"学校，而敷文和诂经则属于根正苗红的纯本地学校，多少有些"自高自大"的资本。

杭州这几所书院，包括其他地区的一些书院，其实既有竞争也有合作，且人员的流动不仅体现在生徒，也体现在山长和教师的流动交流方面。例如薛慰农不仅任崇文书院山长，后又至江宁任尊经书院山长。张景祁早年为崇文书院生徒，后来到台湾任职，还兼任那里的崇文书院山长一职。谭廷献也有多所书院的山长任职经历，晚年更是被张之洞聘为武昌经心书院山长。其他多位在崇文书院任

1　马晓春：《杭州书院史》，中国社会科学出版社，2015 年，第 114 页。

山长者，也基本都有在杭州其他书院任职或任教的经历。说明彼时人员的流动较多，也较为自然，没有什么人为的限制。

不过整体而言，诂经精舍出来的学生，在江浙各地书院任山长者多于其他三所书院，这倒是事实。对此，当代学者徐雁平曾引用古人有关评价："大抵有清中叶以降之两浙学者，固不必皆出诂经，而曾习业精舍者，要多能卓然有以自见，则昭昭然也。抑精舍出身诸君，类能本其所学，推宏教泽，如黄以周之于四明辨志文会、江阴南菁书院，王棻之于黄岩九峰书院（精舍），马传煦、沈祖懋之于敷文书院，胡敬父子（瑶、琨，敬其子）、戴熙之于崇文书院，朱一新之于粤省广雅书院，皆能汲引后进，牖启正学。"然后他又补充说："循此思路，犹有可补充者，如冯一梅之于求是斋、辨志精舍、鼓山书院、鲲池书院、凤梧书院、正谊书院；王廷鼎之于东山书院；陈遹声之于剡山书院、二戴书院；戴果恒之于东城讲舍；吴庆坻之于崇文书院、慈湖书院；龚启芝之于丽正书院；朱泰修、宋文蔚之于安澜书院；周庠之于双峰书院；钟文烝之于敬业书院；颜宗仪之于诂经精舍、蔚文书院；杨泰亨之于月湖书院、龙山书院；陈继揆之于九峰精舍；吕念修之于长山书院；朱镜清之于瀛洲书院、五湖书院；葛咏裳之于东湖书院；张濬之于九峰精舍；王棻之于九峰精舍外，又主讲中东书院、正学书院；朱一新于广雅书院外，又主讲端溪书院；沈祖懋在敷文书院外，又主讲龙湖书院；顾广誉之于龙门书院；张鉴之于敷文书院、正谊书院；李富孙之于安澜书院、丽正书院。星星点点，诂经精舍弟子先后主讲各书院（主要在江浙），几乎可形成网络，薪火相传，诂经精舍之学术或多或少地通过弟子们的讲授，由省城播及各地，促进各地人文之发展。"[1]

此外，四大书院的山长之间，虽然名气大小不同，治学方向不同，但其私交大都较好。有时可能互不服气，瞧不起对方的学问或

1　徐雁平：《清代东南书院与学术及文学》上，安徽教育出版社，2007年，第226页。

文章，但至少表面上大家都客客气气，一派君子风度。仅就所谓的名气而言，诂经精舍山长俞樾的名气显然大于崇文书院山长薛慰农，但他们之间的交往确实出于互相尊重，值得一说。例如俞樾曾在其《春在堂随笔》中记载了这样一件逸事：有人为俞樾刻了一枚印章，文曰："西湖长。"俞樾见后十分高兴，说自己虽然不敢以"西湖长"自居，但多年来一直担任诂经精舍山长，日日生活在西子湖畔，所以不妨以此印章为傲，聊以自娱也。俞樾还把印章给诂经精舍的监院孟亭欣赏。后者说："当年薛慰农掌崇文书院，请人也刻过一枚'西湖长'的印章，但刻了几次都不满意，遂作罢。后来他到金陵去任山长了，我笑着说，你不能长久任'西湖长'，这枚不能令你满意的印章其实就是征兆啊。后来薛慰农到金陵后给我来信，说他的新居门前湖光如镜，湖面一望无际，又何必在西湖呢？"俞樾把此事写入文集，显然带着怀念故友的心情，当年他掌诂经，薛慰农掌崇文，两人相距很近，时常互访，彼此互相尊重，在他们的带领下，两所书院诸生也是多有交往，切磋学术。有时他们二人或邀一些同道及弟子泛舟湖上，如今思之依然令人神往。

且说这"西湖长"，最早是用来称呼苏轼的，后来大凡长居西湖之文人，都常把自己称为"西湖长"——这不仅是自豪，也是表示对苏轼的敬意。如曾任崇文书院山长的大书法家王文治，即称自己为"西湖长"，不仅赋诗多首赞美西湖，更是把自己掌崇文书院期间的诗集取名为《西湖长集》。

至近代，四所书院各自命运不同，其中崇文书院尚有被借用开办养蚕学校之事，甚至差一点被卖掉，此事《申报》曾有报道，可见彼时书院在民众当中的神秘光环已不复存在：

西湖崇文书院向借作蚕校校舍，现县议会议决标卖，一般士绅及该校学生，认为省产，纷起反对。

杭县议会议决标卖旧崇文书院案，经省议会提出质问，省署查院原系借给二高小学，并未拨作使用，已令钱塘道尹饬县取消。

虽同名不同源

由于"崇文"二字极好地诠释了书院的使命,又经康熙所书,故各地书院以"崇文"命名者较多,单在浙江就有开化的崇文书院(始于宋朝,故康熙为杭州崇文书院书写"崇文"匾额时可能受此启发,俟考)、平湖的崇文书院(创办于清朝,后改名为当湖书院)、桐乡的崇文书院(创办于清朝)等,至于全国各地以"崇文"为书院名称者更多,应该是"紫阳"之外最多的书院名称之一,甚至在台湾也有崇文书院,建于康熙四十三年(1704),是由义学改制而来。又如天津的崇文书院,其地理位置极佳,堪与杭州的崇文书院媲美:

> 为了培养读书士子,清光绪四年(1878),(天津)杨柳青绅士刘光先、石元俊、石作被、周爱莲、王文彬、戴冠庆、朱宝光、王大为等八人在文昌阁内创建了崇文书院。当时的文昌阁,内有楼阁三层,一层供孔子,二层奉文昌帝君,三层祀魁星;中有红墙围护,古木参天;外有荷塘,菲塘环绕,仅有一小木桥与外界相通,可谓小桥流水,树木葱郁,荷花飘香,芦絮轻扬,确为读书悟养性的绝好去处。[1]

不过,杭州崇文书院和这些外地的同名书院,其实交往很少,远不如和同城的紫阳、万松和诂经联系更加紧密,原因无他,即在于当时交通和通信的不便。

1　天津市西青区政协、天津市西青区教育局编:《西青百年教育(上)》,天津社会科学院出版社,2018年,第27页。

◎　开化崇文书院图

第八章

平淡中的如梦似幻

书中自有黄金屋

书院师生的收入

此地并非世外桃源

书院里的侠客隐士和『学潮』

书中自有黄金屋

　　本书写到这里，不知是否有读者发现，凡是提及书院诸生在崇文书院学习时，均为"肄业"而非毕业，为何是"肄业"？难道这些学生都没有达到毕业的水平？如果有读者这样想，那么是犯了以今视古的错误了，因为"肄业"指没有达到毕业水平就离开学校这一解释，其实在现代学校才有，而在古代"肄业"的意思就是修习课业。所谓师授生曰"授业"，生受之于师曰"受业"，习之曰"肄业"是也。此外，因为所有在书院学习的诸生，其要么是为了参加科举考试，要么是为了致力于学术，均非想在书院混一个文凭，而书院也确实没有文凭可给。从诸生方面看，他们进入书院学习短则数月，长则数年，不过是其漫长人生中的一个阶段，之后有的科场得意，有的铩羽而归，也不过是各自选择或被选择，都是为了谋生或者让生活更好一些。

　　不过，也有一些进入书院者，并非把参加科举考试当作目的，或者至少不是唯一目的，他们在书院所完成的各种课艺或其他作业，也因此被赋予了特殊的使命，那就是"赚钱"谋生。古人云"书中自有黄金屋"，放在某些书院诸生身上倒是非常恰当，因为他们尽管尚未在科举中获得成功，仅凭在书院学习，所获就能养活全家。如若不信，请看下面这则史料：

　　周鸣春，字芷庭，八角里人。由廪生中咸丰乙卯科副榜，又登同治丁卯科乡榜。鸣春为诸生以制举业鸣于时，历试有司无不高等。同治三年（1864）春杭城克复，省宪招集遗黎设书院课士，优给膏奖，以代抚恤。鸣春赴杭应课，课辄冠曹，每一艺出，士子哄传遍抄，城垣纸为之贵，而一家十余口即借是以为活。[1]

周鸣春仅凭他在书院所写各类课艺得到的膏火费也就是生活费和奖金，居然可以养活一家十几口人，这在那个时代虽然少见却非个案，说明这些书院诸生的读书条件确实很好，而所得奖励也十分丰厚。又如沈恩孚（1864—1949，字信卿，江苏吴县人），据说他4岁能文，6岁就可以代替母亲教授同龄学生读书，故有"六岁为师古未闻"之语，可谓是一位"神童"。沈恩孚家境贫寒，故他进书院后，只能依赖所得膏火费养家，不仅生活稳定，每年还有积余。再如乾隆三十九年（1774）洪亮吉29岁，山长蒋士铨推荐其入"常镇通道袁君鉴署授徒"，岁入120金（其实为银两——引者注），并令他同时在扬州安定书院肄业，膏火费亦及百金，自此其家庭生活较为安定。当然，这只是在所谓的太平年间。

那么，在正常年代，进入书院的诸生或生徒大概可以获得多少膏火费呢？

这既要看每位生徒的水平高低、是否要在书院住宿、他的课艺是否能够获得奖励以及奖励等级如何，更要看他所在书院的经济收入如何。据现有史料，如果书院名气很大则规模也大，入书院读书者人数就多，则政府方面出资及有关资助就多。此外，也要看生徒在书院学习的课程。一般"正课"所获膏火较高，而其他"副课"或"小课"相对低一些。所谓"正课"，就是纯粹为参加科举考试而开设的课程，如各类练习八股文的写作等。所谓"副课"或"小课"类似今天的选修课，例如各类诗词曲赋的写作练习等。

通常每位正式注册的生徒进入书院，即可获得一定的生活费，所谓正式注册者，就是获得书院认可且其名字在政府规定之名额限

1　《富阳县志》卷十九，清光绪三十二年刊本。

度内，算是书院的正式就读生。这样的生徒每月均可获得一定的生活费，至于数额多少，则视书院地位、收入状况、所在地域及年代而定。例如有的书院学习正课者每月可以获得二两白银，学习副课获得一两，这笔收入在明清数百年间的大多数时期（除却战乱和灾荒）都足以养家糊口了。据班书阁的《书院生徒考》[1]，清朝大多数书院给予书院诸生的生活费，正课多者每月二两，少者也有一两，副课多者一两，少者五钱。这样算下来，每位生徒每年所获大致在十两到二十两银子，如果再加上各类课艺的奖励，用以养家确实绰绰有余。

当然，书院发放的生活费不一定都是银子，有的是粮食且以谷物为多，如白鹿洞书院给每位生徒"每月支米三斗"，有的甚至多达一石，足够一家人食用，且支付粮食的目的是让生徒不好变卖，确实用来维持生活。不仅如此，条件较好的书院还会为生徒发放衣服等生活用品，不过这类个案很少，大概和每位生徒身材不同、古代大量制作衣服较为困难有关。

对于如何发放生活费，书院也有严格规定，诸如旷课、迟到等都是要有一定的扣除，而情节严重者，就完全不发放生活费，这和今天的学校规定大致一样，不必多说。

此外，书院诸生所获收入的一大部分，是各类课艺的奖金或奖励。前面所提及的周鸣春就是靠大量的奖励来养家，因为生活费毕竟大家都差不多，而奖励则因人而异。例如白鹿洞书院的生徒每月有月课一次，试卷先由副讲批阅，再由主讲审定分出等级。获一等者可得奖金三钱白银，二等为两钱，又二等为一钱五分，三等则没有奖励。其他书院也大致如此分别等级，只是奖金数额不等而已。彼时书院各类课艺名目繁多，除了书院山长、主讲外，地方官府也

1　班书阁:《书院生徒考: 书院制度考第四编》,《女师学院期刊》,1935 年第 1 期。

有课艺之要求，由当地知县或巡抚出题，奖励自然也是官府所出，奖金额度大致和书院相同。不仅如此，如果某位书院生徒文采出众且精力过人，则还可以参加其他书院的各类课艺之作，同样可以获得奖励。

在杭州民间，还流传有崇文书院诸生不仅为争膏火费，而且为争名次不惜放弃结婚甚至丢掉性命的故事，这故事在朱镕的《柚园野语》中有较为详细的记录。故事主人公是仁和的吴鸿（1725—1763，字颉云，号云岩）和萧山的韩湘南，他们为了争夺课艺头名，你争我夺，呕心沥血，可谓是惊心动魄。原来这吴鸿是清乾隆十六年（1751）状元，授职翰林院修撰，掌修国史，后做过几任乡试考官。乾隆二十二年（1757）以翰林院侍读任广东学政。二十三年（1758）调任湖南学政。后还京，误食河豚中毒身亡。且说这吴鸿在中式之前，已经是小有文名。他入崇文书院后，每遇书院朔望两次课艺，往往都是第一名。不过，自从萧山的韩湘南也入书院后，这第一名就被韩湘南取而代之，吴鸿只能屈居第二。后来吴鸿听说韩湘南要回家结婚，就高兴地说，看来这第一又要归我了。不料，有好事者把此话传给韩湘南，韩湘南即决定推迟回家时间，等完成课艺后再说。韩湘南说，他吴鸿还想当第一，我却要他当第十一。等到课艺题目下来，韩湘南果然是运笔如飞、才思泉涌。不料尚未完成，韩湘南突然吐血不止，只好辍笔，其未完部分由其友人代笔。此次课艺题目为"君子疾没世而名不称焉"，出自《论语·卫灵公》，大意是君子担心死后自己的名字不被世人称颂。

等到课艺成绩揭晓，人们发现吴鸿的名次为第九，而韩湘南是第八名，众人不禁想，假如是韩湘南最终完成此文，成绩是不是会更好？不久，两人均参加乡试，正考官看中了吴鸿的考卷，准备取为第一名，而副考官看中了韩湘南的考卷，也要取为第一名。正考官说：韩湘南的考卷不是不好，只是如同万花齐放，发泄殆尽，恐非有福者所吐。你的意见当然很好，就取为第二名吧。副考官很是不满，说：这样好的考卷不取为第一，会被人说我们眼瞎，干脆不录取好了。他再等三年，肯定是第一名。正考官笑着说：既然你这样说，那就不录取吧。副考官觉得这韩湘南没有被取为第一，太遗憾了，遂在结束阅卷后去拜访韩湘南，并表示十分倾慕其文采，期待他下次再考。不料这韩湘南竟然一病不起，不可能再参加乡试。据说吴鸿和韩湘南曾住在同一房间，每到晚上韩湘南就被蚊虫叮咬，难以入睡，而吴鸿却安然酣睡，似乎没有蚊虫叮咬的烦恼。韩湘南很是奇怪，一日恰好吴鸿不在，他就移到吴鸿的床上睡觉，正昏昏欲睡时，似乎听到有声音说：你以为是状元，其实是穷秀才，我才不给你驱赶蚊子呢！嗟夫，穷达果有命乎！

作者朱镕对此感叹道：余曾读湘南文，雄奇富丽，掷地有声。我不为其没有被取为第一而遗憾，而是遗憾他囿于八股，否则艺林中必定有其位置。还记得湘南写"君子疾没世而名不称焉"一文中有"残碑断碣，寻其事而无从；蔓草荒烟，过我前而不拜"，无异其自为墓志铭矣！状元则为其驱蚊，秀才即去而不顾，这是什么小鬼如此势利眼？看来这朱镕对科举和八股之弊病，倒是有深刻的认识。可惜，无论吴鸿还是韩湘南，都不过是"不识庐山真面目，只缘身在此山中"，即便中了状元，也只是成为封建统治者的奴才，惜哉！

此事尚有余波可说，吴鸿有一同乡名朱珪（1731—1807），字石君，号南崖，晚号盘陀老人，乾隆四十一年（1776），命在上书房行走，教嘉庆帝读书，是真正的"帝师"。嘉庆十一年十二月五日（1807年1月13日）卒，终年77岁，帝谥"文正"。据说朱珪晚年栖心道教，整日闭目养神。有一天他突然对大家说："文公已受代去，代之者吴云岩殿撰鸿也。"文公指韩愈，传说其为翰林院土地神。朱珪的意思是，韩愈任期已到，如今翰林院土地神已换成吴云岩（即吴鸿）。朱珪所说自然充满迷信色彩，但也反映出彼时士林对吴鸿的赞赏及对其早逝的惋惜。关于吴鸿，《杭州府志》称其："进御之文典则醇雅，好奖掖后进……年未四十卒，端谨和易，风度凝然，时以公辅相期，未竟其用，朝野惜之。"吴鸿老家在杭州市半道红，后人称为状元第，可惜毁于太平军攻占杭州之时。两位才子均中年早逝，这与他们过于用功，致力于竞争课艺名次有很大关系，可见科举害人不浅。

就杭州崇文书院而言，较之同城其他几所书院，其膏火费水平较高，原因就在于除了来自官府的财政支持，还一直得到盐商资助。且其地理位置较佳，故能吸引有名气的文人担任山长以及各地众多生徒，反过来又使得书院可以得到更多官方或其他资助，例如薛时雨任山长之时：

薛慰农先生时为杭府，复相与振兴文教、宏奖风流。于是凋敝之余，仍有弦歌之雅。尔时书院之膏奖，每每皆由大宪捐廉，且颇极浓重。超等一名大都可得洋十元、二十元不等，若遇蒋方伯临课，则膏奖之外又有袍料、马褂料及文房珍玩之赐。以故各处士子趋之若鹜，莫不担簦负笈，就学于书院中。而崇文书院为蒋公主政，其地又在西子湖边，故居者尤甲于他处。[1]

在科举之路不一定走得通的情况下，住在书院其实也可以获得足够的生活费以资养家，算是为那些科场失意者提供了一条虽不能大富大贵但较为安全可靠的人生道路。故有不少生徒，刚从这个书院读完，就再入另一书院继续读书。如果能科场得中固然可喜，不中也可有生活保证。至于不屑于获得书院"膏火"而甘愿自食其力，甚至和农人一样下田劳作者，在古代其实很少，因为除此之外，他们还有一条路可走，那就是开设私塾，收徒讲学。在这个意义上，说古代的读书人大都是"四体不勤、五谷不分"，一点也没有冤枉他们。

在某种程度上，书院生徒究竟可以获得多少膏火费或者课艺之

1　据 1883 年 10 月 2 日《申报》。

奖励，不但要看书院的经济实力，更要看地方主管官员对书院的重视程度。一般而言，杭州几处书院诸生的待遇较之其他地方要好一些，就是由于任职杭州的历任官员基本上都是对书院比较重视者。例如 1880 年 7 月 23 日《申报》就刊登了这样一则新闻报道：

蒙圣心嘉许，鄙人浙产，于浙中情形颇为详悉。同治三年以后，省中凋敝已极，其时马榖山抚浙，蒋芗泉开藩，马公深沉严肃，有老成静镇之风。而一切兴复事宜，蒋实主之。而于兴复之中，惟作养人才一层尤为认真。盖克复之岁，杭府、仁、钱三学诸生之避难归者不满三百人，槁面黄馘，鹑衣百结，贸贸然入赈抚局，接卷作文。蒋谕经理者不问其文之优劣，每投卷一本，给银三两，文佳者另奖之。以故士林踊跃争自濯磨。逾年举行乡试，得人为多。蒋每□课三书院及诂经精舍，□廉优奖辄三四百金，他人皆不及，士子愈深抃舞。其去浙也，公饯者集西湖崇文书院凡三百人，蒋挥泪话别，至□有送登程者。故浙书克复后十余年间，文风之得如旧日，人才蔚起，不得不谓蒋力居多。

在那样动荡的年代，作为地方官员，蒋芗泉自然知道当务之急是安定地方、恢复经济，但他更知道要给那些"书呆子"救急，因为他们除了读书作文，没有其他可以赚钱的手段，所以他让手下给那些穷困潦倒的书生大开方便之门，只要写出文章，不论好坏，一律给银三两。三两银子，在杭州刚刚光复的时候，绝对算是一笔救命的资金。不仅如此，蒋芗泉在杭州几所书院恢复后即常去视察，要求"凡诸生之供给必从其优，课期之膏奖必从其厚。时或亲至院中查察一切，有时即与诸生共食。如有供给不丰者，则传监院申斥或将庖人责革，而于诸生则温慰再三"[1]。也正是因为蒋芗泉特别重视书院教育，故他离开杭州时，有数百杭州士子为其送行，他本人也为此感动得流下眼泪，此已成为佳话。

---

1 《论塾正私收贽敬事》，载 1893 年 4 月 5 日《申报》。

此外，因为杭州书院生徒的膏火费和课艺奖励较高，长此以往，也就有人想浑水摸鱼甚至借此牟利，各类徇私舞弊不法事件也就愈来愈多：

> 其先三书院分日课试，后则改作同日，以杜一人而考两三处之弊。然杜一弊复生一弊，笔性敏捷者仍可以一人一日而兼作三书院之课。且不特一院一卷而已，竟有多至每院五六卷者。然此虽曰舞弊，究亦足征其才之敏妙，犹不足为害也。至于代替假冒则书院无地无之本难以稽察，即如学海堂，皆孝廉肄业其中，而其实则真孝廉能有几何？往往借取他人之名，公然与人论年谊、讲同门，觍然而不以为耻，其所为者，不过区区一月数元之膏奖而已。余曾亲见一人，冒余族中孝廉之名，而肄业于学海堂者已三四年。[1]

——————— 1 《论书院流弊》，载 1883 年 10 月 2 日《申报》。

第八章
平淡中的如梦似幻

书院师生的收入

在正常年月，书院生徒仅靠膏火费和奖励即可谋生，那么书院山长及其他老师是否也可以单纯依靠在书院的收入养家呢？答案是，在大多情况下都可以，不过要靠此挥霍一番则没有可能。

相比生徒，书院山长及教师的收入当然高很多，且所获收入名目繁多，例如清代时山长束脩、薪水、聘金、节仪、寿仪、贽仪、酒席、食米等各种名目的收入，每年在 500 两银子左右。不过具体到各个书院，又有差异。以清乾隆年间为例，"岳麓书院掌教每年束脩银三百六十两，每月薪水银七两，每年开馆酒席银四两，生辰、端午、中秋、年节每节银六两，每年共四百六十五两。或遇另延，聘仪临期酌送"，"每年十一个月，食米二十二石"。除此之外，还配有"厨子一名，火夫一名，每月每名工食银六钱，每年共工食银一十四两四钱"。而同期城南书院山长的待遇却低很多，只因为书院名气不够大。[1]

相比之下，地方官员的薪资却少得多，例如康熙时期督抚的年俸仅有 180 两，外加一定的禄米。此外还有一些公费银、纸张银等补助，但都少得可怜。对于一个封疆大吏来说，这点合法收入难以维持生计，故他们还有很多灰色收入，这是书院山长等人所无法相比的。

据鲁小俊的《清代书院的职业学者及其贡献》，山长的收入不

---

[1] 此处论述参考朱汉民、邓洪波：《岳麓书院史》，湖南大学出版社，2017 年。

同时期、地区、书院之间各有差别。以光绪年间为例：钟山书院山长，束脩 800 两，伙食 160 两，节敬 24 两；尊经书院山长，束脩 500 两，伙食 240 两，节敬 24 两；凤池书院山长，束脩 300 两，伙食 120 两，节敬 24 两。总体来说，省城书院或富庶地区的名书院，山长的收入往往很高。也因此掌教名书院，就成为一种理想的职业选择。就杭州崇文书院而言，其不同时期的山长收入当然不尽相同，从地方政府所获资助也不同，不过崇文书院和紫阳书院常可得到盐商的资助，故大致和同城其他几个书院的收入持平甚至略高，整体而言，居于彼时国内书院山长收入的较高水平。例如据史料，胡书农任山长期间，几乎每月都参与地方文人雅士和地方官员的雅集和诗社活动，从未提及在经济上有什么困难。而且胡书农不仅靠山长收入养家，还可以把多余的收入送给叔父，供其生活之用。此外，尚有余力修缮两处祖墓，可见其收入相当高，而作为山长之收入为主要部分。[1]

现代有学者认为，人均 350 两银子左右的年收入，是执教者所能期盼的最高收入。[2] 江苏、浙江、安徽虽然有地域经济之差异，但山长年收入不会低于张仲礼得出的平均数，尤其是在江南地区，超过平均数的收入是毫无疑问的。这种有保障的且比较理想的收入，在一定程度上体现了文士读书的价值，保证他们在书院里能安心讲授和著述，也使他们有经济能力参加诸如雅集性质的社交活动，作为理想职业的山长，于是就成为官僚体系之外的文士追求的目标。一般而言，县级书院聘用本土文士稍多，但至府级省级书院情形有明显不同，聘用本省之内其他府的文士或其他省的文士的比重增大。只要文士合乎相关条件，并且得到有力的举荐，应聘后皆可主书院讲席，不同地区之间文士的流动因此形成。

1　胡珵：《书农府君年谱》，清道光间仁和胡氏刻本。
2　徐雁平：《清代东南书院与学术及文学》上，安徽教育出版社，2007 年，第 315—316 页。

前面说书院生徒为获得更多膏火费而参加数个书院的课艺考试甚至有舞弊行为，同样，山长为了得到更高的报酬，也有类似行为，例如同时任两所甚至多所书院的职位等。尽管大多数山长即便兼任，也还是能够认真负责，但毕竟工作量很大，特别是批阅每月的课艺作业，是山长极为繁重的工作，故很多山长均把作业批改转交给他人代劳，最方便也是最省心的就是找自己的得意弟子。此外山长还有教学、书院管理、讲学以及对外交往之类的工作，也需耗费很多精力。所以山长所兼任书院如果不在同一个地方，有时就难以兼顾，也因此招致一些有识之士的批评："试问今日山长之所以表率多士者若何？课期则寄题纸而来，课毕则寄课卷以去，诸生童之于山长有不见其面者矣。即有居院中者，亦不过一二上等高材之生或得谒见接谈，然其谒见也，非必皆为请业，其接谈也，未必别无私营，则亦与学署冷官何异？课卷中略改一二字，便以为认真，然则此岂学官所不能为乎？若以为学官之才品不若山长，此言则更谬矣！学官为朝廷所命，必系正途出身，其府学教授则又多系进士甲榜为之，岂必不如地方官之所聘请乎？余谓必如昔日朱子之开白鹿书院、刘念台之开证人讲舍，方不愧为人师之目。若今日之山长，即使有经明行修无愧古人者，而身不与多士相接，要与学官无所区别，转不若学官之终日在署。倘畀以山长之责，所以与诸生日相接谈也，故余以为书院之经费不如胥归之于各学中，而仍以书院之章程行之，使学官为之。山长、学官而果系品学不端者，则淘汰而删除之。"[1]

诚然，书院之弊绝非只是某些山长或地方官员的原因，因为任何时代都会有一些沽名钓誉或浑水摸鱼之徒，而根源还是在于那个时代的教育制度和科举体制。君不见，20 世纪初，伴随着现代教育体制的出现，书院、私塾和科举等很快就销声匿迹，因为适合它们生存的朝代已经消亡，它们也就不再有存在的必要。

1　《论书院流弊》，载 1883 年 10 月 2 日《申报》。

此地并非世外桃源

读书人一旦进入书院，自是以读书为第一要务，所谓"两耳不闻窗外事，一心只读圣贤书"是也。

无论书院内景色如何秀丽，也不必说书院就在西湖景区之中，这些在他人看来无比优越的条件，在日日苦读的诸生眼里，除了平添艳羡窗外游人，也只有饱个眼福而已。所谓"书中自有黄金屋"，在科举中式之后才可能成为现实。而另一句"书中自有颜如玉"则更是如镜花水月，可望而不可即也。故每当书院有什么逸闻趣事，就成为诸生们津津乐道的新闻，所引起的兴奋冲动又可以支撑他们再继续用功数日了。

杭州崇文书院因地理位置绝佳，故那些风花雪月故事也较多。以下姑叙述一二，让本书枯燥之内容多一点轻松，兼有寓目之效。先看一则用浅近文言所写的有关崇文书院的逸闻。

据说崇文书院旁旧有花神庙，内抟土肖像，成美人十二，皆风致绝代，栩栩欲活者。为国朝李敏达公卫（李卫）抚浙时所创建，至咸丰末，庙亦倾圮，诸神像以次移剥，无有过而问之者矣。吾邑南生者，慷慨洒落人也。家素裕，年二十余，丰神韶秀，文笔亦楚楚可观，尝因省试赴杭。比试阅，皆三四友人游西湖，素慕花神名，至庙小憩，闲步廊庑下，见栋宇萧条，门户侧，所谓十二花神者，皆美人黄土，累累如故家，为之唏嘘窃叹，不觉有今昔之感焉。正感慨间，睹西窗下一像，端坐完好，但蛛丝密罩，数寸尘封。生即步近，以袖挑之，见面色如生，轻裾长袖，飘飘欲仙。熟良久，渐觉衣裾欲动，笑靥犹含。生乃凝思独驻，脉脉含情。因以手戏抚其背，祝曰："卿以绝世佳人而居此颓败之下，受尽雨淋日炙，得毋一枝花而自伤冷落耶？吾家虽窘迫，然比此则差胜一筹也。卿肯作巫山神女，吾愿为荆楚襄王，庶阳台夜月，不照空房，则他时暮雨朝云，应比此间作乐也。"言未竟，忽有人来催，生意犹恋恋不忍舍去。再三迫促，始逡巡而返。泊至家，日夜坐斋中看书，忽一阵香风，爽人肌骨，隐约间似有妍妍微步声。生掩卷窃听，顷之，闻门外剥啄声。生起而推扉，见一女郎羞颜宛转，含嫣然，低头视人。生乍见却惊，而女郎徐徐向近，倚身假生。生始澄目视之，觉衣香袭人，艳妆炫目，年可十七八，似曾相识者。忽然猛省，始悟即西湖所见花神也。生询以何来，女即樱唇乍启，杏晕添娇，低声言曰："妾在西子湖时，蒙君枉顾，怜爱弥深，以孤蒲之质而得被春风。语曰：士为知己者用，女为悦己者容。君既多情，妾岂无意？故敢不自揣陋劣，蒙犯霜露，遂忘自献之耻，效卓女之奔相如焉。"言已，笑扑生怀。生狂喜，神魂飘荡，不能自持。抱至床头，轻如风叶。由是软语柔情，如鱼得水，无夕不皆，宛成伉俪，而人无知者。女复晓文墨，终日不饮不食，惟与生坐卧斋中，谈笑吟诗以为乐。生自得女后，寸步不出门。出亦必谋之女，女许，则出始吉；不许，即不可出，出则或与人口角，或遇告贷者。生神之，凡家中事悉听女区画，无不得当，家道亦蒸蒸日上。自此昵爱愈甚，但见新人笑，不闻旧人哭，而女之踪迹亦微微露矣。……

当时在上海发行的《申报》，也会刊载一些逸闻趣事，有些就发生在杭州崇文书院，例如 1897 年 1 月 4 日《申报》就有这样一则故事。

它说的是诸暨吴姓某生素有胆识，他在杭州崇文书院学习时，其住处在西斋房。不久其他住院诸生纷纷归家置办过冬衣物，只有他因事独自留在书院。正是天寒晷短，旅况寂寥，某生读书之余，也日增归家之思。一日晚膳后，斜月窥窗，某生独坐窗内，忽见窗外树枝摇动，几疑为蛟龙奔走。某生遂走出书房，又走进讲堂，四处观望，只觉得一片寂静，寒风刺骨。忽见四贤祠后东斋中，似乎有灯火跳动。某生胆子很大，竟然走近观望，从窗隙中窥见一人摊书于几，正注目静观。某生大喜，以为还有未走诸生，即推门而入。其人亦起立相迎互问姓名。其人自云周姓，以往住在城中，去年移居西湖边的青芝坞。他自言因房屋湫溢不耐尘嚣，故特借住于书院。诸暨某生遂说道，此前我们互不相识，不知都在书院，既然今天相见，不如兄搬到西斋去住，我们两人相对，既可朝夕谈心，也可免除寂寞。周姓诸生当即答应，于是两人纵论古今，深恨相见之晚。诸暨某生偶翻周姓案头，见有诗稿，题曰《西湖新咏》，某生读后，喜其情词哀艳，句语清新。于是问这周姓诸生，是否可以借抄。周姓诸生说，这不是他的诗作，乃吾乡某先生之作。先生为人落拓不羁，淡于进取，生平所作诗词歌赋，多已散佚。只有这一件，是从友人处借来，吉光片羽，硕果仅存。如果兄想借抄，请于今晚完成，否则我怕敝友随时会来讨还。吴姓生当即带回自己书房开始抄录。等他抄毕已是四更，他又披吟朗诵，击节再三，不觉阴气逼人，毛骨悚然，只好睡下。次早起身则天已大亮，吴姓书生发现桌上只有自己所抄录诗稿，而原稿已不知去向。正好书院杂役给他送早餐，他即问周相公是否来过？杂役问道，哪一个周相公？就是住在东斋的那个啊。杂役说，东斋久已关闭，何来周相公耶？吴姓书生说，昨夜与我闲谈半夜，怎说没有？杂役说相公莫非见到鬼了？吴姓书生不信，遂和杂役同至东斋，但见门窗上蜘网密布，尘土盈寸，吴姓书生心颇讶异，仗着自己胆大，就想怎样才能再次看到这个会读书的鬼。他知道只有等到晚上，这鬼才可能再次出现，于是等到晚上二更以后，又到东斋寻找，结果还是什么也没有看到。回来后就辗转床头，不能成寐，次日即感到身体不适。他怕是为鬼阴气所害，随即迁到城中友人处居住。他把事情缘由及所抄录诗稿给朋友看后，朋友以为他是碰上狐仙之类了。恰巧这朋友是报馆的通讯员，即把诗稿寄给《申报》，以示所言非虚。

对此《申报》还特意加了评语："夫鬼狐之事，本小说家之寓言，然以苏学士之才大如海，而喜说鬼，则姑妄言之者亦不妨姑妄听之。爰稍删润其语登诸报简，酒后茶余未始不足以资谈助也。"

书院里的侠客隐士和"学潮"

又书院之内按说只有文弱书生，但也有例外。《清稗类钞》第22册就收录了这样一则故事。那是在道光年间，杭州崇文书院来了一位生徒，面貌瘦削，身材单薄，给人以弱不禁风之感。刚来时他除了一个竹箱子，没有随身携带什么东西。奇怪的是每天一大早他就出去，谁也不知道他去哪里，晚上回来后一躺下就鼾声大作。由于他不和众人来往，大家疑心他是否会做一些不法之事，就悄悄打开他的竹箱，发现里面只有一把一尺多长的剑，在黑暗中闪闪发光。众人大吃一惊，知道这可能是一位剑仙，就赶快盖上箱子，和往常一样对待这位生徒。一日傍晚，众人正在散步，此人突然回来了。大家正在诧异他为何回来这样早时，他却说我明天要回家看望老母，所以今天早一点回来。众人说道，既然如此，希望你能早点回来，我们还要一起读书呢！此人笑道，我知道你们偷偷看过我的竹箱，大概是对我有所怀疑。其实我自幼学习剑术，看到此处面临西湖，景色甚美，故在此暂时栖居几日，这几天打扰诸位了。众人说道，我们猜得不错，君果然是剑仙。既然我们曾经住在一起，就是有缘，不知今日可否为我们表演一下剑术？此人一再推辞，最后才答应一试。众人即指定附近一棵高十几丈的柳树，让他斩断某个位置的一段柳枝。话音未落，即见白剑飞去，瞬间斩断柳枝，柳枝尚未落地，其剑已返回此人手中。观其剑术如此精妙，众人均叹服，确认此人就是剑仙。当夜，此人如往日一样入睡，只是不再有鼾声。次日黎明，众人发现此人携带其竹箱已经离去，而门窗紧闭如常。

这类逸闻趣事，当然不可信以为真，估计是某些诸生在读书感到疲倦时编造出来的，聊以解闷而已。不过，从这些故事传说中倒是可以窥见彼时书院的日常生活及杭州社会风貌，还是有一定意义的。

大凡有学生处，就有所谓的"学潮"，或者说就有学生"闹事"，这一方面源于学生对学校教学和管理的不满，另一方面源于青年学子的热情好动和容易冲动。杭州崇文书院生徒就曾为山长聘任之事发泄不满，最终导致所聘之人不敢来书院，被迫"婉谢"了事。

那是在 1891 年，浙江巡抚崧骏（1832—1893，满族镶蓝旗，瓜尔佳氏），想聘湖州的徐士芬任崇文书院山长，此事披露后，大概是徐士芬的名气不够抑或学问不够，竟引起崇文生徒的不满，遂有人给徐士芬写信，说我们崇文书院此前的历任山长都是品学兼优、簪缨华贵的名士，而你"品不足以服人，学不足以教人，至于爵亦不足以动人，俨然坐拥皋比，未免赧颜" 云云，奉劝你还是不要来上任的好。徐士芬看此信后自然是勃然大怒，即把此信转交给巡抚崧骏，并退回聘书和聘金。崧骏获知此事也是极为愤怒，立刻命人严查此事，看是何人为首，定要从严从重处理。不料连查半月之久也没有结果。负责此事之人怕难以复命，就把崇文书院所有在院生徒的名字写出来，发给书院有关人员，如果有人觉得某人可疑或者某人可能与此事有关，就在其名字后面写一个"知"字，与此事无关者写"不知"二字。结果所有生徒名字后面都是"不知"，说明此事和生徒无关。那么是否系书院其他人员如监院或教师所为，更是难以弄清，最终此事不了了之。

不过此事据说还有一个版本，就是巡抚崧骏修书一封给徐士芬，说"多士皆愿附列门墙，以沐时雨春风之化。若非惠然肯来，诚无人足当崇文一席也"。然后命崇文所有生徒签名挽留徐士芬，结果当然是所有生徒均签名。然后崧骏命人把此签名连同聘书一并送给徐士芬，表示还是聘他，而且生徒也都签名欢迎他来。而徐士芬经此风波，觉得颜面尽失，已经不好再来上任，最终还是推辞。后来只好又聘任李鹏飞担任山长，此事才算了结。

崇文书院生徒写信嘲讽欲聘任山长，致使其无法上任一事，在当时也算是比较轰动的新闻，故《申报》竟数次刊登报道。

其实，当时在上海发行的《申报》，对浙江的新闻事件一向较为关注。1890年3月1日，《申报》即登有"论士习之坏"的报道，其报道内容便是杭州崇文书院又一次"生徒滋事"：

前报记杭州甄别，书院考生喧哗滋扰以至罢考，闻之而骇然。昨又得杭友续报，语益加详。谓正月二十有□日，崇文书院甄别。诸生点名之时遽将大门挤翻，群情哗噪，大声疾呼，爬上考桌，纷纷扰扰。散卷之时，有一人而夺得多本者，有一本而数人争夺以致扯碎者。前人有改千家诗以嘲考场中殴打受伤者，曰：文章飞作白胡蝶，衣服染成红杜鹃。此时此景殊大相似。呼号叫嚣之声不绝于耳，奔跑跳跃之形不绝于目。以至强者益肆其横暴，弱者大受其夷伤，有狼狈奔回者。是岂曰有文事者必有武备耶？抑何其无礼至此？宜崧振帅之见而赫然震怒，即偕许方伯廖廉访拜会潘宗帅，悬牌罢考也。乃各监院尚复纷纷婉禀，请复考试，是真凶戏视之矣。振帅批示虽仅得其大略，谓诸生任意拥挤喧哗，殊属不成事体。倘不惩办，玩法愈久，治法愈难。着监院指名送辕究治，如有徇隐定将该监院革办云云。各监院可谓自匪伊戚矣，夫监院之所以为之禀请重考者，以利也。利何在？各书院膏火之费皆由监院发出，而各监院于未发之先，早为领出，于出案之后迟逾月，余始行发出。此两月余，将所领膏火之资存息，则其利一。诸生膏火先时并无折扣，现在颇有折扣。折扣之钱归之何人，不言可喻，则其利二。一经停考，书院为虚设，监院必裁撤，薪水将无从着落。若为之禀请重考，则书院依然，监院如故，薪水按月支领，可以赡家。此其利三。有此三利，以故不自揣度而请重考。殊不知此次大宪大发雷霆，毅然停考，若竟虎头蛇尾，仍听重考，则滋事诸人将以为上宪仅以虚声恐吓，非真能奈何我者，势必至视官宪如弁髦，藐法令如无物，又岂可以为训，此振帅之所以必不听从也。

所谓"甄别"，就是入院考试，即以考试方式对欲入书院学习者进行鉴定核实，然后确定等级，方可发放膏火费及各类奖金等。清朝时书院生徒来源虽然已经较为广泛，比如崇文书院也早已不再只允许盐商子弟入学，但对生徒的资格选取较为严格，特别是数量的限制极为严格。乾隆九年（1744）称"通行各省督抚会同学政，将现在书院生徒，细加甄别，各使肄业者，皆有学有品之人，不得芳良混杂，即令驻省道专司稽查"，并强调"嗣后各省书院肄业之人，令各州县秉公选择报送，各布政司会同专司稽查之道员再加考验，其果材堪造就者，其外课生童，有愿自备资爷住院肄业者，听之"。可见，书院生徒必须是品行兼优、可以造就的人才，经过书院考核之后，方可入院就学。所以，通过甄别考试，政府加强了对书院学生选拔的控制，进一步强化了官学化倾向。[1]正因为甄别在很大程度上决定了书院生徒的命运，那些品行不端之人担心无法通过，才故意闹事，企图浑水摸鱼，混进书院。

实行甄别最主要原因就是书院生徒名额有限而应考者太多，必须有所遴选。就清朝杭州的几所书院而言，以敷文、崇文和紫阳三书院中应考者为多，因为它们所发放的膏火费很多，东城讲舍则次之。至于诂经精舍，虽然生徒享受的待遇也很好，但由于所考者并非制艺试帖之文，而是经义史学之类，故报考者寥寥。彼时甄别考试，通常是要求考生在书院内应考，所以还免费提供午饭。一般是早晨入场，傍晚交卷。不过时间久了，不但考生感觉辛苦，主办者也嫌麻烦，遂改为散卷。就是让考生把试卷拿回去，次日再来交卷。这自然就滋生很多不端行为，那些才思敏捷者，除了完成自己的考卷，还可以另外多完成几份甚至十几份，卖给那些写作能力不好或者没有拿到考卷的人。长此以往，这居然成为一条生财之道，这就是书院早晨散卷时众人哄抢的原因，而那些书院内负责发放考卷的人，也因此可以趁机赚一点钱。如此则无论是考生还是书院人员，都会被卷入这甄别之中，很多徇私舞弊行为也就日渐滋生。

此次崇文书院甄别发生哄抢考卷一事，之所以引起巡抚崧骏大

1 周洪宇总主编：《中国教育活动通史》第5卷，山东教育出版社，2017年，第316页。

怒，是因为他意识到此事已经严重到不整治不行的程度，故要求暂时停考。不过所谓积重难返，尽管可以停考一时，但来自书院和各方面的压力还是迫使崧骏恢复重考，只是在发放考卷时秩序好转而已，而其滋事根源不是他个人所能纠正的。崇文书院此次甄别风波的结果是无人受到惩罚，其重考后甄别结果如下：

> 各生童经藩司刘方伯评定甲乙，初七日出案。生童中超等六十名，特等一百名，一等二百六十五名。童生则上取三十名，中取三十名，次取一百名。

从上述有关书院风波可知，无论书院是私立还是官办，只要具有应试目的，就必然具有强烈的功利性，也就必然滋生弊端。传统的教育体制发展到清朝，已经日趋腐朽，等待它的除了衰亡，不会有更好的命运。

第九章

此情可待成追忆，
只是当时已惘然

由一则火灾报道说起

1911年3月11日的《新闻报》报道，杭州崇文书院因住在里面的租户烧洗澡水而发生火灾，幸而发现及时，才没有造成更大的损失。此时的书院早已改为小学堂，但因学校在城外，交通不便，来此学习的学生寥寥无几。管理方面更是混乱，校长常常住在城内，很少到校，故其他管理人员也就不会认真负责。对此，该报不禁发出这样的感慨："噫！书院拍卖未成，今竟不戒于火，殆书院之末劫乎？"

之后崇文书院曾被借用于开办养蚕学校，后来变成小学校，然后又差点被拍卖掉，只因遭到本地士绅和有关方面反对才避免了被卖掉的命运。1924年5月17日，《之江日报》刊登《标卖崇文书院之质问》的报道，作者为"古"。该报道开头就说浙江省议员林茂袖等人提出质问书，闻杭县第二高等小学校长程宗植要将全省公有的崇文书院旧址"擅自标卖，殊属骇异"。这些议员认为杭县二小最初只是借用崇文书院旧址，怎么能将其卖掉？崇文书院在历史上一直是由两浙盐商资助和政府出资支持，故为浙江省的资产，杭县议会绝对没有权利对全省公有之物做出处置决定，要求浙江省省长就此事展开调查，并于三日内答复。经议员质问及报纸披露，崇文书院才避免了被卖掉的命运。

先是发生火灾，后又被他人借用，崇文书院真可谓多灾多难，也是气数已尽。其实，不仅是崇文书院已走向末路，整个中国传统教育发展到清朝也已呈衰败之势。至20世纪初，伴随着现代西方教育的进入和科举制度的废除，专门为科举应试服务的书院自然到了寿终正寝之时。除少数书院毁坏或关闭外，大多数书院彼时都转为学堂。至于废除书院改为学堂的最初动议，始于1896年刑部侍郎李端棻（1833—1907，字苾园，贵州贵阳人，清朝著名政治家、改革家、教育家，首倡创办北京大学者，中国近代教育之父）在《请推广学校折》中的建议："令每省每县各改其一院，增广功课，变通章程，以为学堂"，然后再逐渐推广。戊戌变法期间，清政府下令"各省、府、厅、州、县现有之大小书院，一律改为兼习中学西学之学校。至于学校等级，自应以省会之大书院为高等学，郡城之书院为中等学，州县之书院为小学"。

不过戊戌变法失败后，思想保守的慈禧下谕："书院之与学堂，名异实同，本不必另行更改。"书院改学校事遂暂停。1901年辛丑条约签订后，清政府内外交困，被迫重开新政，且其力度远大于戊戌变法时期。清廷重臣张之洞、刘坤一联名上奏指出："今日书院积习过深，假借姓名，希图膏火，不守规矩，动滋事端，必须正其名曰学，乃可鼓舞人心，荡涤习气。" 清廷采纳了这一主张，遂于光绪二十七年（1901）八月初二日下旨："人才为政事之本，作育人才，端在修明学术，着各省所有书院，于省城均设大学堂，各府、厅、直隶州，均设中学堂，各州、县均设小学堂，并多设蒙养学堂，务使文行交修，讲求实用。"[1]随着诏令下达，全国书院开始大批改办学堂，逐步建立起省城设高校、府设中学、县设小学的教育体系。据季啸风《中国书院辞典》统计，全国有1000所以上书院被改为各级学堂，另有几十所书院被改为图书馆等。对于改制的具体情形，巡抚任道镕在光绪二十八年（1902）年正月上奏朝廷的《奏陈改设学堂办理情形折》中有明确记述：

伏维：国势之强弱存乎人，人才之兴替视乎学。古昔盛时，州序党庠，莫不以学为重。远日东西各国，亦务广建学舍，以励群材。盖非预储于平时，必难收效于异日，方今急务，莫先于此。臣查浙

---

1 璩鑫圭、唐良炎编：《中国近代教育史资料汇编·学制演变》，上海教育出版社，1991年，第61页。

第九章、此情可待成追忆，只是当时已惘然

345

江省垣，前已奏设求是书院及增设养正书院，均系中西并课，粗具规模。臣督同司道筹议，即以求是书院改为省城大学堂，养正书院改为杭州府中学堂；又以崇文、紫阳两书院改设钱塘、仁和两县小学堂，整旧从新，另立规制。现因经费支绌，学生额数，大学堂先定一百二十名，中学堂一百名，小学堂五十名，均取身家清白、年岁合格者，由地方绅董保送考选充定，于来年正月间一律开办。又拟于省垣分设蒙养学堂，为幼童就学之地，其绅富有捐建者，并准随时禀明兴办，此改设省城学堂之大概情形也。[1]

任道镕在奏折里明确指出崇文书院、紫阳书院分别改为钱塘县小学堂和仁和县小学堂，之后两所学堂又有一定的变化，前文已有叙述，不赘。

至此，延续千年之久的中国古代书院制度宣告完结，以后虽仍有以书院命名的教育机构，但其只是借用其名称，其办学理念、教学内容和方式以及管理制度等，其实完全属于现代教育范畴。

无可奈何花落去，这就是传统书院的命运；柳暗花明又一村，这就是中国传统教育在接受西方现代教育理念后的出路。无论多么有名的书院，在浩浩荡荡的变革潮流面前，只有顺应它、融入它，及时改变自己，才可能获得新生，否则只能被时代的潮流抛弃。

---

1 陈谷嘉、邓洪波主编：《中国书院史资料》下册，浙江教育出版社，1998年，第2496—2497页。

不读中国书

　　20 世纪初，伴随着书院制度衰落和终结的不仅有科举制度，还有传统文化的载体——古籍图书。特别是到五四新文化运动时期，白话文和白话诗的兴起，各种白话报刊的出版以及大量以西式教育为楷模的学校之成立，一时成为潮流。1920 年 1 月，北洋政府教育部令全国国民学校一、二年级国文教材改用语体文（白话文），标志着白话文的胜利和传统文言文退出历史舞台。与此同时，无论是赞同中体西用还是全盘西化，都需要深入了解西方文化，翻译介绍西方的报刊和图书迅速占领了中国市场，而青少年更是学习和接受外来文化的主力军。但如何正确引导他们学习和接受外来文化，以及传统文化是否还有学习和了解的必要，在当时也成为学术界和文化界谈论的中心问题。

　　1925 年 1 月，《京报副刊》征求"青年爱读书"和"青年必读书"各十部书目，其中"青年爱读书"是让全国青年列举自己最爱看的十本书，"青年必读书"则是让名流学者推荐十本当时青年人非读不可的书，鲁迅也被邀请给出一个阅读书目。对于这个问题，鲁迅起初是置之不理，但因编辑孙伏园既是好友更是自己的学生，在他一再催促下，鲁迅最后给出了自己的回答：从来没有留心过，所以现在说不出。

　　如果鲁迅只是这样简单回答，倒不会引起什么风波，问题是他后面还有一大段解释，正是这解释一下引起轩然大波："但我要趁这机会，略说自己的经验，以供若干读者的参考。我看中国书时，总觉得就沉静下去，与实人生离开；读外国书——但除了印度——时，往往就与人生接触，想做点事……我以为要少——或者竟不——

◎ 鲁迅照片（右上）

◎ 《中国小说史略》（左下）

看中国书，多看外国书。少看中国书，其结果不过不能作文而已。但现在的青年最要紧的是'行'，不是'言'。只要是活人，不能作文算什么大不了的事。"

"不看中国书，多看外国书"，这就是鲁迅的回答，标准的鲁迅式的回答。要知道鲁迅就是从小学习和接受传统文化者，他也是一位国学大师，其对古籍目录版本的研究和小学研究以及对传统文学的研究都堪称大师之作，其《中国小说史略》更是被认为该领域的开山之作，至今仍是不可逾越的高峰。虽然鲁迅也曾赴日留学，但其最早的文学活动成果都是用文言写成的，说明他并未完全否定和抛弃传统文化。既然如此，那么鲁迅为何如此偏激，竟然建议青年人不读中国书，只读外国书呢？其实，新文化运动时期的鲁迅和陈独秀、胡适、钱玄同等人一样，思想极为偏激，言论极为激进，诸如废除汉字、改用拼音等主张也是鲁迅最早提出的，而后钱玄同才撰文赞同。但这些激进的主张并非说明这些新文化运动的提倡者都对传统文化深恶痛绝，其实不过是他们针对保守派的一个策略。

鲁迅曾有一个比喻，说如果你想给一间封闭的房屋开个窗子，只说开窗是不行的，你要喊我要把房子拆了，其他人就会说不要拆房子，开个窗子就够了。所以为了提倡新文化运动，就是要故意偏激一些。也因此鲁迅说"要少——或者竟不——看中国书"，其实就类似于喊"拆掉房子"，而目的只是"开个窗子"。单纯就给青年开列阅读书目这点来说，鲁迅后来还是在1930年，应友人许寿裳的请求，给其儿子许世瑛开列了学习传统文化的书目，共计有十二部：

1. 计有功的《唐诗纪事》
2. 辛文房的《唐才子传》
3. 严可均的《全上古三代秦汉三国六朝文》
4. 丁福保的《全汉三国晋南北朝诗》
5. 吴荣光的《历代名人年谱》

6. 胡应麟的《少室山房笔丛》

7.《四库全书简明目录》

8. 刘义庆的《世说新语》

9. 王定保的《唐摭言》

10. 葛洪的《抱朴子外篇》

11. 王充的《论衡》

12. 王晫的《今世说》

　　如果不说名字，可能不会想到上述书单竟然是新文化运动的主将鲁迅所提出，因为这些都是传统文化的代表作，也是古代书院诸生常常置于案头的书。不过，应该注意的是，鲁迅所拟书目，其侧重点主要是文学类，对于哲学类和史学类较少兼顾，也因此诸子著作和《史记》《汉书》等没有提及，事实上鲁迅对它们的评价均极高，如称赞《史记》为"史家之绝唱，无韵之离骚"等等。

　　由鲁迅所说之"少读甚至不读中国书"到其所开列传统文化的阅读书目，可见对于传统文化，一味肯定或否定都是错误的，而批判地继承并加以改造，才是正确的途径。对于书院这一传统教育体制的组成部分，也应持此种态度。事实上，1924 年清华大学筹办国学研究院，其所要依仗的办学模式，除了西方大学的研究院外，还有传统的书院。有人把传统书院借助某些新的形式在现代再生称为"借尸还魂"，姑且不论此说法恰当与否，单就此事所蕴含的内涵而言，无非说明即便是优秀的传统文化，在现代也应与时俱变，至于具体的变革形式则可以灵活多样。例如伴随着现代科技的发展，各种现代教学手段层出不穷，即便是文科教学也大量使用 PPT 等电子化教学方式，师生之间的交流更是基本借助于聊天软件、电子邮件等，而传统的师生面对面的、耳提面命式教学越来越少。即便是教师在讲台上教授，面对台下动辄几十名甚至上百名学生，也会有力不从心之感，往往一个学期教下来，连学生的面目与姓名都对不上，更不用说有的放矢、因材施教了。古人云，"听君一席话，胜读十年书"，又常说某老师讲课如春风化雨，听某师讲课如沐春风，这指的都是传统教学方式。传统和现代的教学形式，恐怕很难说孰对孰错，更好的解释应该是两者融合、相互促进，而古老的书院也可以借此获得另一形式的新生。如今很多高校设立了国学院或"国学研究院"之类的机构，不正是在以此向书院这一"中国特色"教育方式致敬吗？

第九章、
此情可待成追忆，只是当时已惘然

从孔夫子到柏拉图再到胡适为书院"正名"

　　鲁哀公十一年（前484），68岁的孔子终于回到鲁国，在失意与寂寞中度过生命的最后4年。鲁定公十三年（前497）去鲁至此时归国，孔子携其弟子在外奔波13年，"干七十余君，莫能用"。当时的中国社会正处于诸侯争霸的混乱之中，没有哪位"明君"愿意认真采纳一位"不识时务"之老人的道德理想。而回到鲁国的孔子所能做的除了整理古籍和撰写《春秋》这部经典外，就是继续由他开创之私人讲学的伟大事业——在某种程度上它们其实是一回事。数千年后的今天，当我们透过历史迷雾寻找年迈的孔子携其弟子驾车奔走列国之场景的时候，当我们终于意识到孔子所做的一切只不过是试图为中华民族寻找一条获得安宁与幸福之路的时候，我们是否该为他的失败说些什么，还是只有一声叹息？

　　无独有偶，比孔子生活的年代晚百年左右，柏拉图也设立学院讲学，试图把自己的思想留给后人。自从苏格拉底死后，柏拉图其实就离开了雅典，一直在海外漫游，边考察、边宣传他的政治主张。遗憾的是他与孔子同样得不到统治者的欣赏。公元前387年，柏拉图回到雅典，创立了自己的学院。与孔子稍稍不同的是，公元前367年柏拉图再度出游，接连两次赴西西里岛说服一个年轻的君主，试图借他的权力实现自己的理念。然而，这个君主对于柏拉图的理论所流露出的热情仅仅限于叶公好龙的层次，柏拉图最后遭到的是被强行放逐，只好于公元前360年回到雅典，继续讲学直到去世。

　　看来，私人讲学或办学，抑或好友间切磋或与弟子教学相长，不仅是文人之价值可以得到认同的方式，而且常常是文人最后得以表现自己的舞台，是他精神上最后的家园。如果连这一点也不能维持，那即便能够苟活于尘世，也会感到痛苦无比。无怪乎陈寅恪当年会对"易堂九子"（明末清初赣南地区的九位古文家：魏际瑞、魏禧、魏礼三兄弟，以及李腾蛟、丘维屏、彭任、曾灿、彭士望、林时益六人）有说不出的羡慕之情了："清光绪之季年，寅恪家居白下，一日偶捡架上旧书，见有易堂九子集，取而读之，不甚喜其文，唯深羡其事。以为魏丘诸子值明清嬗蜕之际，犹能兄弟戚友保聚一地，相与从容讲文论学于乾撼坤岌之际，不谓为天下之至乐大幸，不可也。"（《赠蒋秉南序》）

孔子曰："三人行，必有我师焉。择其善者而从之，其不善者而改之。"韩愈亦有名言曰："师者，所以传道受业解惑也。"看来，教师这一行当存在的必要性不容怀疑，而中国似乎也有着悠久的尊师重教传统。不过现实中的情况常常是，这"传道受业解惑"往往不是文人的最初理想，而更多是遭受挫折后的无奈选择。于是，有些看破的文人为了避免那最后的尴尬或者说痛苦，就及时选择了退却——收徒讲学，因为除了收几个徒弟，他已经没有任何可以向社会施加影响的能力。就算是他还可以著书立说，但要获得后人的承认不太容易，何况很多情况下也不敢奢望自己的著作得以流传于当世，只有藏诸名山、传诸后人而已。相对于著述，其实收徒讲学还是有"桃李满天下"之成就感的，而且借助于弟子，自己的学说得以流传甚至被发扬光大的可能性也就大了很多。在这个意义上，到书院任山长或者执教，自然可以比设馆收徒招收更多的弟子，也就更有影响力。

固然，即便给予文人讲学这"最后的舞台"，坚守于此也不是易事。一来即便老师想教，却并不总是有学生愿学。据说柏拉图的讲学讲到最后只有一个学生，那就是亚里士多德，对众讲学变成了二人对话，我想柏拉图恐怕心中也不会有多少高兴吧？此类事不仅古代有，现代也有。1926 年，32 岁的金岳霖留学回国受聘于清华大学，创办了清华大学哲学系并担任系主任。说来可怜，当时哲学系只有他一个教师，也只招到沈有鼎这一个学生，一师一生号称一系。再如 20 世纪 50 年代初，陈寅恪任教于岭南大学时，因当时该校历史系很弱，所以把历史与政治合在一起，叫历史政治系，而整个系不过有二十几个学生，大多数还是学习政法专业的。因此，选修陈寅恪所开课程的人很少，有两个学期甚至只有一个学生，此人就是后来成为中山大学历史系教授的胡守为。这样的事发生在自然科学领域可能少些，却也不是没有，徐迟的名作《哥德巴赫猜想》里就有例证：1950 年，著名数学家陈景润以同等学力考进厦门大学，那年的厦大因为学生人数太少，只有数学物理系。陈景润读到大二时，才有了一个数学组，但只有四个学生。到三年级时，总算有数学系了，但还是这四个人。仅仅四个大学生，倒有四个教授和一个助教指导学习。像这样近乎一对一的教学，固然容易出现"名师高徒"现象，但其实不是做老师的初衷，往往只是他们无奈的选择。

二来就是师生关系，如果双方处理不当，则无论是老师之"授"还是学生之"受"，恐怕都难以长久持续。关于师生关系，我们看到和听到的常常是好的居多，比如中国的传统教育始终强调学术的传承关系，而这种传承之最好的方式就是师生之间的代代相传，至于有关师生之谊的佳话更是数不胜数。已故中山大学教授刘节，当年曾就学于著名的清华国学院，因此他任中大历史系主任时，每年春节都要去老师陈寅恪家里叩头行礼。还有那位陈寅恪以身后著作相托的复旦大学教授蒋天枢先生，生前曾数次冒着风险到广州看望老师，然后利用在广州的时间，每天都去老师家聆听教诲。有一天蒋天枢去后，陈寅恪忘记让其坐，他就站在一旁说话，一站就是两三个小时，而已目盲的陈寅恪竟然不知。蒋天枢以如此谦恭的态度对待老师，也就无愧于陈寅恪之"学术托命者"的身份了。

还有崇文书院薛慰农、胡敬、戴熙诸位山长和其杰出弟子的关系，都堪称古代师生关系的楷模，他们之间已经不仅是师生，更是知己，是人生之路上的同道者。

至于师生关系的最高境界，《论语》中已经留下这样如诗如画的描述："莫春者，春服既成。冠者五六人，童子六七人，浴乎沂，风乎舞雩，咏而归。夫子喟然叹曰：'吾与点也。'" 对此钱穆分析说，孔子骤闻曾皙之言，"有契于其平日饮水曲肱之乐，重有感于浮海居夷之思，故不觉慨然而叹也"。自然，孔子和其弟子关系有如此和谐之境界，和他的教育思想有很大关系，例如他的"有教无类"说，即"不分宗族贵贱，不分阶级，都是可以施教的"，这该是人类教育史上一项具有革命意义的创造性思想。因此，出身贫寒如颜渊者不但如愿成为孔子之弟子，而且是其得意门生。此外，孔子和弟子们不但在人格上是平等的，而且在学问上也是平等的，因为他提倡"当仁不让于师"。在弟子们心目中，孔子的形象是"温而厉，威而不猛，恭而安"的。孔子自 30 岁招收学生，一直到老都恪守"学而不厌，诲人不倦"的教育原则，也因此博得弟子的高度敬仰。

但凡事必有另一面，师生关系不好甚至弄僵以致最后决裂者也不是没有。亚里士多德 17 岁起就拜柏拉图为师，对亚里士多德来说，柏拉图既是他的恩师也是他的挚友。他曾作诗这样赞美柏拉图："在众人之中，他也是唯一的，也是最初的。……这样的人啊，如今已无处寻觅！"然而，在哲学观点和方法上，他与老师存在着严重分歧，为此他毫不留情地批评恩师。这在常人看来自然认为亚里士多德是背叛恩师的忘恩负义之徒，对此亚里士多德的回答是："吾爱吾师。吾更爱真理！"在中国，由于传统教育对师道尊严的过分强调，与老师分道扬镳甚至背叛师门的事情似乎较少，为数不多的个案基本上也大都出于政治因素。在中国近现代史上，就有三次"谢本师"，人们一直津津乐道，究其原因，无不与政治有关。

1901 年，曾在诂经精舍读书的章太炎作《谢本师》一文，拒绝接受老师俞曲园的批评，成为近代史上颇引人关注的一件掌故。接受了民族主义思想的章太炎再也不能容忍一心治经、思想保守的俞樾，以较为激烈的言辞对自己的老师进行否定，此事震动了当时的知识界。几十年后，章氏弟子周作人也发表了一篇《谢本师》，而所"谢"对象,就是章太炎,其理由和章太炎当年"谢"俞樾如出一辙,也是因为章氏思想保守。接下来发生的事情很有戏剧性:周作人的报应来得更快,他答应为日伪政权做事后不久,其北大学生沈启无也作《谢本师》与他绝交。我们都知道,俞樾的老师是曾国藩,如此从曾国藩到俞樾再到章太炎,最后到周氏兄弟及他们的弟子,就构成了一个长达一个多世纪的文人传承关系,而他们的思想所引发的中国社会巨变,更是既深刻又清晰。而在他们的背后,我们隐约可见传统教育特别是书院教育的影响,看到传统的师承关系在面临社会变革时受到的重大冲击。

从历史上看,导致师生关系破裂的内在原因,常常和师之"无道无德"或者和弟子之"朽木不可雕也"无关,而是来自现实社会各方面的巨大压力或者说影响。"文革"时期,"读书无用"论盛行一时,则师生关系当然变得畸形。至改革开放时期,社会风气大变,则尊师重教成为时尚,师生关系也得以渐渐恢复正常。不过,眼下似乎"读书无用"论又有抬头之势,师生关系也开始变得更加庸俗和功利,让人不免又为之担心几分。至于这种关系最终会演变到什么地步,却是我们无法预料的了。所谓大学城的建设、所谓形形色色的教育改革,似乎都忽视了对师生关系的加强。当我们的老师下课后急匆匆地坐上学校的班车,返回与大学城相距数十公里的市区时,当我们的学生上网聊天、玩游戏的时间远远超过钻研专业的时间时,又怎能奢望师生之间有坐而论道的场景出现呢?

在今天,文人纯粹以个人身份开办私学毕竟不多见,更多的还是在各种公立或私立学校中,以一个教师的身份出现在社会公众面前。但无论是何种身份,有一种使命文人必须清楚,那就是他要对人类精神的健康发展负责。苏格拉底曾经形象地把人的灵魂比喻为由一个车夫驾驶、由两匹马拉动的马车。他说其中一匹马生性高贵,向着永恒和真理的方向前进,而另一匹则不脱牲畜本性,无法分辨高贵与卑鄙,容易走上邪路。而车夫的责任就是不仅要控制那匹劣马,使它跟随生性高贵之马前进,而且要助高贵之马一臂之力,让它有机会上升到离永恒真理更近的地方。而文人在某种程度上，不就扮演了一个车夫的角色吗？不过，不能过高估计文人扮演这种角色的能力，因为有些灵魂是无法提升的，就像孔子和柏拉图无法说服那些君王一样。苏格拉底描述过九种灵魂的类型，最高贵的是哲学家和诗人，也就是文人吧，而最低劣的属于暴君和僭主。其实他的分类既不够恰当也不符合实际，因为文人中沦为暴君帮凶者也不是没有，而试图"对牛弹琴"者即那些总想把自己的理念灌输到君王脑中的文人，虽然动机高尚，却总是分不清可以教育的对象，其灵魂的真正高贵与否也就值得怀疑了。

说来说去，文人的使命也简单至极，那就是控制自己的灵魂，不要让它变成脱缰的野马。让我们抽身而退吧，苏格拉底告诉我们："平静并照看好自己的事情——正如一个处于风暴中的人，当风吹来尘土和雨水的时候，他只能站在矮墙下躲避。看到别人无法无天，他对自己可以过完全摆脱不正义和邪恶的生活而感到满意，并满怀着崇高的希望幽雅而欢欣地抽身而退。" 至于退到何处，自然是写写书和讲讲学而已。此外，退守家园也不是说就完全不参与社会变革，至少还可以通过言辞教育弟子积极参与社会变革，尽管你的影响可能微弱得不值一提。而在更多的情况下，如果你已经把自己的思想传给弟子，也就尽到了自己的责任——因为你已经告诉他们应该追求真理，同时对现实保有应有的热情和责任。

最后还有一点应该指出，那就是传统的书院制度虽然早已终结，但其精神和办学理念并未完全消逝，其中有些还应予以继承和发扬。对此，新文化运动的领袖之一胡适就有清醒的反思，认为不应该全盘否定书院，清廷也不应全面停办学院，他于1923年12月10日在南京东南大学以"中国古代书院"为主旨的演讲，就明确指出了这一点，这应该是为了与他彼时提出"整理国故"的口号互相呼应。之后不久，他即建议清华设立国学研究院时要借鉴古代书院的一些制度和方法，其中最重要的就是教授管理和导师制度，以下即是胡适演讲中的一些重要内容：

我为何讲这个题目？因为古时的书院与现今教育界所倡的"道尔顿制"精神大概相同。一千年以来，书院实在占教育上一个重要位置，国内的最高学府和思想的渊源，唯书院是赖。盖书院为我国古时最高的教育机关。所可惜的，就是光绪变政，把一千年来书院制完全推翻，而以形式一律的学堂代替教育。要知我国书院的程度，足可以比外国的大学研究院。譬如南菁书院，它所出版的书籍，等于外国博士所做的论文。书院之废，实在是吾中国一大不幸事。一千年来学者自动的研究精神，将不复现于今日了。

……

书院的精神

（一）代表时代精神　一时代的精神，只有一时代的祠祀，可以代表。因某时之所尊奉者，列为祠祀，即可觇某时代民意的趋向，古时书院常设神祠祀，带有宗教的色彩，其为一千年来民意之所寄托，所以能代表各时代的精神。如宋朝书院，多崇拜张载、周濂溪、邵康节、程颐、程颢诸人，至南宋时就崇拜朱子，明时学者又改崇阳明，清时偏重汉学。而书院之祠祀，不外供许慎、郑玄的神像。由此以观，一时代精神，即于一时代书院所崇祀者足以代表了。

（二）讲学与议政　书院既为讲学的地方，但有时亦为议政的机关。因为古时没有正式代表民意的机关；有之，仅有书院可以代行职权了。汉朝的太学生，宋朝朱子一派的学者，其干涉国家政治之气焰，盛极一时；以致在宋朝时候，政府立党籍碑，禁朱子一派者应试，并不准起复为官。明朝太监专政，乃有无锡东林书院学者出而干涉，鼓吹建议，声势极张。此派在京师亦设有书院，如国家政令有不合意者，彼辈虽赴汤蹈火，尚仗义直言，以致为宵小所忌，多方倾害，死者亦多，政府并名之曰东林党。然而前者死后者继，其制造舆论，干涉朝政，固不减于昔日。于此可知书院亦可代表古时候议政的精神，不仅为讲学之地了。

（三）自修与研究　书院之真正的精神惟自修与研究，书院里的学生，无一不有自由研究的态度，虽旧有山长，不过为学问上之顾问；至研究发明，仍视平日自修的程度如何。所以书院与今日教育界所倡"道尔顿制"的精神相同。在清朝时候，南菁、诂经、钟山、学海四书院的学者，往往不以题目甚小，即淡漠视之。所以限于一小题或一字义，竟终日孜孜，究其所以，参考书籍，不惮烦劳，其自修与研究的精神，实在令人佩服！

结论

本题拟举二例，作为结论：（一）譬如南菁书院，其山长黄梨洲先生，常以八字告诫学生，即"实事求是，莫作调人"。因为研究学问，遇困难处若以调人自居，则必不肯虚心研究，而近乎自暴自弃了。（二）又如上海龙门书院，其屏壁即大书"读书先要会疑，学者须于无疑中寻找疑处，方为有得"，即可知古时候学者的精神，唯在刻苦研究与自由思索了。其意以学问有成，在乎自修，不在乎外界压迫。这种精神，我恐今日学校中多轻视之。又当声明者，即书院并不拒绝科学，如清代书院的课程，亦有天文、算学、地理、历史、声、光、化、电等科学。尤以清代学者如戴震、王念孙等都精通算学为证。惜乎光绪变政，将一千年来的书院制度，完全推翻，而以在德国已行一百余年之学校代替此制，诩为自新。使一千年来学者自动的研究精神，将不复现于今日。吾以今日教育界提倡"道尔顿制"，注重自动的研究，与书院制不谋而合，不得不讲这书院制度的略史了。

胡适此处提及的"道尔顿制"，是 20 世纪初美国教育家帕克赫斯特在马萨诸塞州道尔顿市的一所中学所创办的个别化教学形式。"道尔顿制"不是一种体系或者方法，也不是一门课程，而是一种教育重组方案。通过它，学校可以像一个社区那样运作，为学生提供精神和智力成长的环境。它的原则主要有两条：一是自由，即学生在身心方面都能自己计划自己的事情，自己克制自己的活动，以此培养学生自我教育的能力。二是合作，即打破班级界限，强调团体活动中的合作和交互作用，以使学生在民主合作的氛围中得到发展。

中国古代的书院制度，竟然与美国现代教育理念有内在相通之处，这也许是胡适那一代人最初没有想到的，因为他们提倡新文化的初衷，就是废弃传统文化，代之以西方文化。但在五四运动之后，他们逐渐意识到，传统并非一成不变，保守也不是僵化的代名词。其实，我们的祖辈早就意识到，一个民族、一种文化要想生存、发展，就既要守旧也要创新，寓守旧于创新之中，二者呼应，相辅相生。汤之《盘铭》曰："苟日新，日日新，又日新。"《诗》曰："周虽旧邦，其命维新。"它们说的都是一个意思，这就是文化的传承，一种带有几丝悲壮却勇敢的传承，因为有些要忍痛抛弃，有些要带着欢喜拥抱。

嗟夫！古老的书院早已离我们而去，但今天的学校里依然还有它的影子和精神，优秀而古老的中国传统文化，正如一株参天大树，虽然有落叶、有枯萎，但只要春天到来，因为根深蒂固，必定会有枝繁叶茂之时。

主要参考书目

1. 陈谷嘉、邓洪波主编：《中国书院史资料》，浙江教育出版社，1998 年。

2.《崇文书院课艺》，清同治六年刻本。

3.《崇文书院课艺九集》，清光绪辛卯刻本。

4.《崇文书院课艺续编》，清同治七年刻本。

5. 邓洪波：《中国书院史（增订版）》，武汉大学出版社，2012 年。

6. 邓洪波编著：《中国书院学规》，湖南大学出版社，2000 年。

7. 方彦寿：《朱熹书院与门人考》，华东师范大学出版社，2000 年。

8. 龚笃清：《中国八股文史》，岳麓书社，2017 年。

9. 顾廷龙主编：《清代硃卷集成》，成文出版社，1992 年。

10. 顾志兴：《浙江藏书史》，杭州出版社，2006 年。

11. 胡珵：《书农府君年谱》一卷，清道光间仁和胡氏刻本。

12. 季啸风主编：《中国书院辞典》，浙江教育出版社，1996 年。

13. 蒋士铨：《忠雅堂集校笺》，上海古籍出版社，1993 年。

14. 李邦国：《朱熹和白鹿洞书院》，湖北教育出版社，1989 年。

15. 李兵：《书院与科举关系研究》，华中师范大学出版社，2005 年。

16. 李琳琦：《徽商与明清徽州教育》，湖北教育出版社，2003 年。

17. 鲁小俊：《清代书院课艺总集叙录》，武汉大学出版社，2015 年。

18. 马晓春：《杭州书院史》，中国社会科学出版社，2015 年。

19. 王国平总主编：《杭州文献集成》，浙江人民出版社，2014 年。

20. 韦力：《书院寻踪》，上海人民出版社，2020年。

21. 徐雁平：《清代东南书院与学术及文学》，安徽教育出版社，2007年。

22. 杨步生、彭定国编著：《中国书院与传统文化》，湖南教育出版社，1992年。

23. 姚继荣：《清代历史笔记论丛》，民族出版社，2014年。

24. 张正藩：《中国书院制度考略》，江苏教育出版社，1985年。

25. 赵所生、薛正兴主编：《中国历代书院志》，江苏教育出版社，1995年。

26. 中国科学院文学研究所、中国文学史编写组编写：《中国文学史》，人民文学出版社，1979年。

27. 朱汉民：《中国的书院》，商务印书馆，1991年。